Fridhelm Klein

1000 Tageszeichnungen

50 Jahre Heimfahrt der Kunstpädagogik zur Kunst

Schrenk-Verlag

Reihe **Buchfranken** - Bücher über und aus Franken
Herausgegeben von Prof. Dr. Hermann Glaser †
und Dr. Johann Schrenk

Bd. 19 Fridhelm Klein, 1000 Tageszeichnungen

Bd. 1 Godehard Schramm, Drei ganz Besondere
Bd. 2 Günter Höhne (Hg.), Des Flusses und der Liebe Wellen
Bd. 3 Siegfried Kett, Erhellung und Beschleunigung
Bd. 4 Winston Kelley, Amerikanische Dichter & Denker in Franken
Bd. 5 Hermann Glaser, Zwischen Furchenglück und Sphärenflug
Bd. 6 Hermann Glaser (Hg.), Lukullus in Franken
Bd. 7 Otto Glaser u.a., Gedichte von Vergessenen
Bd. 8 Rainer Hambrecht u.a., Das braune Franken
Bd. 9 Franz Sonnenberger, Der Brückenbauer
Bd. 10 Hermann Glaser, Irgendwie traurig, vielleicht auch heiter
Bd. 11 Bernd Siegler/Chr. Bausenwein, Franken Fußball I
Bd. 12 Bernd Siegler/Chr. Bausenwein, Franken Fußball II
Bd. 13 Jürgen Walter, Ich kann nicht mehr zurück ...
Bd. 14 Manfred Schreiner, Mit schüchternem Stolz ...
Bd. 15 Michaela Domes (Hg.), Die ganze Welt ist Bühne ...
Bd. 16 Dieter Gärtner, Der Medicus von Bamberg
Bd. 17 Günther Kraus, Alles hat seine Zeit
Bd. 18 Hermann Glaser, Geburtstag bei Mörderinnen

Sonderband 01: Hermann Glaser (Hg.),
In Franken wieder Heimat finden
Sonderband 02: Lichtbild(n)er, Fränkisches
Bilderbuch des Meister-Photographen Horst Schäfer

Hinweis zur Deutschen Nationalbibliothek (DNB) S. 176

Impressum

Inh. Dr. Johann Schrenk
Alramweg 3, 91187 Röttenbach
schrenk@buchfranken.de / www.buchfranken.de
Satz und Layout: Alexander Wilke, Wilkes Werk, München
Redaktion: Hermann Glaser und Johann Schrenk
Grafiken: Fridhelm Klein
Cover: Gestaltung Schrenk-Verlag, unter Verwendung von Bildern aus dem Fundus von Fridhelm Klein; Foto: Archiv F. Klein
Herstellung: BoD – Books on Demand, Norderstedt

Originalausgabe 2018, ISBN 978-3-924270-30-8

Fridhelm Klein

1000 Tageszeichnungen

50 Jahre Heimfahrt der Kunstpädagogik zur Kunst

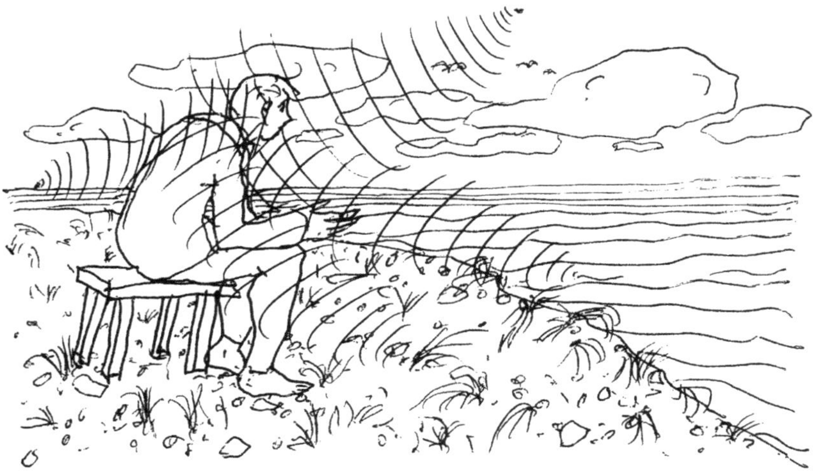

Die Zeichnungen vom Tage werden von Gedanken und Zitaten zum Tag zu malerischen Aktionen und Beobachtungen auf Kreta und im Norden Münchens begleitet.

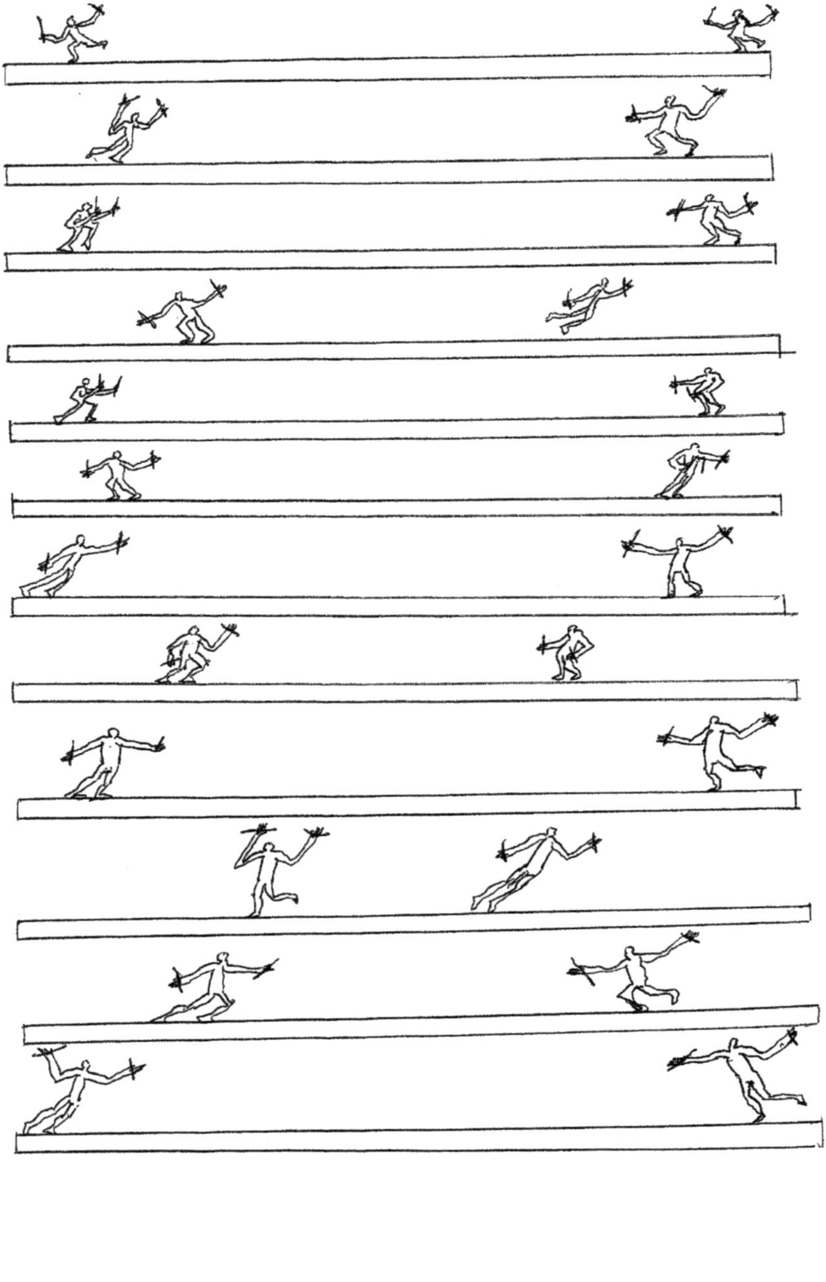

INHALT

Hermann Glaser

2. April 2014

Lieber Fridhelm Klein,

ich freute mich, Sie bei der Veranstaltung im Landtag kurz zu treffen.

Mein Brief bezieht sich auf Ihre freundliche (beeindruckende) Zusendung, zu der ich zunächst einige Fragen habe.

- Wie / wo / von wem entstanden die vielen Zeichnungen, die in der mind map abgedruckt sind? Sie sind vom Motiv, Struktur und (erkennbaren) realistischen Bezügen, zwar sehr unterschiedlich und doch scheinen sie von der Art des Zeichnens (sehr feinspitziger Stift) her einen „gemeinsamen Nenner" zu haben.

- Die „Gedanken" zur mind map von Ihnen wirken als poetische Evokation. Aber prosaische Menschen – wie in diesem Fall auch ich – hätten gern „handgreifliche" Mitteilungen. Warum ein englischer Ausdruck wie „mind map"? Zeichnungen „jeden Tag" – sind es nicht „Geburten", die aus den „Träumen der Nacht" hervorgehen und einen chiffrehaften Ausdruck finden? „Gesichter", die zwar viele „Tagesreste" enthalten, aber doch eine zeichnerische Unbestimmbarkeit bekunden? Seltsame Mischung von Präzision und Traumgesicht. „map": Landkarte? Eine solche gibt doch Orientierung? Bedürfen die Zeichnungen nicht der Deutung, Exegese? Die Zeichner: Müssen sie nicht bemüht sein, ihre eigenen Emanationen, die sie aufs Papier „bannen", zu verstehen? Also sich einer Art Psychoanalyse unterziehen? Mind map? Mehr mind couch?

- „Irgendwie" ist das sehr spannend; aber ich möchte immer das „Irgendwie" auflösen und rational begreifen.

- Wenn ich Ihren Text „Tageszeichnungen" lese, so umkreisen Sie Ihr Thema mit Chiffren oder Metaphern. „Der Kopf denkt mit, leitet seine Impulse gegen Automatismus, die sich leicht als „Automatik" einstellen." Was könnte Automatismus anderes „tun", als sich als Automatik auszufigurieren? Ich würde gerade bei schwer deutbaren zeichnerischen „Gesichtern" bzw. „Traumbildern" (sind es solche?) einen „klaren Kopf" anfordern, der konkret nachvollziehbar Aussagen macht. Bin ich der einzige Faltblätterbezieher, der überall (im Text) vage Umschreibungen statt genauen Beschreibungen erfährt = derjenige, der wie ich von Ihnen zu einer Mitarbeit eingeladen wurde, müsste bitte erst einmal alles begriffen haben, um nicht in Andeutungen herumzuirren.

Bitte rechnen Sie bei mir mit einem, der weder am Tag noch in der Nacht zu solchen „Ziselierungen" à la der reproduzierten Zeichnungen fähig ist.

Viele Grüße

Ihr

Hermann Glaser

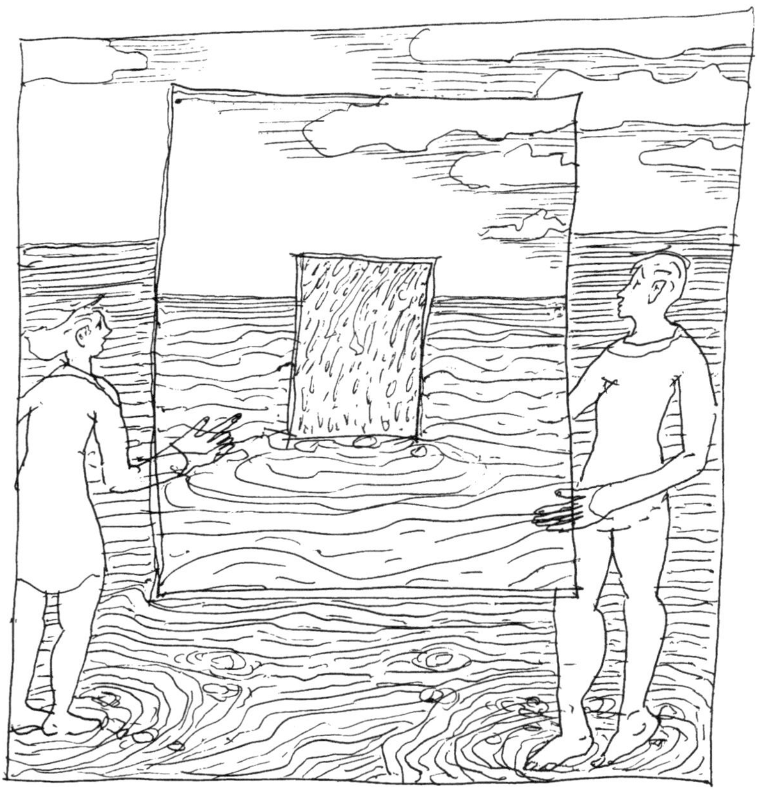

Fridhelm Klein

München, den 07.04.2014

Lieber Dr. Hermann Glaser!

Dank Ihnen für Ihren Brief vom 2. April 2014 zum Thema der „Tageszeichnungen“ (über ein ganzes Jahr jeden Tag ein oder mehrere zeichnerische Merkmale setzen), die mich aus der Feder (Kugelschreiber) heraus begleiten. Die mind map 2 beinhaltet meine persönlichen Tageszeichnungen mit einer Auswahl aus den Jahren 2008/9/10/11/12. Die erste mind map 1 beinhaltete meine Tageszeichnungen aus den Jahren 2005/6 (Auswahl), die mind map 3 ist mit einer Auswahl aus ca. 630 Zeichnungen gefüllt.

Diese Zeichnungen entstehen zu jeder Tages- und Nachtzeit an jedem Ort an dem ich mich aufhalte.

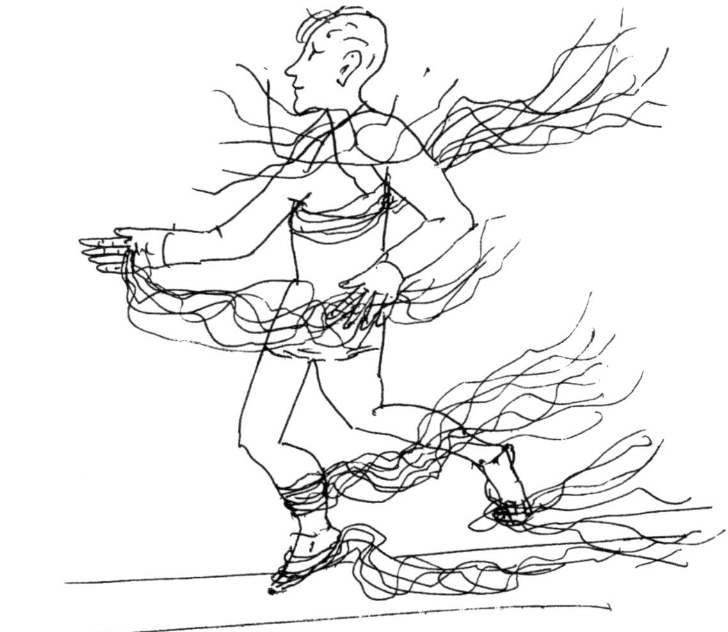

Sie sind als eine Art Pausezeichen, oder auch als Lückenbüßer mit Sammelleidenschaft gedacht. Sie entstehen während eines Vortrages, beim Zuhören von Musikereignissen, selbst vor dem Fernseher und am nächtlichen Radiobericht, auch beim Telefonieren. Man könnte sie in diesen Zusammenhängen als lineare Ergänzungen, als Mikroereignisse seismographischer Natur bezeichnen. Sie werden auf einfaches DIN A4 Schreibmaschinen- oder Kopierpapier gezeichnet.

Der gemeinsame Nenner bin ich als Zeichner in einer fast manischen Verfolgung meiner selbst gesetzten Linienzeit. Linienzeit deshalb, weil im zeichnerischen Prozess die Dauer an einem einmal begonnenen Motiv eine Rolle spielt. Beginn und Ende einer Zeichnung verlangen vom Zeichner eine Zeitstruktur einzuhalten. Es scheint nur manchmal ein zeichensportliches Vorgehen zu sein, in dem Konditionsstrukturen zu erkennen sind, wie Haltepunkte, gleitende Strecken in unterschiedlichen Längen, Auflösungen, Zusammenballungen, Streckungen, Schichtungen, Verdichtungen, Rissen und Kanten, Ecken und Rundungen...

Dieses: Zu jeder Zeit, an jedem Ort zeichnen ist einerseits sehr selbstbezüglich (innere Bilder) und andererseits nimmt es Signale der jeweiligen Umgebung und Seitenansätze (äußere Bilder) auf, die es im Formgebilde zu transformieren gilt.

Die Gebilde können abbildhaften Charakter tragen, aber auch nichts anderes sein als ihr konkretes Dasein als Formgebilde. Diese Zeichnungen thematisieren sich selbst und wollen auch so betrachtet werden. Es sind für mich immer wieder überraschende Gebilde, die aus Wiederholungen, Verdoppelungen, Gegenüberstellungen, Überschneidungen, Verdickungen und Kontraste etc. bestehen. In meditativen Elementen ausgeglichener Zeichensetzungen, wie regelmäßige Rasterungen, Schraffierungen, Musterungen bis hin zu Ornamentierungen sind Störungen des Zeichenflusses gewünscht. Ja, das Stolpern im Schauen des Musterbeschauers erzeugt Spannungen und signalisiert: mach´s besser!

Was sind in diesem Zusammenhang handgreifliche Mitteilungen? Was machen die Hände? Sie deuten, zeigen, halten, werfen, fangen, greifen ins Leere oder Volle, ergreifen, verbinden, verwachsen und sichten. Handgreiflich sind sie im konkreten Sinn einer gezeichneten, gestaltenden Linie, nichts mehr.

Was heißt im Kontext von Zeichnungen vom Tage zeichnerische Unbestimmbarkeit? Diese Zeichnungen bekunden ein:

Hier bin ich, schau mir zu, ich bin da, ich erkunde, ich will aus der Hand, dem Körper, dem Kopf heraus und als Spur meiner selbst da sein.

Ich bin nicht unbestimmt, schau mich an, jeden Tag neu, ich spiele mit den Formen, die Du mir gibst, lass es bei diesem Spiel! Es sind Andeutungen aus Beobachtungen geboren. Beobachtungen aus ganz persönlichen Perspektiven über eine spezifische Situation, als Reaktion ohne Worte. Da spielen besonders Hörereignisse im Wind, Hagel, in der Sonne, im Wasser eine Rolle, oder Gänge durch Architekturen, über Bodenformationen, an Zäunen entlang in Wolken hinein mit Spielentwürfen für Geisterbahnen auf Plätzen und über Abgründen. Eine große Rolle spielen die labyrinthischen Verwicklungen und das Staunen über Irrwege und die Suche nach Auswegen. Das Miteinander und Zueinander in technischen Konstruktionen und Architekturen können Aufforderungen zur Neubewertung von Gebrauchsanweisungen im Sinne „ich mach mir meine Gebrauchsanweisung selber" sein.

Ja, Orientierungen kann diese chaotische Zusammenstellungen von Zeichenstationen insofern geben, als sie Hinweise auf die unendliche Vielfalt zeichnerischer Ausflüge in innere und äußere Landschaften geben. Jede einzelne zeichnerische Tagesäußerung beinhaltet immer bildnerische Depots, aus denen der Betrachter sich bedienen kann.

Die mind map erweist sich als eine topographische Felderschau, eine Musterkarte aus dem Zeichendepot eines Lebensjahres. Jedes Feld birgt konkret nachvollziehbare graphische Setzungen zu Beobachtungen vom Tage, von der Nacht, von Tätigkeiten, Beziehungen und Traumgebilden, von Verkleidungen und ungewöhnlichen Zuordnungen, von Grenzziehungen und Vergitterungen.

Es ist die Aufgabe des Betrachters, sich in diesem Depot der Zeichnungen selbst zu orientieren und sich anregen zu lassen, selbst Mitspieler zeichnerischer Laufspuren zu werden. Die Texte, die meine Tageszeichnungen begleiten, sind Zitate (Heraklit u. a.), Beschreibungen und oft kontrapunktische Positionen zu Zeichnungen. Es sind Selbstgespräche und Betitelungen, kaum Text-"Illustrationen" zu Zeichnungen.

Lieber Dr. Glaser, was heißt es, ein prosaischer Mensch zu sein? Nüchtern, aber einer Sache zugewandt.

Ich sehe Sie noch in Ihrem Arbeitszimmer, als Stadtrat und Kulturreferent der Stadt Nürnberg, das ich zu KEKS-Zeiten und Spiel-Aktions-Raum in Nürnberg öfter aufsuchte, wie Sie mit Erstaunen aus dem Fenster auf den Hauptmarkt hinunter blickten, wo eine unserer KEKS-AKTIONEN 1969 stattfanden, wir verhüllten das Dürer-Denkmal. Sie wunderten sich und waren neugierig, was sich daraus entwickeln würde.

So empfinde ich Sie und Ihre Art und Weise der Betrachtung, als Jemand, der abwarten und Ungewöhnliches erst einmal stehen lässt, so wie es ist, um in einem gebührend zeitlichen Abstand aus poetischen Momenten pragmatische Handlungen zu entwickeln. Ich würde mich auf eine Antwort freuen, die mind map liegt bei, ebenso eine Kopie der Tageszeichnungen 2012/1 (es gibt den Teil 2) in Originalgröße.

Vielleicht müssen Sie nicht ALLES BEGRIFFEN haben, das EMPFINDEN ist auch ein Begreifen.

Mit Dank für Ihre Betrachtungen bin ich

Ihr Fridhelm Klein mit Grüßen von meiner Frau Helga, die Sie bei der Jungen Gemeinde, Nürnberg, St. Sebald, erleben durften.

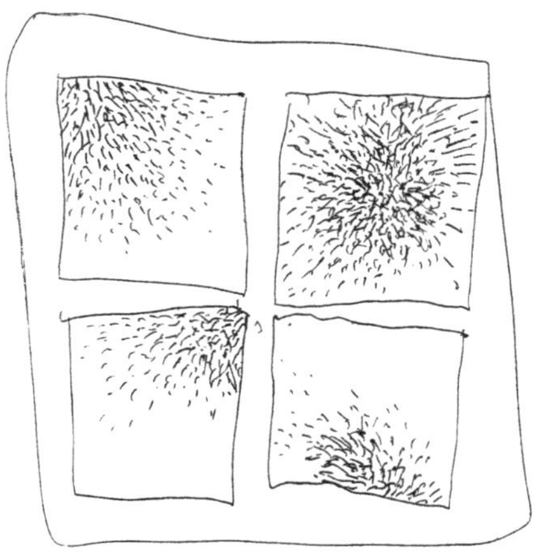

Josef Mittlmeier

Alles beginnt im Kopf

Brainstorming mit dem Stift –
zu den Tageszeichnungen von Fridhelm Klein

Womöglich sitzt manch einer in der Economy Class und bereitet mit einer Mind Map eine Power Point vor, während Fridhelm Klein (Jahrgang 1938) sicherlich irgendwo in München, Kreta oder Schweden einer seiner liebsten Gewohnheiten nachgeht - und an einer seiner „Mind Maps“ zeichnet. Der Emeritus der Akademie der Bildenden Künste München hat seine jahrzehntelang gepflegte Eigenart, jederzeit und überall zu zeichnen, zu einer produktiven Manie entwickelt. Das Medienhaus Kastner aus Wolnzach bringt Zusammenstellungen dieser Schnipsel auf 50 x 97 cm großen Formaten unter dem o.g. Titel heraus.

Wer diese Leporellos entfaltet, blickt auf eine üppige Fülle konsequent asketischer Grafiken, die formal irgendwo zwischen Kritzelzeichnung, Skizze, Cartoon, Gestenspur, rhythmischer Notation... und inhaltlich zwischen Gegenstand und Abstraktion verortet werden könnten.

Dem neugierigen Betrachter erschließen sich diese reichhaltigen Sammlungen anfangs nur sehr spärlich. Der Zeichner genießt es offensichtlich, scheinbar dem Tänzeln seiner Linien zu erliegen und vom Eindeutigen zum Zweideutigen bis hin zum Vieldeutigen und wieder zurück zu flanieren. Zeichnend legt er, gelegentlich mit Schalk im Nacken, sinnverdächtige Spuren für den Betrachter.

Unter welchen Umständen könnten die kleinformatigen Zeichnungen Fridhelm Kleins entstanden sein? Wirft so eine Frage überhaupt Licht auf seine Bilderrätsel? War Langeweile während eines Telefonates der Anlass für die Linienspektakel? Oder die Lust auf die pointierte Visualisierung eines Stichwortes? Oder der Spaß am Doppelsinn einer Redewendung? Oder der Versuch, eine Idee zeichnend fest zu machen, einen Gedanken zu (be-)greifen, eine Erkenntnis zu vermitteln?

Alles zusammen stimmt. Sicherlich: mal das eine mehr und mal weniger das andere. Zeichnung wird bei Klein auf jeden Fall das Instrument zur Untersuchung der eigenen Gedanken.

Dem, der länger in den Klein'schen Kosmos schaut, wird deutlich, dass der Künstler mit stringenter Routine zeichnend formt und bildet. Jede einzelne Zeichnung ist in sich geschlossen und alle zusammen sind miteinander formal verbunden. Ganz klar ist, dass sie aus einer Hand sind. Klein weiß sehr genau, wo seine Linie anfängt und wo sie aufhören muss. Mit dem Kugelschreiber jagt Klein täglich in den Landschaften seiner Überlegungen und strichelt Linie um Linie für uns das Diffuse seiner Geistesblitze ins Sichtbare, bevor sie wieder im Strudel seiner Synapsengewitter verschwinden könnten. Folgerichtig nennt er seine Blätter „Tageszeichnungen". So häuft er seit Jahren Piktogramme, Pläne, Storyboards, Illustrationen, vielsagende Muster zu Protokollen seiner Welterfahrung, seiner Grenzen und der Versuche, ihnen zu entkommen. Die von ihm geäußerte Absicht, sich zeichnend an das Unbewusste heran zu arbeiten, kollidiert mit dem offensichtlich präzisen grafischen Kalkül. Sein Ziel, die Betrachter zu eigenen zeichnerischen Reaktionen anzustiften.

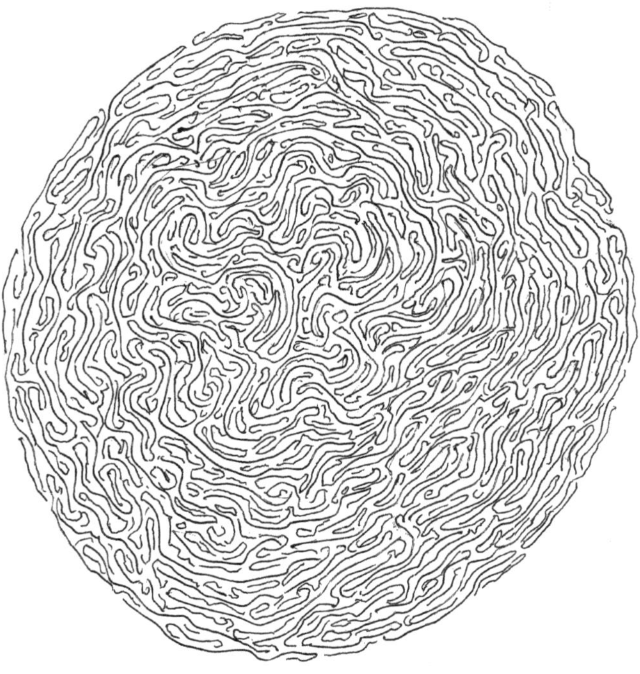

Dr. Gisela Schmeer

Die Tagesnotizen von Fridhelm Klein

An diesem Raum der Ausstellung „München zeichnet" konnte ich nicht vorübergehen. Es reichte auch nicht aus, stehen zu bleiben, diese Zeichnungen zu betrachten und sich zu sagen, dass sie etwas völlig Unerwartetes, Besonderes waren.
Nein. Ich war gefesselt.

„Was für ein Mensch und was für ein Künstler ist dieser Mann namens Klein?"

fragte ich an der Rezeption.

„Ist er ein junger Mensch? Ein älterer Mensch?"

Und man gab mir Antwort.

Gefesselt von den Aussagen dieser Zeichnungen – dazu muss erläuternd gesagt werden, dass ich von meinem eigenen Fach als Psychotherapeutin und Kunsttherapeutin und von einer gewissen Passion für umrisshafte Skizzen geprägt bin.

Im kunsttherapeutischen Kontext, speziell bei Prozessen mit Gruppen, habe ich seit Jahrzehnten Erfahrungen mit spontan gezeichneten umrisshaften Skizzen gesammelt und werde auf diesem speziellen Gebiet gewissermaßen als Expertin bezeichnet.

Die von mir entwickelte Resonanzbildmethode wird scherzhaft als „Bildgebendes Verfahren" bezeichnet. Gruppendynamische Resonanzbilder sind tatsächlich diagnostisch aufschlussreich und deuten hin auf Gegebenheiten, die in der verbalen Auseinandersetzung zwischen den Teilnehmern untergehen und nie erkannt würden.

Dies nur zur Einleitung und zur Skizzierung meiner eigenen Position: nicht als Künstlerin und auch nicht als Kunstkritikerin.

Der Künstler Fridhelm Klein bringt auf der Ebene des Zeichnens und auf der Ebene der Zeichen und Symbole Menschliches und Zwischenmenschliches virtuos und hoch differenziert mit ästhetischen Mitteln zum Ausdruck. In seinen gezeichneten Tagesnotizen erkenne ich den Menschen von heute wieder, wie er einzeln oder auch im Kontakt mit zwei oder drei anderen, eingebunden und verstrickt ist in die Informationsfluten unserer Gesellschaft; den Menschen von heute, der von einem Vielerlei berührt, durchdrungen, überschwemmt, zerrissen, belastet ist und manchmal fast erstickt; den Menschen von heute, der gefangen ist im Netz der Informationen, jonglierend, experimentierend, sortierend, akrobatisch gestikulierend; neugierig fragend, staunend, gespalten, orientierungslos, schwimmend. Den Menschen von heute, der – überfordert, umringt, verbaut, eingeschlossen in sich selbst oder verwickelt mit einem Gegenüber – versucht, sich zu orientieren oder dem Flug seiner Träume nachgibt und entrinnt... Sehnsucht nach dem absoluten Eingebettetsein, Verständnis .... Ruhe....

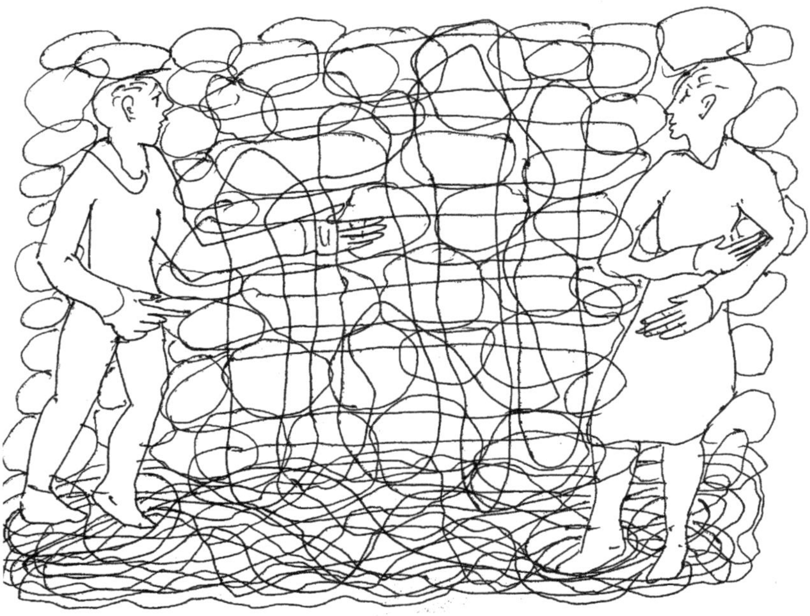

Menschen von heute erscheinen in den Tagesnotizen des Künstlers oft ohne Boden unter den nackten Füssen, selbst im Flug noch vernetzt, oftmals verletzt, aufgelöst, schwimmend, die Arme tastend und wie Schutz und Rettung suchend ausgebreitet; Menschen von heute, nackt dem Sog ausgeliefert, Kommunikations-Spiele und Spielchen wie mit Fäden... Gespinste...Linien.

Als Nicht-Künstlerin, mit einem eher graphologischen, psychologischen Blick empfinde ich durchaus die Begrenzung meines Beschreibungs-Repertoires, wenn es um die Qualität von Linien geht. Auf alle Fälle geht es im Werk von Fridhelm Klein um mehr und um etwas anderes als um Illustrationen. Phantasievoll, humorvoll und manchmal wie selbst betroffen entwickelt der Künstler mit seinem Kugelschreiber Modelle der Lebensflut-Bewältigung, ästhetische Modelle der Kommunikation mit sich selbst und unserer Massen- und digitalen Informations-Gesellschaft, ästhetische Modelle der Suche nach dem eigenen Ort in dieser Gesellschaft und im eigenen Leben.

Ästhetische Modelle der Kommunikation – darunter verstehe ich Ausdrucksmöglichkeiten, die über das Illustrieren von sozialen Netzen weit hinausgehen und sich als eigene Kategorie in der Kunst-Szene etablieren könnten.

Dr. Gisela Schmeer ist Professorin für Kunsttherapie an der HfBK in Dresden

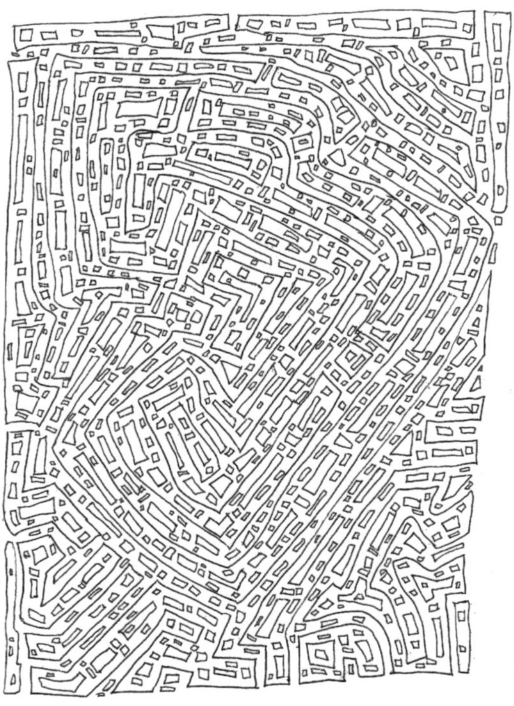

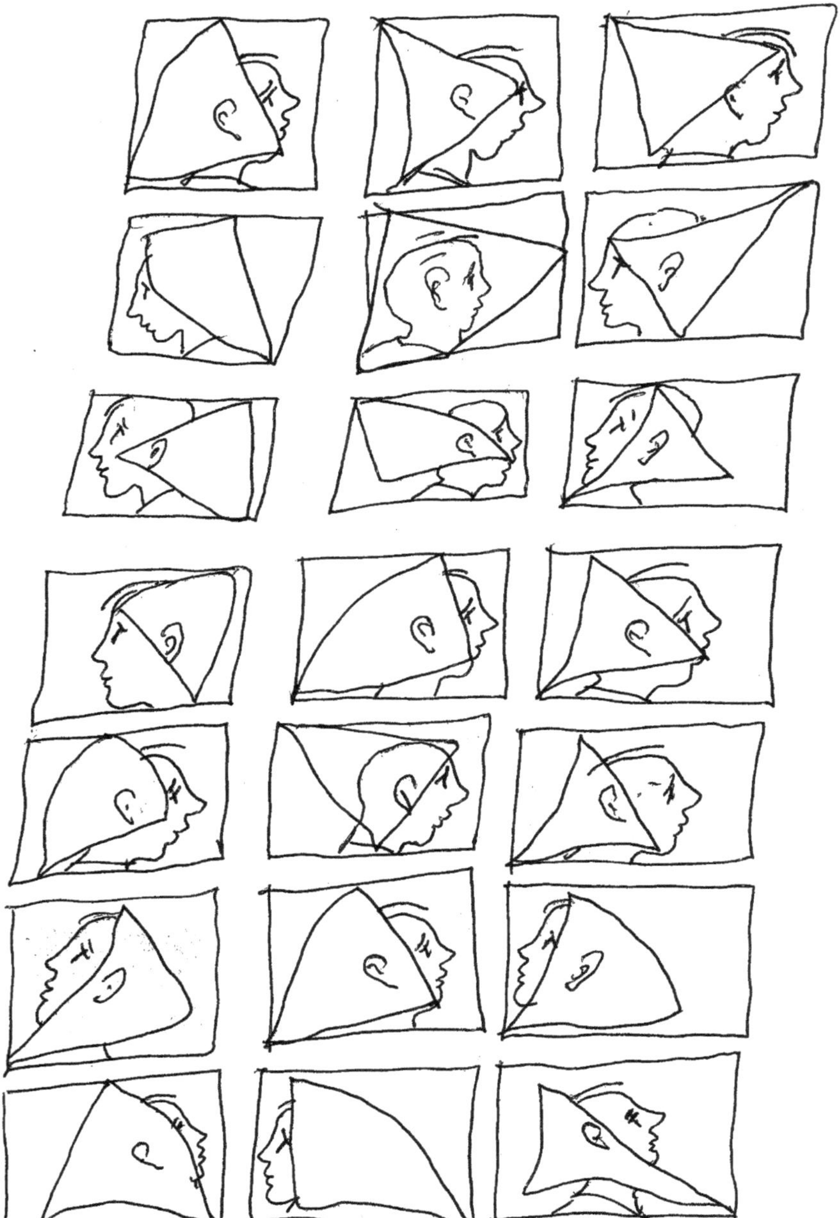

Susann Kretschmer

Zeichnungen „Immer und Überall"
Brief 2007

Wenn mir die Erklärungen ausgehen, fange ich an zu fantasieren. So wie Du!

Die Fähigkeit zur Imagination beflügelt unsere Fantasie und unser Blick auf die Welt verwandelt sich in ein Kaleidoskop verblüffender Bilder und Assoziationen.

Du zeichnest Deine „Hirngespinste" und es entstehen Überlagerungen, Schichten, Arabesken, Ornamente, Gekritzel, Knäuel. Ein unendliches Liniengewirr entfaltet sich aus zum Teil klaren Konturen, manchmal sind es Verwirrungen, aber auch Klärungen, helle wie dunkle Stellen treten hervor oder zurück.

Fremde und eigentümliche Wesen generieren sich auf dem Blatt.

Mich kostet es Überwindung, auf die weißen Flächen zu zeichnen. Du hingegen bevorzugst die weißen leeren Blätter.

Du gehst lässig und spontan mit dem Weiß um.

Was treibt Dich da? Was bewegt Dich, diese Spuren zu hinterlassen, Immer und Überall?

Auch wenn Du nichts willst, willst Du immer etwas.

Du zeichnest Alles, wohin Deine unbewussten Regungen Dich lenken.

Deine Zeichnungen haben etwas Direktes, Spontanes, und sind doch verschlüsselt.

Sie sind Ausdruck Deiner Verfassung, Deiner Stimmung. Fast automatisch schreiben sie sich kontinuierlich in Deine Tagesabläufe ein und vermehren sich stetig auf losen weißen Blättern. Es sind Tagesdokumentationen, die sich stapeln mit der Zeit, datiert, signiert und archiviert.

Immer und Überall!

Was versprichst Du Dir von Deinem zeichnerischen Archiv?

Wenn Dir Deine Erklärungen ausgehen, flüchtest Du Dich in das Zeichnen.

Erkennst Du Dich darin selber wieder?

Woher kommen die unbestimmbaren Motive?

Von wem und an was ergreifen sie Besitz?

Sie verbrauchen eine Menge weißes Papier.

Sie sind viele und Du willst sie als Viele und noch mehr.

So erfüllst Du Deine Welt und richtest Dich Blatt für Blatt neu ein.

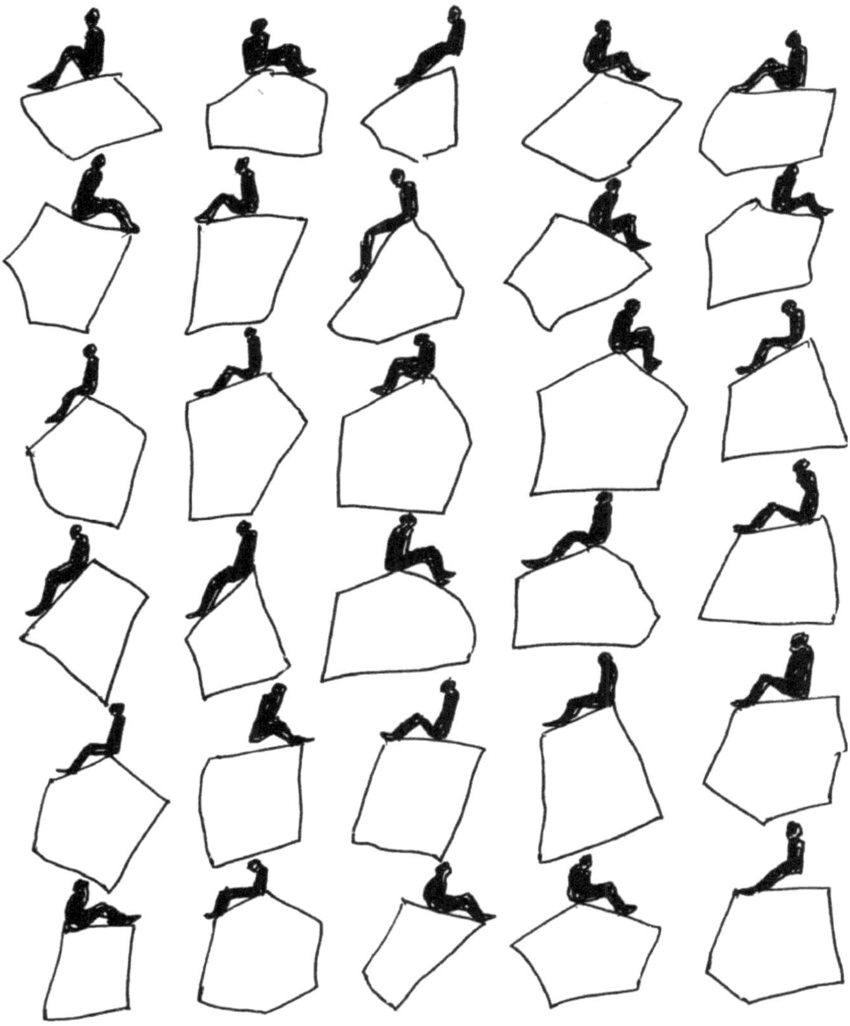

Musterbildend geben Deine Zeichnungen sich als Deine Handschrift zu erkennen.

Unbewusste und verborgene Bilder erscheinen. Nichts lässt sich auf den Zeichnungen motivisch eindeutig feststellen, alles erscheint beiläufig.

Erst die Massierung täglicher Verzeichnungen ergibt ein Netzwerk wieder erkennbarer Motive, sichtbarer jedoch nicht entschlüsselbarer Sinnzusammenhänge.

Gefangene, vernetzte Figuren und Profile in schwerelosen vernetzten Konstruktionen und rätselhafte Strukturen richten sich immer mehr auf dem weißen Papier ein und verstricken sich in rätselhafte Labyrinthe.

Sich einrichten, das ist der existenzielle Traum der Kindheit, schreibt Roland Barthes, wenn er über Jules Vernes „Kosmogonie Konstruktion" nachdenkt. „Was aber, wenn diese Anstrengung mit der bürgerlichen Pose des Besitzens endet". „In Pantoffeln mit der Pfeife neben dem Ofen, während draußen der Sturm, das heißt das Unendliche, vergeblich tobt. Nur so ist das Erhabene, das Chaos, das Unendliche für uns Menschen haltbar, erdenklich, fühlbar, aushaltbar." (Roland Barthes, Nautilus und Trunkenes Schiff).

So setzt Du Dich Deinen Zeichnungen aus, möblierst sie mit eigentümlichen Gebilden und Linien, verzerrten Figuren.

Deine Zeichnungen sind Reisen in Dein Seelenleben.

Sie sind stetige Spuren des Aufbruchs und auch Zeichen der Einschließung. Gefangen in sich selbst, einmal mehr, mal weniger.

Deine Linien haben kein eindeutiges Ziel. Sie beabsichtigen nicht die Wiedergabe eines offensichtlich sichtbaren Motivs. Du findest keine Erklärungen und darum zeichnest Du. Immer und Überall.

Deine Linien entweichen dem Schema. Sie wollen nicht etwas scheinen, was sie nicht sind. Trotzdem geraten sie in den Strudel des immer Gleichen, verfangen sich im Gewirr Ihrer eigenen Herkunft.

Deine Linien brechen nie ganz aus dem Raster der Gewohnheiten heraus. Es ist Deine Handschrift, die sie lenkt. So bleiben sie Boten von inneren Befindlichkeiten und der Hand des Zeichners.

Sie werden Schraffuren, Chiffren, entdecken die Fläche, und suggerieren durch ihre Verdichtungen und Richtungen Räume, verwerfen Volumen, schöpfen Figuren und ungewöhnliche Gebilde, erobern und besetzen das Weiß.

Sie verbergen und entlarven ihre Herkunft.

Plötzlich erscheint etwas und ist da. Zeigt sich und bleibt sich selbst überlassen. Jede Linie möchte etwas sein, aber Du verweigerst ihnen ihre Bedeutung. In die Masse reihen sich die einzelnen Zeichnungen ein.

Sie bilden Konstruktionen und Gebilde, die ICH sagen.

Aber es gibt keine Reihenfolge und keine Rangordnung. Die Sammlung ist niemals vollendet. Die Konzentration liegt auf der umgebenden Konturlinie, die sich ständig selber durchquert, durchkreuzt, hindert, beflügelt oder auch blockiert. Sie sind im herkömmlichen Sinn perspektivlos.

Kein eindeutiger Standpunkt oder Blickwinkel lässt sich in ihnen erkennen. Linien verweben sich in sich selbst zu verdichtenden Strukturen, und aus ihnen entwachsen schwerelose Figuren und Profile, die sich in andere Linien verfangen und verankern.

Die Figuren verweben sich zu neuen Linien und Netzwerken und in ihnen verfangen und verwickeln sich andere Figuren und das Immer und Überall. Das Urelement ist die Linie, die sich einwickelt, auswickelt, entfaltet, einfaltet, sich konzentriert und sich zerstreut und sich wieder zurückzieht.

Fridhelm Klein beschreibt so seine täglichen Gemütszustände und Befindlichkeiten mittels der Tagzeichnungen. So ist es dem Adressaten möglich, vielleicht nur so, in seine Welt einzutreten.

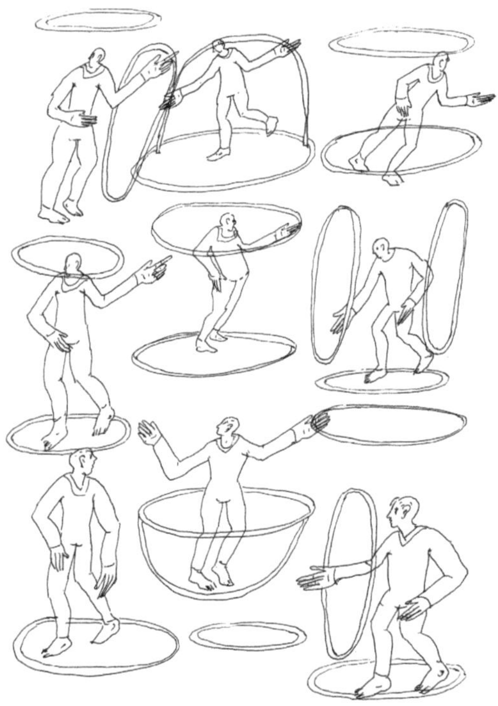

Andreas Geyer

Fridhelm Kleins „Tageszeichnungen“

Es sind zwei denkbar unterschiedliche Kunstformen, die im Œuvre von Fridhelm Klein eine Konstante bilden: Da ist zum einen das Aquarell, zum anderen die Zeichnung. Wo in den Aquarellen die verfließenden Grenzen, das Diffuse und Schemenhafte, das Übereinandergeschichtete im Fokus stehen, sind es in den Zeichnungen die fest definierte Form und die klare, scharfe Grenze.

Viele der Werke und Aktionen Fridhelm Kleins, in denen immer die Landschaft und oft das Meer eine entscheidende Rolle spielen, sind ausschließlich über das fotografische Medium dokumentiert. Die Grenzen zwischen der Kunst als Artefakt und der Performance sind bei Klein ohnehin fließend. Exemplarisch hat er sein Konzept 1987 in der großen programmatischen Installation „Der Rest des Netzes“ auf dem Vorplatz der Münchner Glyptothek präsentiert.[1]

Fridhelm Kleins Kunst in all ihren unterschiedlichen Spielarten ist immer eine Meditation über die Zeit und das Zeichensetzen in der Zeit. Das Spurenlegen in der Zeit als künstlerischer Akt rückt aber gleichzeitig und zwangsläufig auch den Raum in den Fokus.

Immer ist Kleins Kunst deshalb eng mit der Topographie verknüpft, in der sie entsteht. Das gilt für die Aquarelle, die er fast immer im Freien und in der Landschaft malt: die Blätter sind geradezu aufgeladen mit dem Raum ihrer Entstehung: „gezeichnet“ von Wasser, Wind und Wetter. Diese Raumbezogenheit gilt aber auch für die Zeichnungen, die den Ort des Künstlers und Betrachters im Raum auf ganz andere Weise bestimmen und ins Bild setzen. Hier ist es die klare Linie, die in der verfließenden Zeit Marken setzt und gleichzeitig zeichnerisch Raumdimensionen eröffnet. Hier ist nichts fließend oder diffus: Klein benutzt bevorzugt ostentativ den Kugelschreiber, der eine einheitliche Linie erzwingt und keine Effekte (wie etwa durch Schwung und Druck bei der Zeichenfeder oder durch Wischen und Radieren bei der Zeichenkohle) erlaubt.

---

1 Fridhelm Klein: Der Rest des Netzes. Deutsche Verlagsanstalt, 1987

In seinen umfangreichen Tagebüchern, ausführlichen assoziativen Arbeitsjournalen, die er seit jeher und auf fast obsessive Weise führt, kombiniert Fridhelm Klein zudem Text und Bild. Es sind textliche und zeichnerische Miniaturen, die sich gegenseitig durchdringen und kommentieren. Eine frühe Auswahl aus den Tagebüchern trägt den treffenden Titel „Erkundungen".[2] Es sind Erkundungsreisen ins Zentrum einer Künstlerwelt, freilich ohne dabei jemals ins allzu Private abzugleiten. Fridhelm Klein hat hier Texte und Zeichnungen auf eine unnachahmliche Weise kombiniert. Wie bei einer Kippfigur lässt sich zwischen dem kalligraphischen Texten und den zeichnerischen Miniaturen hin- und herspringen: Schon Kleins Handschrift ist, selbst wenn man vom semantischen Gehalt völlig absehen würde, von hohem ästhetischen Reiz. Umgekehrt erinnern die Zeichnungen in ihrer linearen Strenge an eine rätselhafte Hieroglyphenschrift, die ihrer Entzifferung harrt.

2 Fridhelm Klein: Erkundungen. Prestel-Verlag, 1982Œ

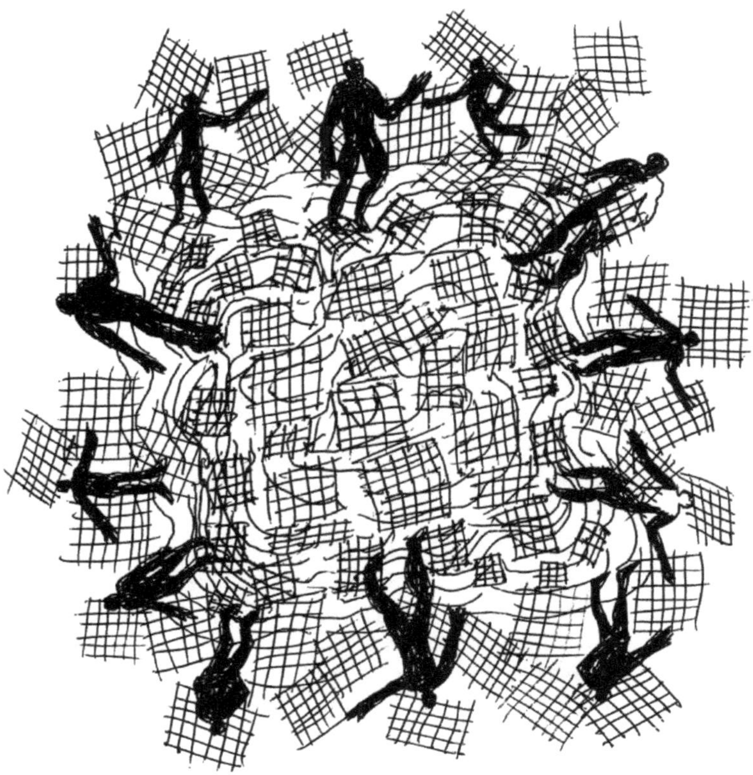

Die „Tageszeichnungen" sind ein Projekt, das Fridhelm Klein nun schon seit einigen Jahren vorantreibt. Zahlreiche dicke Bände sind auf diese Weise entstanden. Unabdingbar für diese Facette von Kleins Kunst ist eine Tugend, die der Laie oft nicht in allererster Linie mit künstlerischem Genie verbindet: tägliche, kontinuierliche Disziplin. „Es ist die Bereitschaft gefordert", sagt Fridhelm Klein selbst, „jeden Tag ein wenig anzuzeichnen, dem Tag Mitteilung zu machen, von etwas, was sich dauernd fortzuschleichen versucht: kleine und große Ereignisse, die drohen wegzufließen."[3]

Die Tageszeichnungen entstehen buchstäblich überall. Wohl niemand hat Fridhelm Klein jemals ohne die große Lederumhängetasche mit Büchern, Unterlagen und Zeichenutensilien gesehen. Keine Tagung, die er besucht, kein Vortrag, den er hört, ja kaum ein privater Termin, den er nicht unmittelbar zeichnend begleitet und protokolliert.

Wie wenige andere Künstler ist Fridhelm Klein aber auch willens und in der Lage, das eigene Schaffen zu kommentieren. Eine besonders schöne und treffende Stelle aus einer längeren Äußerung zu den Tageszeichnungen sei hier zitiert: „Es geht um das Phänomen ZEIT und die Bewegung der Hand, die schwarz auf weiß wiedergibt, was sich verborgen hält hinter des Fassade der zeichnenden Person. Die Ablage der Tagesspuren im Archiv der 365 Tage geschieht im Bewusstsein des Aufeinanderschichtens. Wären die Blätter durchsichtig, so erschiene am Ende des Weges eine große Dunkelheit. Du hast dir deine eigene Geschichte gezeichnet und versinkst in Geschichtslosigkeit, in der Schwärze deiner Lebensepochen."[4] Gerade die intensivsten künstlerischen Bemühungen sind es also, die das schaffende Individuum letztlich aufgehen lassen in Zeit, Raum und Natur.

Die Einzelfiguren in den zeichnerischen Miniaturen der Tageszeichnungen tragen oft unverkennbar die Physiognomie des Künstlers. Dabei geben sie eine direkte Einsicht in das Innenleben des Schädels, dem seltsame Kopfgeburten entspringen. Man darf vermuten, dass es der Künstler selbst ist, der hier bereitwillig und großzügig (aber nie auf platte und vordergründige Weise) Einblick gewährt.

---

3 Fridhelm Klein: mindmap 2. Druck: Medienhaus Kastner, Wolnzach

4 Fridhelm Klein: Tageszeichnungen. In: Positionen der Zeichnung. Sonderdruck aus Positionen der Zeichnung, aus Bund Deutscher Kunsterzieher, BOK INFO 19/2012

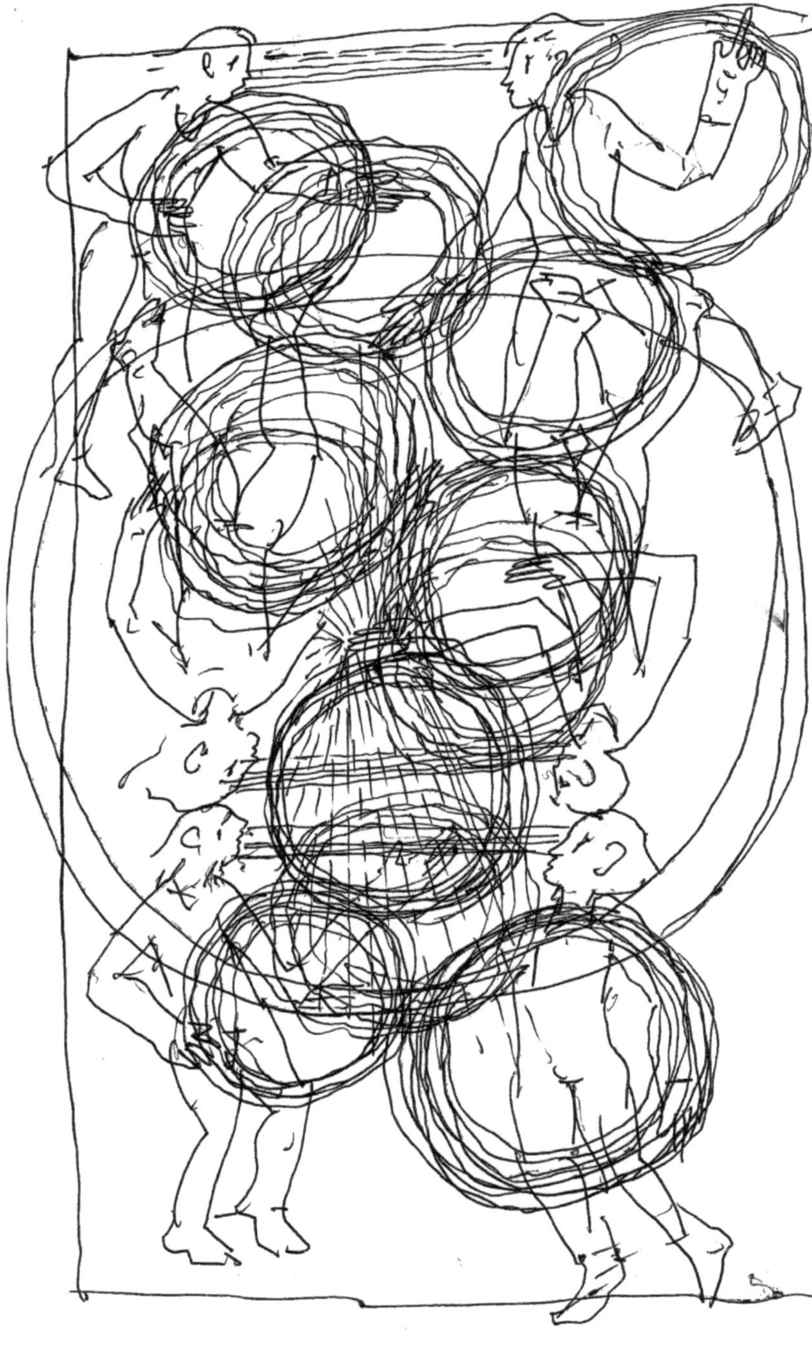

Die Zeichnungen, in denen oft mehrere Figuren agieren, sind meist in höchst diffizile Interaktionen verwickelt: Die Protagonisten balancieren und jonglieren, haben mit Fesseln und Blockaden, Verwachsungen und Vervielfältigungen, ja mit aberwitzigen Handicaps zu kämpfen – wobei Sinn, Zweck und das Verhältnis zwischen Aufwand und möglichem Erfolg gleichermaßen fraglich bleiben.

Auf einigen Zeichnungen ist das individuell Körperhafte nur noch rudimentär erkennbar und löst sich allmählich auf in allgemeine, aber offenbar immer noch organische Gebilde. Und dann gibt es auch Zeichnungen, die keine menschlichen Protagonisten mehr zeigen, sondern Strukturen, in denen Organisches und Technisches auf merkwürdige und rätselhafte Weise verwoben ist.

Es ist – auch wenn die Idee offenbar von seinem umsichtigen Verleger und Freund Eduard Kastner stammt – nur folgerichtig, dass Fridhelm Klein in Fortsetzung der „Reiseberichte" aus den Tagebüchern und den „Tageszeichnungen" nun auch ganz wörtlich und gegenständlich genommen Landkarten angefertigt hat. Dabei ist es keineswegs nur ein Gag, dass die mind maps tatsächlich wie Wanderkarten oder Stadtpläne gefaltet sind.

Es sind hunderte von Einzelblättern aus dem schier unerschöpflichen Fundus der Tageszeichnungen, die Fridhelm Klein in den beiden bislang gedruckten Ausgaben der mind maps bereitstellt. Damit schickt er die Rezipienten auf eine spannende Reise durch die gedanklichen Netze, die von den Tageszeichnungen aufgespannt werden. Immer neue Verknüpfungen und Kombinationen bieten sich an. Eine völlig neue und originelle Möglichkeit der Kunstbetrachtung eröffnet sich hier. Die Rezeptionsleistung des Betrachters wird auf eine neue Stufe gehoben.

So kann man sich mit Kleins Wanderkarten, vom Künstler kundig geführt, aber doch mit genügend Freiraum versehen, auf Entdeckungsreise begeben. In den mind maps verzichtet Klein auf die Schrift als komplementäres Medium und setzt ganz auf die Einzelbilder und deren Vernetzung. Der Unterschied zu den „echten" Wanderkarten ist nur, dass diese eine vorgefundene Topographie darstellen, während die Kleinschen Wanderkarten eine freie Kombination der Wegmarken erlauben: Auch die kurzen Wege sind nicht minder abenteuerlich und überraschend. Und wie jeder Benutzer einer großen Landkarte hat auch der Betrachter der mind maps mit den Ausmaßen des Papiers und den Tücken der Faltung zu kämpfen. Er entfaltet und faltet wieder und dreht und knickt – und bietet dabei wohl ein Bild, das selbst als Motiv für eine der Zeichnungen taugen würde.

Die Disziplin bei der Entstehung der Tageszeichnungen und die strenge Nummerierung der Zeichnungen in den mind maps

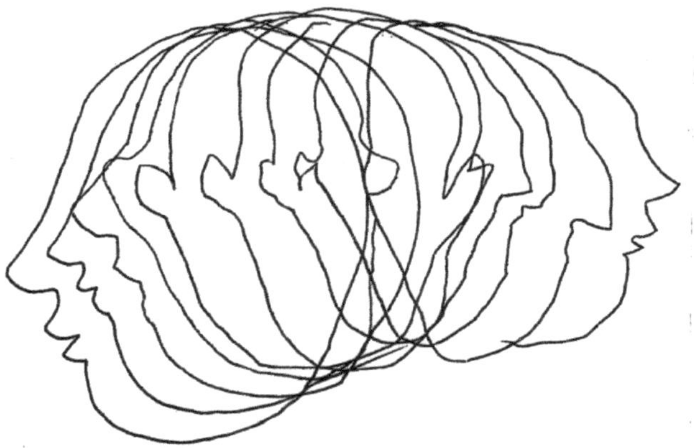

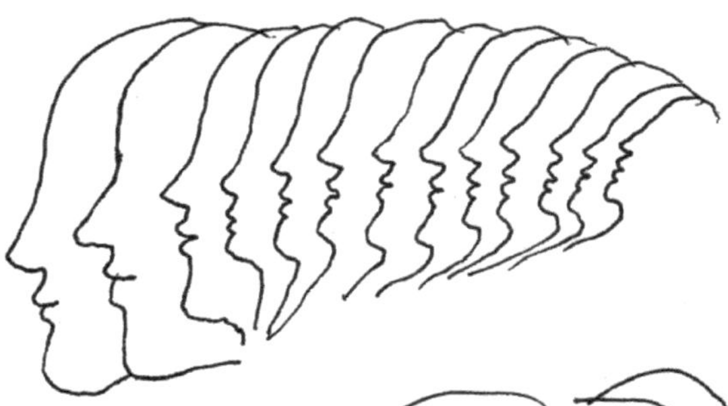

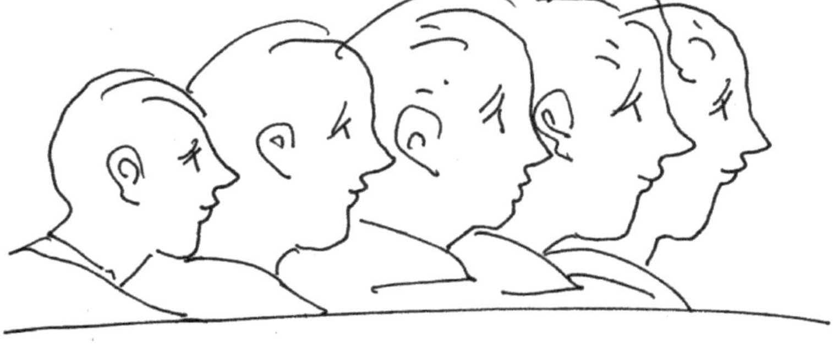

exponieren bewusst den Arbeitscharakter der Blätter. Es sind Protokolle, Stenogramme, die sich um größtmögliche Klarheit bemühen. Das freizügige Reisen durch Kleins Gedankenwelt, das der Betrachter genießen darf, hat seine Voraussetzung in der Disziplin und Strenge, die Klein sich selber auferlegt hat.

Und auch hier zeigt sich die Beweglichkeit und Offenheit der Kunst von Fridhelm Klein. Ganz anders als bei den Aquarellen, aber erkennbar als Variation derselben Grundidee.

Nicht wenige der Blätter der Tageszeichnungen, die Fridhelm Klein für die mind maps auf kaum briefmarkengroße Miniaturen kopiert hat, wären von der Kraft des Motivs her tragfähig genug, um als große selbstständige Arbeiten ausgeführt zu werden. Es ist ein geradezu verschwenderischer Umgang, den Klein mit seinen Bildideen pflegt. Viele seiner Künstlerkollegen würden sich mehr als glücklich schätzen, wenn sie aus einer solchen Überfülle von Einfällen schöpfen könnten. So mancher kommerziell weit höher gehandelte Künstler lebt vergleichsweise von homöopathischen Aufgüssen aus einem weitaus bescheideneren eidetischen und ikonographischen Reservoir.

Fast vier Jahrzehnte hat sich Fridhelm Klein an der Münchner Akademie ganz der Lehre gewidmet. Die Professur war für ihn keineswegs in erster Linie eine willkommene Einkommensgarantie, wie für so manchen seiner Kollegen. Fridhelm Klein war für seine Studenten (und oft auch für die der abwesenden Kollegen) immer präsent und ansprechbar. Auf diese Weise hat er Generationen von Künstlern und späteren Kunsterziehern durch seine Ausstrahlung als Hochschullehrer dauerhaft geprägt.

Das Fortschreiben des eigenen Werkes war und ist ihm tägliche Notwendigkeit – eine offensive Vermarktung dieses Werkes war seine Sache aber nie. Nach wie vor sind seine Blätter auf dem Kunstmarkt lachhaft unterbewertet, auch weil sie in ihrem schlüssigen Gesamtzusammenhang kaum bekannt sind. In Fridhelm Kleins Privatarchiv lagern Tausende von Blättern. Sie sind Zeugen einer komplexen künstlerischen Entwicklung und harren ihrer Entdeckung – welche freilich von Fridhelm Klein kaum forciert wird.

Nach seiner Emeritierung als Professor zieht er es vielmehr vor, seine didaktische Ambition weiterzuführen und gibt Aquarellkurse und Fotoworkshops für Laien. Den meisten seiner akademischen Kollegen käme eine solche Herablassung niemals in den Sinn.

All das scheint ihn aber überhaupt nicht zu bekümmern, ja ist ihm in seiner charismatischen Bescheidenheit und jugendlichen Unternehmungslust vielleicht nicht einmal bewusst.

Es sind Nachfahren von Sisyphos und Laokoon gleichermaßen, die uns Fridhelm Klein als Protagonisten in den Tageszeichnungen vorführt. Die eigentümliche Heiterkeit, Gelassenheit und Leichtigkeit der Figuren bleibt von den mannigfaltigen Imponderabilien und Beschwernissen völlig unberührt. Es ist – wenn es so etwas gibt – der Humor des Mythos, den Fridhelm Klein in den Tageszeichnungen ins Bild setzt.

Seit Camus wissen wir, dass wir uns Sisyphos als glücklichen Menschen vorzustellen haben. Das gilt womöglich auch für Laokoon.

Und ganz sicher gilt es für den Künstler Fridhelm Klein.

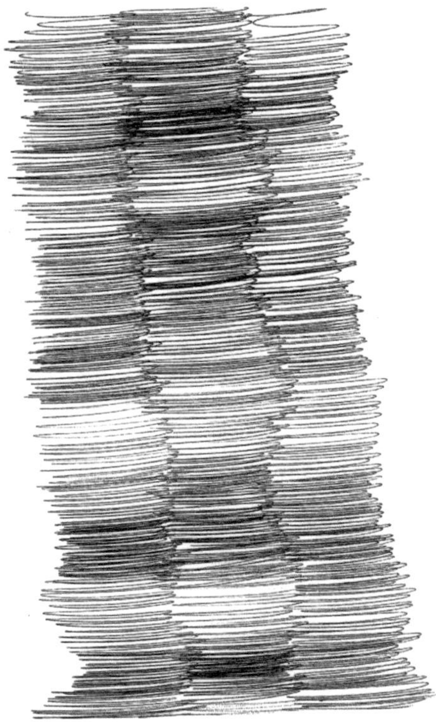

Dr. Sigrid Braunfels

Text zu mindmap 2

Wer diese „Tageszeichnungen" der mindmap 2 entdeckt, kennt und liebt vielleicht schon die mindmap 1, die Fridhelm Klein vor einigen Jahren veröffentlichte (zeichnete?), die aufs Phantasievollste vor allem die geheimen und doch offenbaren Verstrickungen zwischen Menschen und Situationen zur Anschauung brachte. Diesmal hat des Künstlers Kopf, Hand und Stift diese seine erstaunlichen „Vignetten" fast immer wie Aufforderungen zum Nachdenken oder zum Handeln in schwierigen Situationen oder an Scheidewegen, ja, zum Bedenken unserer Weltsituation aufs Papier fließen lassen.

F. K. selbst hat in einem kleinen Sonderdruck „Tageszeichnungen" 2012 wunderbar dargelegt, weshalb er uns auffordert, gleichfalls solche täglichen Zeichnungen zu versuchen: als Spurenleger, als Zeichensetzer, als Chronisten von eigenen Einsichten, Wandlungen und Verwandlungen, in der Zeit. Nicht alle „Vignetten" dieser zweiten mindmap lassen sich eindeutig betiteln; es hängt vom Humor oder der Betroffenheit des Betrachters ab. Auch ist ein Bild nicht ohne weiteres sprachlich völlig erfassbar.

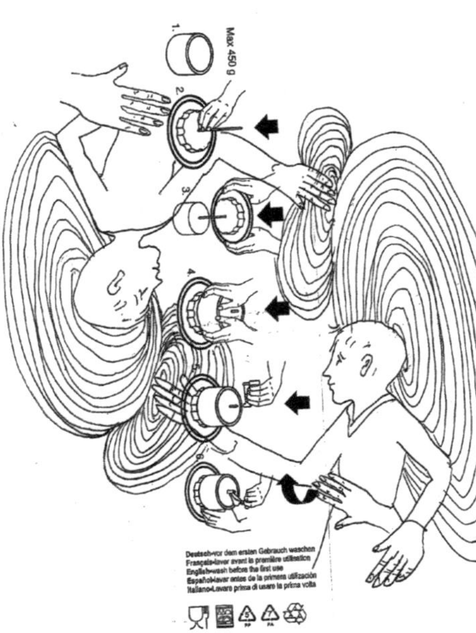

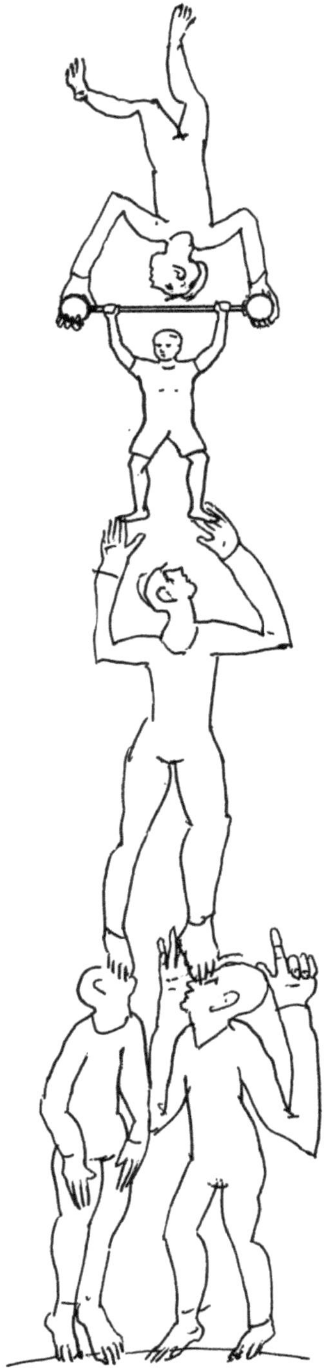

Prof. Fridhelm Klein spricht mit Prof. Bazon Brock über seine Tageszeichnungen[1]

Fridhelm Klein: Ich möchte heute mit dir über die Tageszeichnungen sprechen, die Einteilung in Tage, an denen ich einfach, wo ich sitze und gehe und stehe, telefoniere oder auf die Straßenbahn warte, Spuren lege. Und diese Spuren sind sehr individuell, sehr persönlich. Sie sind für mich in erster Linie dazu gedacht, neue Gedanken zu kriegen, neue Ideen zu haben, Kompositionen zu erfinden, aber auch Einsicht zu geben in mein inneres Leben. Für andere.

Bazon Brock: Das entspricht Herodots Postulat „Werke und Tage". Das bedeutet einerseits: So wie man den Tag lebt, produziert man auch das Werk. Andererseits ist hier das Leben, da das Werk. Erga kai hemerai heißt das auf Griechisch, erga sind die Werke, kai hemerai sind die Tage. Erga kai hemerai bedeutet dann das zusammenzuschließen, das heißt, das Leben selbst ist die Form der Entwicklung des Werkes, aber auch, das Leben des Künstlers ist die Voraussetzung dafür, dass er etwas schaffen kann. Die Organisation des Lebens entspricht der Organisation des Werkes. Man lebt dann, wie man schreibt. Das ist die Musil'sche Formulierung. Man lebt in Werkform. Das hat in den Schulen wie z.B. in der epikureischen Schule und in den Akademien begonnen. Die epikureische Schule und die der Stoa, das sind die beiden wichtigen Schulformen. Die Akademie von Platon spielt da nur eine untergeordnete Rolle. Der Akademiebegriff leitet sich ab vom Namen eines Hains, denn Akademos war der Name eines Gartens. Deswegen heißen die dort veranstalteten Lehren von Platon akademische Veranstaltungen. Das ist also nichts anderes, als der Name eines Gartens oder eben der Umgebung, in der man Werke und Tage aufeinander bezieht – entweder indem man das Leben selber als Werk versteht oder hinsichtlich der Frage: Wie müssen wir leben, damit ein Werk entsteht?

Zum Beispiel heißt es bei Thomas Mann: „Ich muss um 8 Uhr am Schreibtisch sitzen und arbeite bis zwölf." Das ist die einzige Basis dafür, wie Werke geschaffen werden. Die Stoiker und Epikureer haben ihren Schülern auch schon diese Anweisung gegeben: nulla dies sine linea, kein Tag ohne Manifestation. Das heißt, wenn ich ein Tagebuch führe, ist das auch eine

1 Fridhelm Klein im Gespräch mit Ästhetik-Professor und Kunstexperten Bazon Brock und seinem Sohn, dem Künstlerbetreuer und Philosophen Dr. Bernhard Klein

Fixierung des Lebens. Das Leben ist also nicht entscheidend, denn es wird ja nur dadurch, dass es erinnerungsfähig wird, ein für das Werk bedeutsames Leben. Es geht also nicht um Gleichwertigkeiten, also hier Leben und da Werke, sondern es ist wirklich eine Einheit. Und das Leben ist gebunden an die Erinnerung, gelebt zu haben.

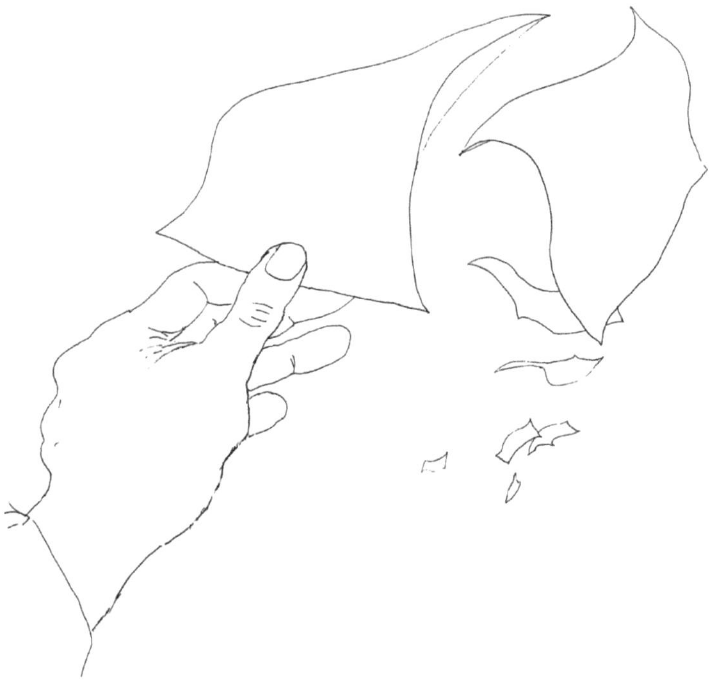

Also ist alles Leben darauf ausgerichtet, eine Erinnerung zu schaffen. Ich lebe, damit es später eine Erzählung über mein Leben gibt. Das ist dann die Biografie, und das ist entscheidend. Das Leben als Werk ist die Biografie, also die selbstgeschriebene Autobiographie oder die fremde, die von anderen geschriebene Biographie. Das heißt, Leben selbst wird zu einem Werk. Das geht von der Stoa direkt die christliche Ethik ein: Man hat so zu leben, dass es ein gottgefälliges Werk ist in theologischer Absicherung in dieser oder jener Hinsicht.

Also sind Tageszeichnungen im Sinne der seit der Antike vorgegebenen Einheit von Leben und Werk die einfachste Vermittlung zwischen den beiden Ebenen, das Leben selber auch zu zeigen. Diese Aufzeichnungen können später zum Beispiel als Teil der Autobiografie selber wieder ein Werk sein. Man muss das Werk additiv entwickeln, jeden Tag etwas tun. Das würde dann heißen, Aufzeichnungen sind die Fixierungen der einzelnen Elemente, damit am Ende ein Ganzes herauskommt. Bei diesem Aufzeichnungsverfahren, das du verwendest, stellt sich die Frage: Was ist nun das Ganze, auf das du hinarbeitest? Denn jede Aufzeichnung selber ist eine Werkeinheit. Aber warum werden so viele nebeneinandergestellt? Gibt es dann ein Überwerk zum Werk? Was ist eigentlich das Ziel? Ist es hier wieder das tägliche Werken als bloßes Leben?

Was ist daran die Intention? Wenn du 1000 solcher Zeichnungen herstellst als Tageszeichnungen, hast du ja eigentlich nichts anderes, als eine zeichnerische Darstellung eines Lebens, aber noch kein Werk. Das heißt, auf welche Werkebene zielt das? Ist es eine Gesamtsammlung? Dann wäre es sozusagen eine Autobiografie als Zeichnung. Eine gezeichnete Autobiografie. Eine mit bildenden Mitteln gestaltete Biografie.

Fridhelm Klein: Es ist eine Aufzeichnung von vielen Elementen, vielen Ebenen. Die gefühlte, die gesehene, die wahrgenommene Ebene, die Ebene der Projektion und die Ebene der Vision. Das heißt, mir geht es erstmal sehr stark um mich selber, darum Ideen zu entwickeln, aus einem Schema herauszukommen, wobei ich das Schema benutze. Ich benutze immer schematische Figuren.

Bazon Brock: Aber das gilt ja für jede Arbeitsbiografie eines Künstlers. Man lebt zum Beispiel im Hinblick auf die Vision: „Oh, diese schöne Frau könnte sich mit mir verbinden", oder: „Diese Karriere könnte ich machen." Das Leben ist immer wieder auch die Vision der Antizipation, des Arbeitens an den Lebenskonzepten, also an der Aufgabe, die Biografie zu haben. Das ist immer das Gleiche, nur, dass du das Ganze mit zeichnerisch bildenden Mitteln machst, was andere Leute auf verbaler Ebene tun.

Fridhelm Klein: Genau. Wobei ich die Sprache nicht rauslasse. Es gibt immer Sprüche jeden Tag, ganz verrückte Sachen, Zusammenhänge, die ich gerade aufpicke.

Bazon Brock: Aber die Sprüche sind Anweisungen, die du dir selber gibst. Das tut man im Leben ja auch.

Fridhelm Klein: Ja, aber manche sagen: Der ist verrückt, weil er das macht. Aber ich meine, dieses selber Verrücken ist ein ganz wichtiges Element, das ich für mich einfach auch trainieren möchte. Das heißt, es ist eine Art von Übung, eine Art – wenn man es jetzt religiös meint – von Meditation, Gebet, wo ich mich an jemanden wende, der oder die mir die Kraft geben, überhaupt noch eine Spur zu hinterlassen.

Bazon Brock: Das Leben ist ja ein permanentes Experiment. Man hat es noch nicht gelebt, man hat es noch nicht trainiert,

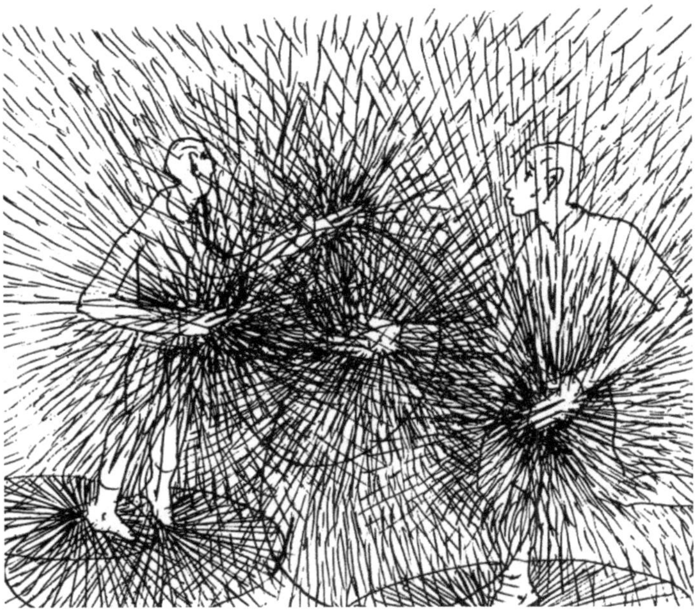

man kann es nicht. Also im Leben fällt die Entfaltung der Möglichkeit mit der Verwirklichung zusammen. Das ist genau das, was du gestalterisch machst. Deswegen sprechen die Leute auch seit der Stoa von der Arbeit an der Biografie, von der Gestaltung des eigenen Lebens. Das sind dieselben Verfahren, die du beim Zeichnen auch anwendest.

Das ist eine Übersetzung der Biografiepflichtigkeit in eine Darstellungspflichtigkeit. Und die Darstellung wäre dann am Ende auch eine geschlossene Biografie. Wenn man alle seine Zeichnungen zusammen hat, könnte man sagen, das ist das Leben von Herrn Klein. So hat es Paul Klee gemacht. Dann hat er aber gesagt: Nein, das reicht mir nicht. Das muss übersetzbar sein, nämlich im Sinne einer Einübungslehre. Er nennt das Grundlehre, und die Bauhäusler übernahmen das, sie nannten es Grund- und Meisterschaftslehre. Also es ist eine Art von Handreichung für andere, die aber nicht sagt, es sollen alle so zeichnen, sondern sie sollen sich nur auf den Unterschied zwischen einer wortsprachlichen, einer objektsprachlichen und eben einer gestalterischen Fixierung konzentrieren, denn im Zeichnen ist die Einheit von Tun und Gestalten gegeben. Das heißt, du machst etwas, das aber gleichzeitig eine Gestaltung ist. Wenn du dich morgens anziehst als normaler Mensch, machst du das Gleiche. Du tust etwas, du hüllst deinen Körper in künstliche, wärmende Hüllen ein; aber durch die Art der Gestaltung – blau kommt zu blau und grün oder was immer – gestaltest du beim Anziehen gleichzeitig dein Erscheinungsbild. Das ist genau derselbe Vorgang.

Und dann kann man den Menschen sagen: Lernt in Einheit eine Funktion zu erfüllen – körperliche Wärme, Ernährung, Sozialkontakte – und gleichzeitig diese Funktionserfüllung nach eurem Willen zu gestalten.

Man isst ja zum Beispiel nicht irgendwas, sondern man isst vegan. Vegan essen ist ein gestalterischer Eingriff in die Fähigkeit, durch Essen seinen Metabolismus zu erhalten. Das ist überall dasselbe Prinzip, das du auch verfolgst. Das Grundprinzip ist also klar. Erga kai hemerai. Werke und Tage. In den Beziehungen.

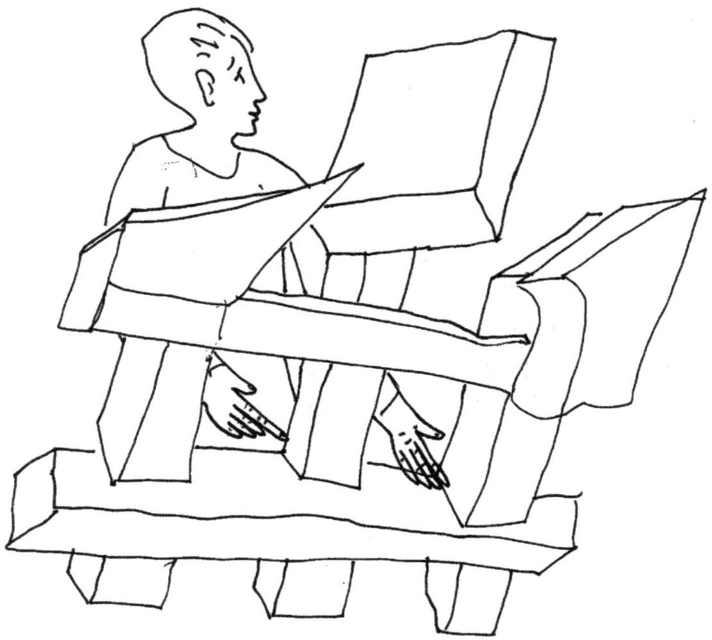

Fridhelm Klein: Ich habe von Ideen gesprochen, der Suche nach Ideen, nach bildnerischen Ideen, nach Ausdrucksformen, aber ich verharre natürlich sehr stark, das ist eine Kritik an mir selber, im Schema. Und dieses Schema ist aber nicht nur negativ, sondern gibt auch einen Halt für mich, für andere.

Bazon Brock: Das Motiv, ich will ausbrechen, was Neues bringen, das kann man nicht erzwingen wollen im Sinne von „Kreativität ist die Abweichung", sondern die Abweichung ergibt sich ja gerade aus der Einübung in die Gewohnheit. Und das ist eine reine Leistung des Großhirns. Das heißt, wenn du wie beim täglichen Zeichnen rein mechanisch bestimmte Dinge tust, schleichen sich Mutationen ein. Also als Abweichung von der Gewohnheit oder aber als willkürliche Abweichung per Zufallsmoderation. Das sind eigentlich alles ganz natürliche und deswegen banale Verfahren.

Die entscheidende Frage ist: Worauf läuft das alles hinaus? Ist am Ende so etwas wie ein Weltbild oder eine Religion entstanden? Kannst du mit deinen Arbeiten auf etwas zielen, was durch den Einsatz dieser Mittel am Ende als ein großes Gefüge, als Weltbild oder Missionsauftrag oder Propaganda-Vorschlag dasteht?

Fridhelm Klein: Vielleicht insofern, dass ich anrege durch mein eigenes tägliches Arbeiten etwas selber zu machen, was nicht unbedingt im funktionalen Bereich des Alltags der Existenzbehütung liegt, sondern in einer anderen Ebene aufgehoben ist. Also dieses Anderssein als der Alltag, diese Fülle, die außerhalb des Alltags liegt, das möchte ich einfach aufzeichnen.

Das ist ja ungeheuer, was wir an Möglichkeiten haben. Und wir kommen da nie zu einem Ende. Es ist ja auch eine endlose Arbeit, dieses Spurenlegen. Nur, ein Anderer sagt, ich setze mich lieber hin und schaue in die Landschaft. Es geht mir übrigens im Alter jetzt sehr stark so, dass ich einfach dasitze, im Freien am liebsten, dem Wind zuhöre, nichts mache, einfach vor mich hinschaue.

Bazon Brock: So leben.

Fridhelm Klein: Ja. Aber nichts tun, außer Dinge so ohne Absicht anzuschauen. Und diese Ebene, die ich hier im Zeichnen habe, ist auch nicht unbedingt absichtsvoll, sondern sie ist schon fast in einer anderen Welt aufgehoben, wenn ich anfange gestisch zu skribbeln und mich da fortzubewegen in einer Schnelligkeit, die ich selber gar nicht nachvollziehen kann, und plötzlich ist eine Fläche schwarz. Dieses Verwandeln einer Fläche von Hell zu Dunkel ist ja immer ein Wahnsinnsereignis, eine Freude dran, dass ich das machen kann.

Diese Freude am Spurenlegen und Zeichen setzen, möchte ich einfach sagen, als Beispiel für andere Dinge, die man im Leben macht, macht es doch auch. Andere Materialien, auch Musik, Tanz, Theater, Sprache, all das könnt ihr doch benutzen, um euren Alltag nicht nur aus der Existenz des Existenziellen zu sehen, sondern aus einer anderen Existenz, dass ihr eine Sehnsucht bekommt für eine andere Existenz. Also aus eurem Körper, den ihr habt, wegfliegt. Aber es ist ja schon wieder eine Sonntagspredigt.

Bernhard Klein: Also was Transzendentes.

Bazon Brock: Das ist eben die Sonntagspredigt, ja. Da steckt noch der alte Dorfschullehrer in dir, der den Kindern sagen muss: „Ich bringe euch bei, wie ihr euren Alltag reicher gestalten könnt."

Fridhelm Klein: Ja. (lacht)

Bazon Brock: Nein, psychologisch betrachtet, verläuft das ganz anders. Entdeckt wurde das durch die créature automatique. Das ist ein Verfahren, das sich auf die Beobachtung nach der Einführung der Fernsprechgeräte berief, dass alle Leute, während sie telefonierten und sich bewusst auf den Partner einließen, mit den Händen auf allem, was da lag, herumkritzelten. Und nach dem Telefonat blickten sie plötzlich auf das Gekritzel und sagten: „Was ist denn das hier? Was habe ich denn da gemacht?" Und diese créature automatique wurde dann psychologisch daraufhin untersucht, was sich darin ausdrückt. Das ist ein ganz anderer als der griechische Ansatz des erga kai hemerai.

Bezogen auf die Psychologien des Unbewussten ist Zeichnen ein wunderbarer Ausdruck für die Beobachtung der unbewussten, zum Teil ins Unterbewusstsein verdrängten, zum Teil traumatisierten Persönlichkeit. Darauf setzen die Psychiater schon seit Morenos Zeiten. Moreno war ein berühmter Psychoanalytiker, der 1927 das Schauspiel im Sinne der Laienbewegung nutzte.

Bernhard Klein: Psychodrama.

Bazon Brock: Ja, um Leute zu einer Art von Enthüllung zu bringen. Wie du schon gesagt hast, geht es nicht um das Spurenlegen, sondern es geht um das Spurenlesen. Um zu sehen, was sich darin ausdrückt, braucht der Psychiater eine Technik des Lesens. Und wenn du so zeichnest, dann hast du die Technik des Herstellens von Spuren und das Lesen der Spuren in Einheit. Das ist so, wie wenn der Psychoanalytiker jemanden dazu verführt zu skribbeln, sich zu äußern, und ihm gleichzeitig sagt: „So, und jetzt lese ich dir vor, was das ist.“ Das ist die Einheit von Ausdruck oder Expressionsvermögen und der Fähigkeit, die Expression tatsächlich auch zuordnen zu können.

Fridhelm Klein: Eine Gestalt zu geben.

Bazon Brock: Ja, diese ganze créature automatique ist gar keine Gestaltungsvorgabe im Sinne des „Es muss eine Ein-

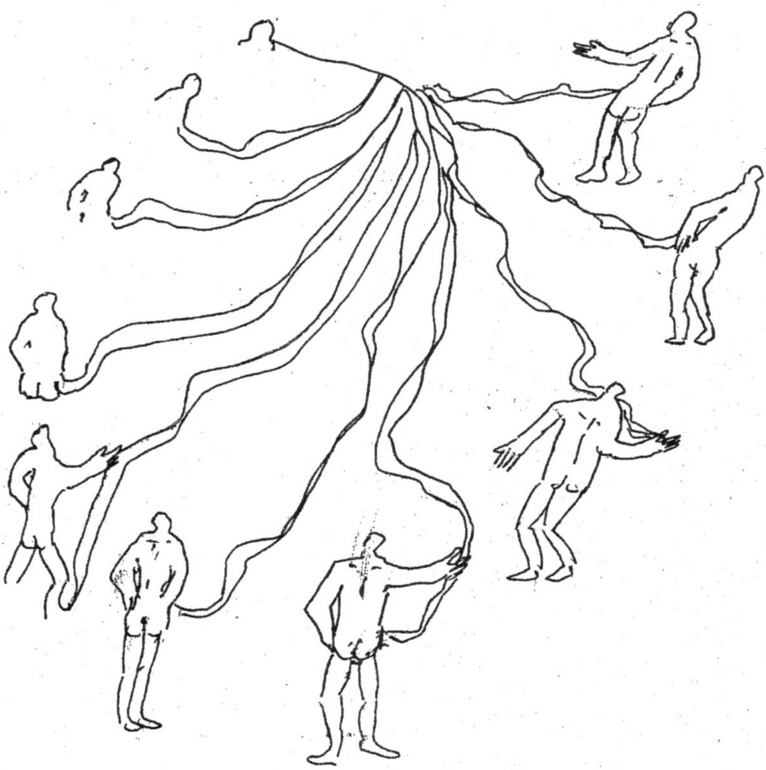

heit sein", sondern es geht wirklich um die Frage, was sich darin entbirgt. Und dann wäre das prägende Gestalten eine Form der Entbergung – so wie die Aletheia, das heißt das aus dem Strom des Vergessens Freigelegte. Also ist die Wahrheit eine Entbergung aus dem Vergessen. Bei der Psychoanalyse geschieht das im Hinblick darauf, dass ich akzeptiere und an mich heranlasse, was verschüttet wurde, was vergessen werden sollte, was ich verdrängt habe.

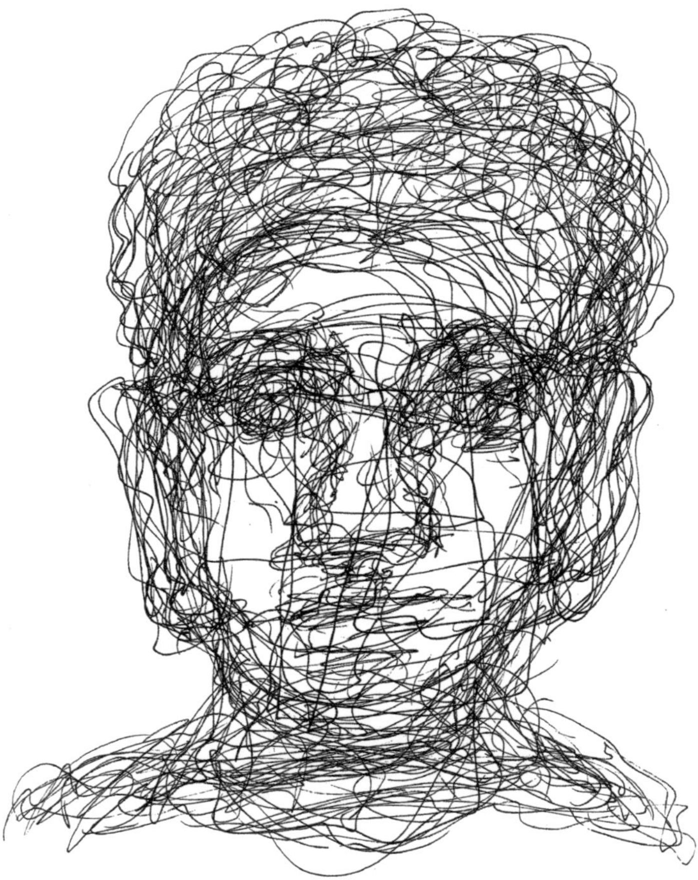

Und das ist die zweite Ebene, auf der dieses Tageszeichnen wichtig ist. Das würde aber heißen, man muss sich selbst als jemand auf die Spur kommen, der sein eigenes automatisches Schreiben oder Zeichnen lesen kann. Das fällt aber ziemlich schwer, also braucht man doch einen Dritten. Das heißt, du musst jemanden haben, für den du das machst. Und das ist die Öffentlichkeit, das sind die Schüler oder wer immer. Und dann musst du dir von ihnen sagen lassen, was sich darin entbirgt. Auf der psychologischen Ebene wären die Tageszeichnungen also eine Form der Darstellung, die es möglich macht, den Willen und die psychologische Verfasstheit oder die kriminelle Energie oder das Wunschpotenzial des Kritzelnden ausfindig zu machen.

Innerhalb dieses Verfahrens der westlichen Psychologie kann nun aber jeder versuchen, den enthüllenden Leser in die Irre zu führen. Das heißt, man kann lügen. Das ist insofern sehr wichtig für Gestalter, weil es um die Frage geht, ob man mit Darstellungen lügen kann. In der Gestaltung kannst du nicht negieren und zum Beispiel keinen Konditionalsatz bilden. Es ist keine Möglichkeitsform. Als das, als was es darstellt, ist es ja real. Also ist der Gestalter angewiesen auf die Möglichkeit, durch diese Expression genau das unsichtbar werden zu lassen, worum es eigentlich geht.

Es gibt viele Leute, die sitzen dann bei ihrem Psychoanalytiker und versuchen ihm etwas zu erzählen, was gerade nicht der Wirklichkeit entspricht, was er sehr schnell merkt. Also stellt sich die Frage, ob man die Leser in die Irre führen kann. Bei den Indianern war das ganz klar, da wurde er in eine Falle gelockt. Aber der Leser ist dir gegenüber ja nicht in der Position eines unterlegenen Schwächeren, der Leser riskiert nicht, von dir bestraft zu werden, aber für den Zeichner selber ist es sehr wichtig, sich klarzumachen, inwieweit es genügt, in der natürlichen sprachlichen Operation etwas bewusst als Falsches darzustellen, also zu lügen. Wo ist hier die bewusst falsche Darstellung als Expression? Und gelingt es überhaupt? Kann man dann systematisch zum Beispiel Falschheiten darstellen? Also kann man zum Beispiel systematisch lügen? In der zeichnerischen Darstellung geht das eben nicht.

Fridhelm Klein: Was macht die Linie mit dem Autor? Gibt es Rückkoppelungen?

Bazon Brock: Das haben wir doch gerade gesagt: Wenn er bewusst etwas Falsches zeichnen will, ist das auf der objektiven Ebene genauso echt wie das anders Gemeinte.

Also die Frage ist, kann man ein Pferd oder eine Frau falsch darstellen? Im Portrait hieß das früher: „Herr Maler, ich gebe das Bild zurück, es sieht meiner Frau nicht ähnlich.“ Da spielen

Fragen der grundlegenden Hermeneutik mit hinein, wie zum Beispiel: Was verlangt der Adressat? Inzwischen würde wohl kein Mensch mehr sagen, die Nase der Dargestellten ist der meiner Frau gar nicht ähnlich, sondern: „Aha, Sie intendieren ein psychologisches Portrait. Sie wollen eine innere Darstellung ihrer Äußerungsform und Charakteristik", etc. Aber das ist im Grunde erledigt. In der Lügenfrage steckt das ganze Problem. Und wenn du sagen kannst, lerne das Lügen mit dem Zeichner Herrn Klein, dann wäre ein tolles Werk vollbracht. Das kannst du vielleicht mal machen: „Lernt zu lügen mit bezeichnendem Zeigen."

Fridhelm Klein: Aber es gibt doch auch das bewusste Falschmachen.

Bernhard Klein: Es gibt doch die Zeichnungen, die changieren. In der Perspektive. Also einmal ist es eine Ente und einmal ist es ein Hase.

Bazon Brock: Ja! Einmal junge Frau, einmal alte Frau. Man könnte natürlich sagen, das Figur-Grund-Verhältnis sei ein Verhältnis von Lüge und Wahrheit. Aber da sich beides aufeinander bezieht, da Figur und Grund sich gegenseitig definieren, ist es eben keine Lüge.

Bernhard Klein: Mich würde hier noch einmal die Thematik der Autorschaft interessieren, und besonders die der Handschrift. Man kann doch eigentlich nicht seine eigene Handschrift verändern, oder seinen eigenen Stil. Der Stil ist ja l'homme même. Giacometti hat seine geraden Figuren, er hat einen Stil zu zeichnen, zu schreiben mit der Hand, und da kann man doch nicht über seinen Schatten springen.

Bazon Brock: Doch. Aber es geht um etwas ganz anderes: Jeder Mensch hat nur ein begrenztes Repertoire. Das bedeutet ja, dass wir gerade nicht die Möglichkeit haben, alles Mögliche zu tun, denn wenn wir es tun, werden wir durch die Fähigkeiten, die nun mal begrenzt sind, bestimmt.

Und das heißt, lerne deine Grenzen kennen, bewirtschafte deinen Mangel, wie Gottfried Benn das formuliert hat. Lebe nicht von deinen Parolen, sondern von den Beständen. Das sind Bestandsaufnahmen der Breite der Expression, die jemandem zur Verfügung steht.

Und er versucht ja auch in gewisser Weise, das in hohem

Maße zu variieren. Aber man erkennt sofort, dass es zusammengehört. Denn sonst wäre das kein Werk, sondern es wäre eine Erzählung, die prinzipiell nicht durch eine innere Form, Anfang und Ende, bestimmt ist.

Bernhard Klein: Aber wie kann ein Autor oder ein Zeichner zur Marke werden?

Bazon Brock: Indem er seine Beschränktheit bewirtschaftet. Indem erkennbar wird, diese unendliche Vielfalt stammt von demselben Mann.

Und dann gibt es so ein schönes Versteckspiel wie bei Picasso: Wenn jemand so berühmt ist, kommt man auf die Idee, ihn fälschen zu wollen, ihn zu kopieren, und sagt sich: „Auch ich kann etwas machen, was aussieht wie von Picasso.“ Worauf Picasso antworten würde: „Das ist sehr gut, das versuche ich ja ständig mit mir selbst. Ich habe festgestellt, ich kann mich nicht täuschen, ich kann mich nicht fälschen.“ Denn auch die Fälschung ist wieder echt.

Insofern ist das, was ein Fälscher wie Beltracchi macht, eben mit den herkömmlichen Kriterien von Wahrheit und Falschheit, von kriminell und zugelassen, nicht richtig bestimmt. Picasso wie jeder große Meister hätte sich über jeden gefreut, der ihn so gut fälschen kann, dass nicht mal er es bemerkt.

Und das ist vorgekommen. Viele Fälscher sind so gut, dass selbst die Urheber das anerkennen als genuine eigene Leistung. Und der Effekt ist ganz natürlich, denn jeder Mensch, der etwas gemacht hat, wird sich nach drei Jahren fragen: „Ich

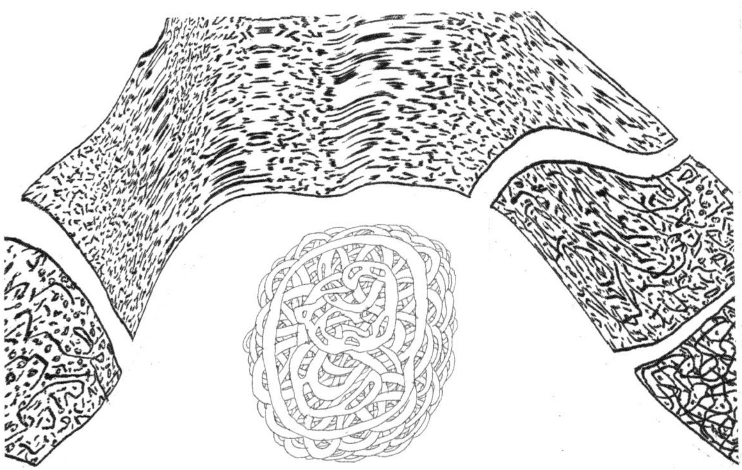

soll der Autor sein, das ist ja irrsinnig. Wann soll ich das je gemacht haben? Diese Liebesbriefe stammen nicht von mir." Das kennt jeder als Erfahrung. Insofern ist das reine Psychologie.

Fridhelm Klein: Gehen wir noch mal zusammen zurück: Ist die Zeichnung, das Zeichnen als ein Lebenselixier zu betrachten, oder ist es ein Abschreibungsverfahren persönlicher Eitelkeiten?

Bazon Brock: Das ist unerheblich. Es könnte jemand fragen: „Sagen Sie mal, warum bewegen Sie dauernd Ihre Arme und Füße? Und Ihre Augen? Ist das Absicht?" Das ist der Ausdruck des Lebens. Und jemand, der fixiert ist auf die Gestaltungskraft der Hand, der wird eben pausenlos arbeiten.

Fridhelm Klein: Pausenlos.

Bazon Brock: Mehr oder weniger.

Bernhard Klein: Wie war denn noch mal dieser Begriff? Wir haben gestern noch darüber gesprochen. Die Lust der Pflichterfüllung?

Bazon Brock: Augiasmus.

Bernhard Klein: Genau, Augiasmus. Vielleicht ist es ja eine Pflichterfüllung, indem du dein Tagewerk machst als Zeichnung. Und daran auch Lust empfindest, ob das jetzt im Zug, im Flugzeug, auf der Couch oder vor dem Fernseher ist.

Bazon Brock: Ja, also man macht eine Anstrengung und wenn es gelingt, das zu fixieren, umzusetzen, zu erfüllen, ist das ein Lustgewinn durch die Erfahrung von Erfüllung, indem man eine Aufgabe oder eine Pflicht erfüllt. Der Lohn für die Anstrengung ist also die Anstrengungslust. Und das ist der Augiasmus parallel zum Orgasmus, der ja nur für einen ganz kleinen Bereich von Aktivitäten zuständig ist.

Bernhard Klein: Und für einen kurzen Bereich.

Bazon Brock: Während Augiasmus eben sehr viel breiter und vor allem gesellschaftlich sehr viel vermittelter ist. Das ganze Bürgertum ist nichts anderes als eine ständige Legitimation: Jeden Tag acht Stunden arbeiten mit großem Verzicht auf alle privaten Erfüllungen, im Sinne von „Es war meine Pflicht und ich habe sie erfüllt, und allein durch die Erfüllung der Pflicht bin ich schon ein gerechtfertigter Mensch."

Fridhelm Klein: Kann man da auch sagen, dass dieses tägliche Zeichnen eine Art von Fest ist, also etwas, was ich auch feiere, was ich selber schätzen gelernt habe und dass ich ohne dieses Fest keine Lust mehr empfinde?

Bazon Brock: Na ja, man kann alle Tätigkeiten überhöhen. Ein Fest wird doch dadurch gekennzeichnet, dass es so selten vorkommt, eine lange Vorlaufzeit braucht, der Höhepunkt einer langen Kette von gegenteiligen Maßnahmen war. Man kann nicht täglich ein Fest feiern.

Bernhard Klein: Ein Fest im Kleinen vielleicht.

Fridhelm Klein: Nee, es braucht also eine Pause. Zeiteinteilung heißt das, abwarten können.

Bazon Brock: Ja, aber hier ist das Fest gar nicht gemeint, sondern es ist die Tageszeichnung und nicht das Tagesfest.

Fridhelm Klein: Aber wenn mir was gelingt?

Bazon Brock: Nein, der Goethe'sche Faust sagt: „Tages Arbeit! Abends Gäste! Saure Wochen! Frohe Feste!" Oder: „Nichts ist schwerer zu ertragen als eine Reihe von guten Tagen."

Fridhelm Klein: Ist die Spur alleine – also das hatten wir schon angesprochen – eine persönliche, oder hat sie auch einen allgemeinen Wert? Bleibt es bei einem persönlichen Ausdruck, bei einem persönlichen Hinweis, oder steckt in diesen Dingen etwas Allgemeines?

Bazon Brock: Deswegen braucht es ja die Vergleichung. Das heißt, die Wissenschaft, die Kunstwissenschaft beispielsweise, die es fertigbringt, die Werke von 100 Künstlern zusammenzustellen, und dann sieht man A gegen B gegen C gegen D, und dann kann man die Persönlichkeitszuordnung, den Persönlichkeitsausdruck identifizieren.

Also brauchst du die Wissenschaft als diejenige, die die einzelnen Spuren immer miteinander so vergleicht, dass sich aus dem Vergleich etwas ergibt.

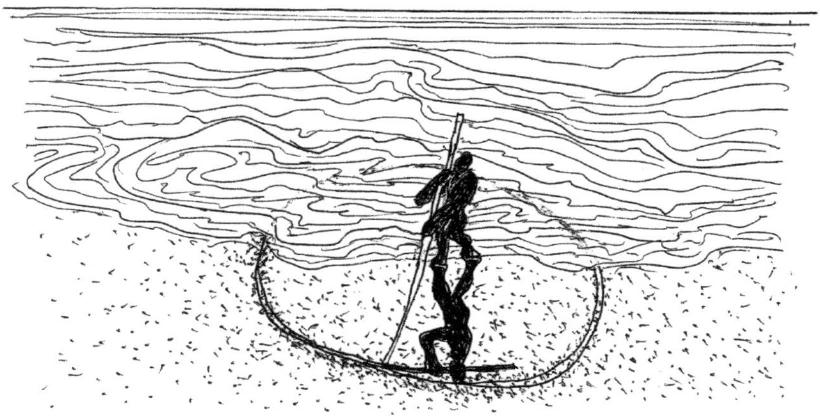

Fridhelm Klein: Genau, das ist es! Die historischen Beispiele zur Linie haben wir schon angesprochen. Zumindest etwas, oder? Und die Verdichtung zum Ende des Lebens hin habe ich ja vorhin versucht auszudrücken.

Bazon Brock: Das ist eine Selbsttäuschung. Es ist eher eine Verdünnung. Aller Ausdruck am Ende steht unter Einschränkungen, und das ist meistens eine Verdünnung und keine Konzentration.

Das ist das alte Schema der Gestalt- oder besser der Kulturmorphologie: Alle Kulturen entstehen, entfalten sich, kommen an den Höhepunkt des Machteinflusses und verschwinden langsam aus der Welt. Das ist sozusagen auch die natürliche Art und Weise, wie wir unsere Gestaltungs-, Ausdrucks-, Darstellungskräfte selber erleben. Jeder Mensch wird eigentlich sagen, das Alter ist nicht ein Potenzierungsprozess, sondern eine ökonomische Verwaltung von immer weniger. Im vollen Bewusstsein der Jugendkraft hat man sich nie ökonomisch verhalten. Im Alter, im Bewusstsein der Ineffizienz, der Einschränkung, muss man das tun. Und dieses ökonomische Verhalten interpretiert man selber als Optimierung. Aber da wird nicht optimiert.

Fridhelm Klein: Es läuft aus.

Bazon Brock: Ja.

Fridhelm Klein: Wie eine Welle im Meer.

Bazon Brock: Nun sagt man ja bei großen Malern, dass sie mit 70 Jahren besser die Psychologie eines Menschen erfassen konnten. Das ist auch Unsinn.

Bernhard Klein: Aber was das Interessante ist am Alter, ist doch die Meisterschaft.

Bazon Brock: Die Meisterschaft gibt es mit 18 Jahren ganz genauso.

Bernhard Klein: Nein, das ist ja wieder ein Geniebegriff. Durch Übung kommt doch erst die Meisterschaft. Das sagt jeder. Selbst einer, der Metzger ist, hat erst nach langer Zeit gelernt, wie man ein Schwein zerteilt.

Bazon Brock: Das ist wie beim Autofahren: es ist noch nicht habituell geworden. Wenn es habituell wird, ist es gekonnt. Dann fährt man aber nicht besser Auto, weil man schon so lange Auto fährt, sondern man fährt völlig unbewusst, man macht das als Ausdruck eines habitualisierten Repertoires.

Bernhard Klein: Es gibt doch auch eine Meisterschaft, die aus verschiedenen Aspekten des Lebens wie Auto fahren, Zeichnen, Fernsehen schauen, Kochen zusammenkommt, und dann zur Meisterschaft in irgendetwas anderem wird. Übung macht den Meister.

Bazon Brock: Meister sind die, die es können, aber was haben die Meister, wenn sie's können? Dann haben sie die Lizenz, sich mit dem zu beschäftigen, was sie nicht können. Also jeder Meister fängt sofort an, nachdem er seine Meisterschaft erworben hat, sich auf das einzulassen, was er nicht kann. Ein Meister hat die Lizenz zum dilettantischen jeweils neu Ausprobieren von etwas.

Bernhard Klein: Warum spricht man dann vom Handwerksmeister?

Bazon Brock: Weil der die Zulassung hat. Der Handwerksmeister hat die Lizenz, selbständig über Gestaltungsprozesse zu verfügen, und auch über Abrechnungen. Er ist in der Zunft organisiert. Das heißt Meister, aber nicht, einer hat eine Meisterschaft erworben, die unendlich weit über dem Können der Anderen liegt. Das liegt einfach daran, dass es unterschiedliche

Fähigkeiten gibt zum Beispiel Konzepte umzusetzen oder Erzählungen anzulegen, aber das liegt dann in der Persönlichkeit des Betreffenden. Man würde aber nicht sagen, Herr Walser ist ein größerer Meister als Herr Grass. Das sind zwei unterschiedliche Formen des Verfügens über Ausdrucksvermögen. Beide sind Meister. Das haben sie schon seit 40 Jahren bewiesen. Der eine mit seinem Roman „Blechtrommel", der andere mit seinem „Fliehenden Pferd" und seither sind sie Meister.

Bernhard Klein: Aber kein Meister ist vom Himmel gefallen.

Bazon Brock: Ja, das heißt, bis er da ist. Aber die Welt ist voller Meister.

Bernhard Klein: Durch Übung. Er ist nur dadurch ...

Bazon Brock: Ja, dadurch ist er Meister geworden, aber er wird nicht durch Übung Übermeister. Das geht nicht. Sonst müsste es ja Meisterschaftsgrade bis unendlich geben.

Meister ist jemand, der die Fähigkeit nachweisen kann, etwas Bestimmtes zur allgemeinen Zufriedenheit, das heißt im Sinne der Erwartungen zu erfüllen. Das sind die festgelegten Regeln. Damit ist ja gerade nicht gesagt, dass er nun die Regeln auf völlig neue Weise interpretiert oder versteht. Er hat zwar die Lizenz, alles ganz anders zu machen, aber auch dafür gibt's wieder Regeln, auch dafür gibt's wieder Formen der Bestimmung.

Bis du Meister bist, musst du dauernd üben. Wenn du Meister bist, dann nützt es dir nichts, durch noch mehr Üben z.B. ein noch besserer Philosoph zu werden. Das gibt's nicht.

Fridhelm Klein: Nun wollte ich noch auf das Archiv zu sprechen kommen. Ist das das Ziel des Lebens?

Bazon Brock: Nein. Beim Archivieren, beim Ablegen geht es um ganz praktische Übungen für Verlage oder für Leute, die an der Vermittlung für die Verwaltung der Erinnerung arbeiten wollen. Das Archiv selber ist ja nur ein Gedanke, alle, die etwas leisten, darauf zu verpflichten, das nicht nur auf ihrer aktuellen Gegenwärtigkeitsebene zu tun, sondern von vornherein dafür zu sorgen, dass sie rechtfertigungspflichtig sind. Und jeder, der rechtfertigungspflichtig ist, muss sein Tun offenlegen.

Das heißt, im Archiv kann man später noch jahrelang sehen,

ob die Rechtfertigung auch tatsächlich gelungen ist. Mit anderen Worten, die Zuschreibung von Verantwortlichkeit bedingt die Aufbewahrung der Dokumente, damit jederzeit das Urteil überprüft werden kann.

Normalerweise werden die Dokumente heute zehn Jahre oder 15 Jahre lang aufbewahrt. Eine Universität muss zum Beispiel zehn Jahre lang die Akten archivieren, was auch der Praxis geschuldet ist; aber im Künstlerischen ist die Aufbewahrungspflicht eigentlich über Generationen gegeben. Die Gesellschaft ist verpflichtet, das Material, das die Bedingung für die Zuschreibung der Verantwortung oder andererseits der Honorare oder des Ruhms gewesen ist, überprüfbar werden zu lassen. Deshalb muss es aufbewahrt werden, und möglichst aufbewahrt für alle Zeit. Das geht natürlich nicht. Aber tendenziell ist das gemeint.

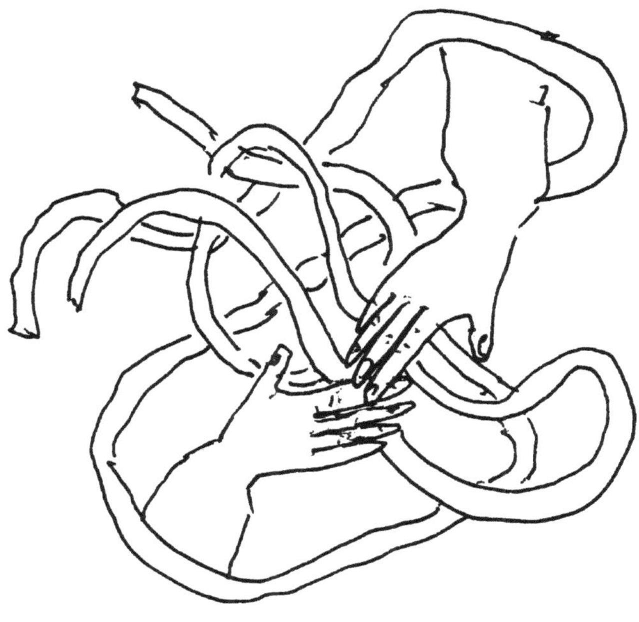

Aber man muss das, was den Anreiz gibt, da überhaupt nachzusehen, immer neu darstellen. Das verändert sich alle zehn Jahre im Hinblick auf zeitpolitische Umstellungen, ökonomische Verkehrungen oder auch biografische Veränderung der Leserschaft. Das ist die Verschiebung der Attraktoren: Wenn Attraktoren zu lange wirksam sind, sind sie erschöpft. Man muss den Leuten dann wieder einen neuen Attraktor bieten.

Alles Lesen ist ja eigentlich erneutes Lesen, alles Gestalten ist ein immer neues Gestalten, das heißt eine vergegenwärtigende Rückerfindung als humanistische Technik.

Auch die Renaissance war gar keine Wiederbelebung der griechischen, römischen Geschichte auf allen Ebenen wie Kunst, Wissenschaft, Staat und so weiter. Sie war ein Versuch, sich an etwas zu halten, also geschichtliche Tatsachen zu vergegenwärtigen, und bei dieser Vergegenwärtigung erfand man sie völlig neu.

Das heißt, unsere Antike mit Winckelmann ist die weiße, reingewaschene Marmorstatue, die auf dem Sockel steht. Das hat mit der historischen Antike nicht das Geringste zu tun. In der historisch wahren Antike hat es ausgesehen wie in einem Bonbonladen in Disneyland.

Das heißt, wir haben uns unsere eigene Antike selber geschaffen. Und so ist das immer in allen geschichtlichen Prozessen. Die Geschichte gibt es nur als eine Möglichkeit, in der Gegenwart zu wirken. Und die vergegenwärtigende Rückerfindung bedeutet dann eine völlig neue Definition, sodass gerade die Historiker die eigentlichen Schöpfer – futurologisch gesehen also die eigentlichen Zukunftskenner im Hinblick auf diese Wandlungsprozesse sind. Das andere nennt man Positivität in der Wissenschaft, also zu sagen, wie es war. Das ist natürlich naiv.

Im Folgenden: Bildteil Tageszeichnungen in Auswahl

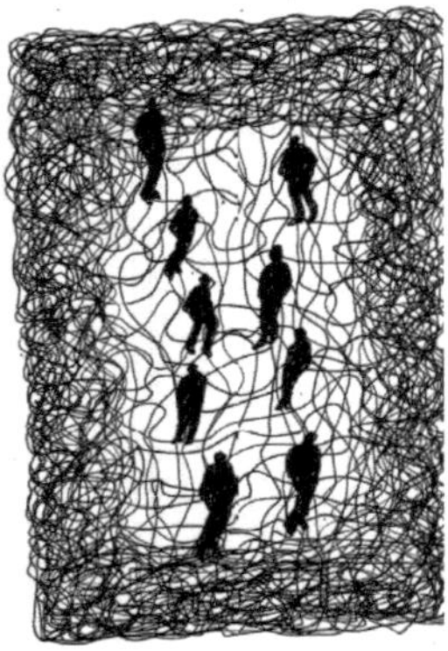

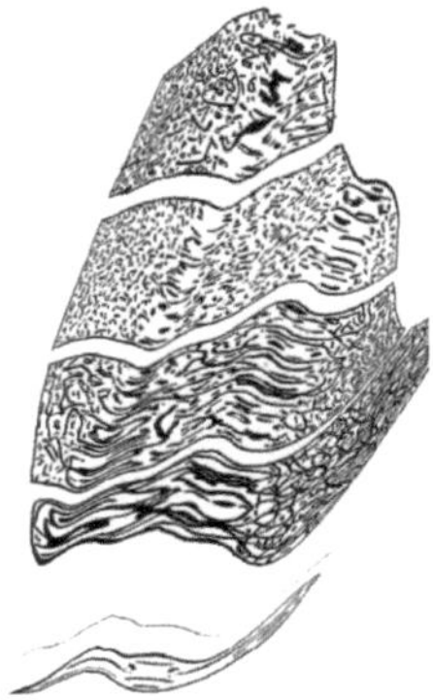

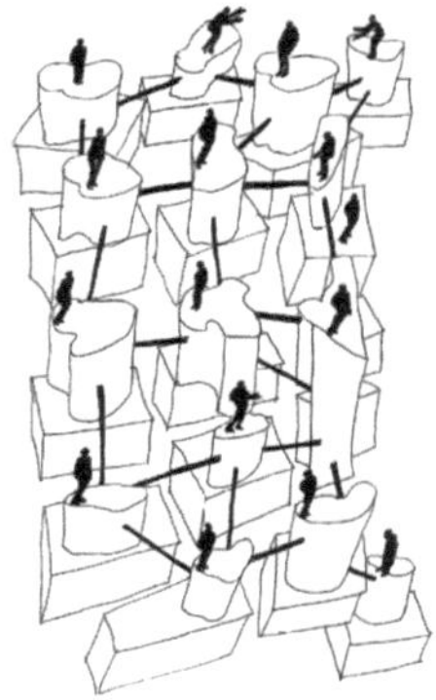

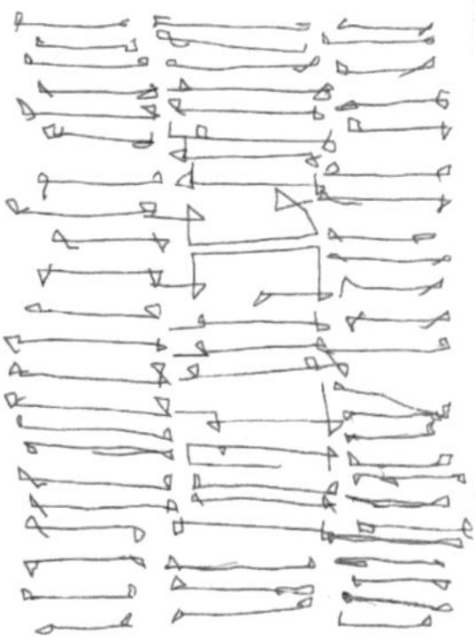

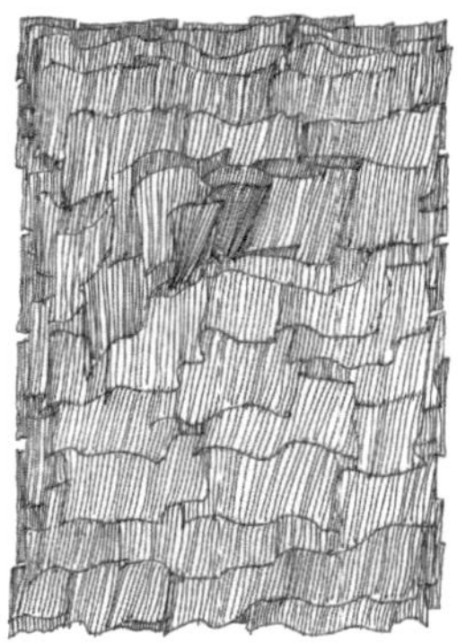

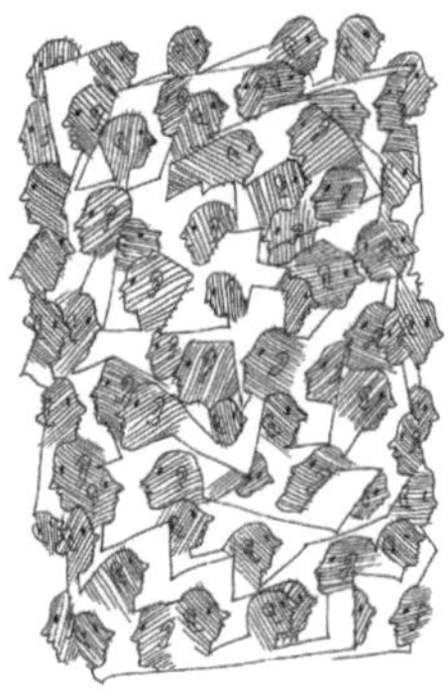

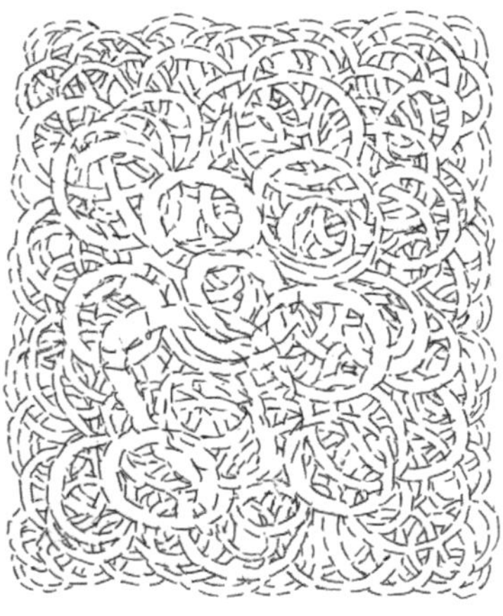

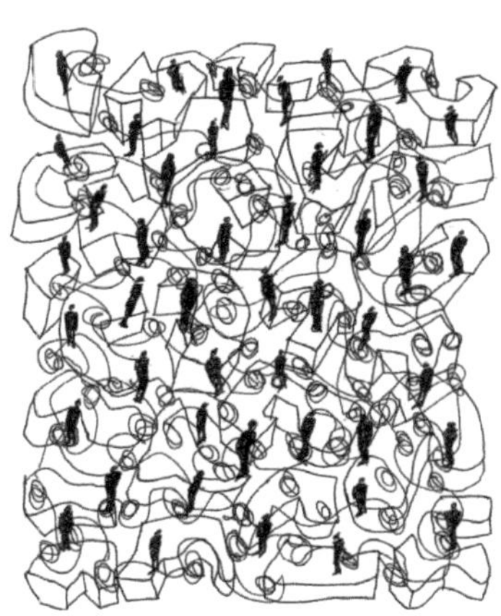

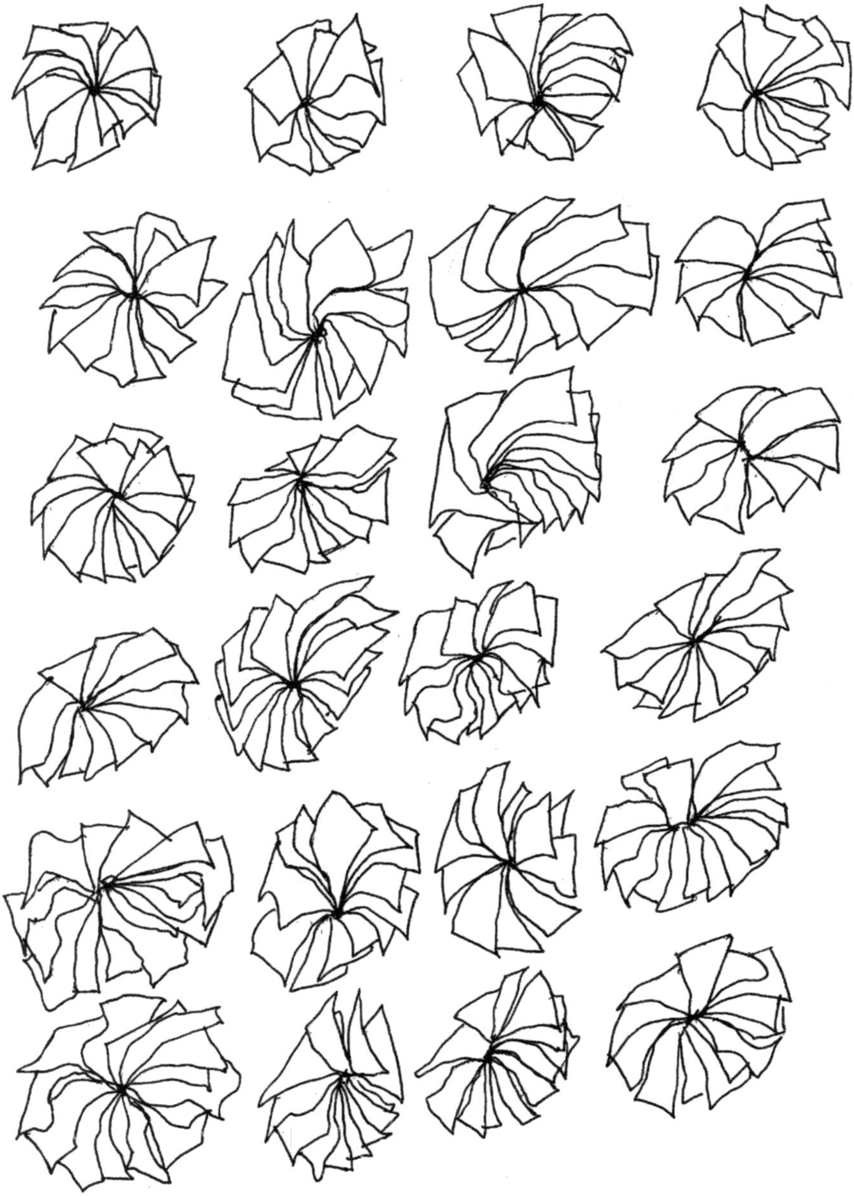

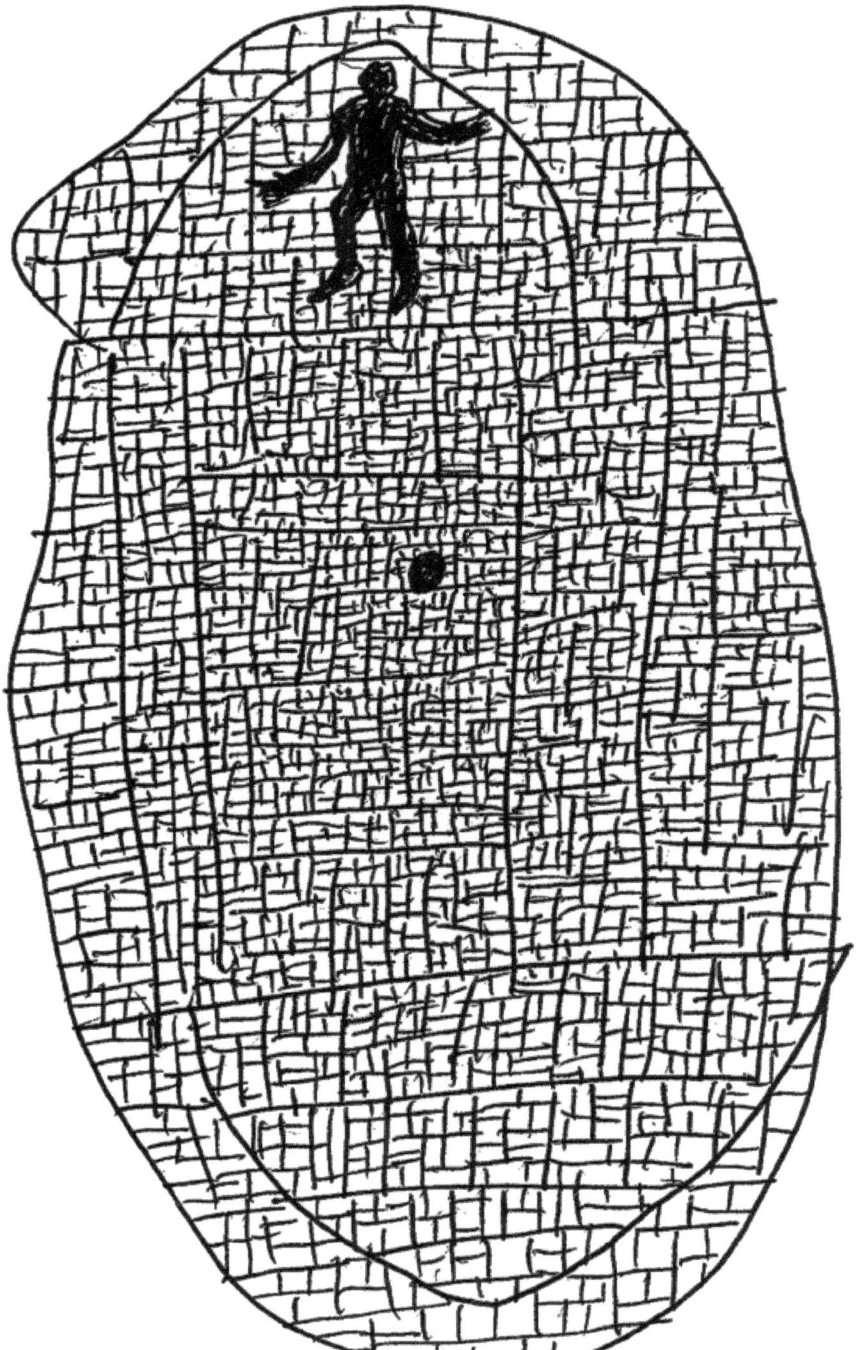

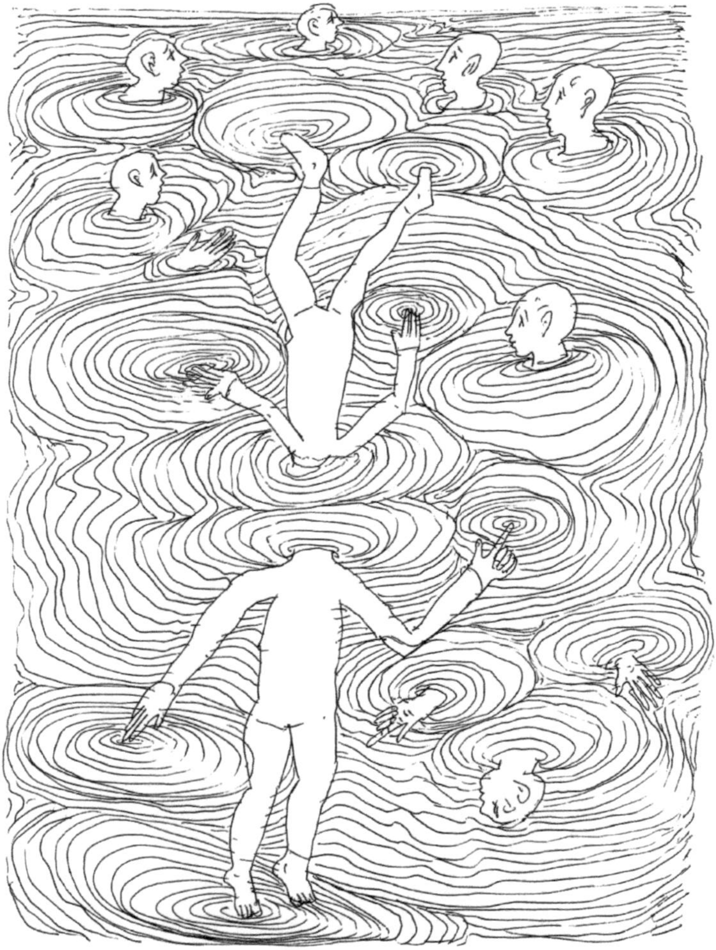

Spurenlegen

Du vertreibst Deine Zeit mit Zeichnen.
Du betreibst das Zeichnen.
Du lebst mit dem Zeichnen
und wirst sicher auch damit vergehen.
Du umzäunst dich mit Zeichnungen, wehrst alles ab, was dich
davon wegbringen will.
Du willst mit dem Zeichnen
überzeugen vom Spurenlegen im Alltag.
Es ist ein anderes Spurenlegen, ein
Spurenlegen aus der Poesie der Linie heraus.

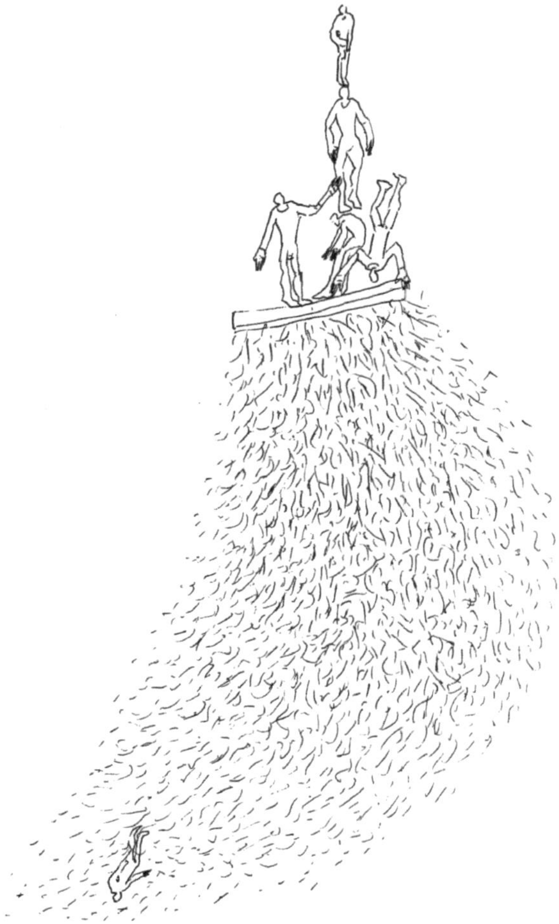

Es geht um das Phänomen Zeit und die Bewegung der Hand, die schwarz auf weiß wiedergibt, was sich verborgen hält hinter der Fassade der zeichnenden Person.

Die Ablage der Tagesspuren im Archiv der 365 Tage geschieht im Bewusstsein des Aufeinanderschichtens. Wären die Blätter durchsichtig, so erschien am Ende des Weges eine große Dunkelheit.

Du hast dir Deine eigene Geschichte gezeichnet und versinkst in Geschichtslosigkeit, in der Schwärze deiner Lebensepochen.

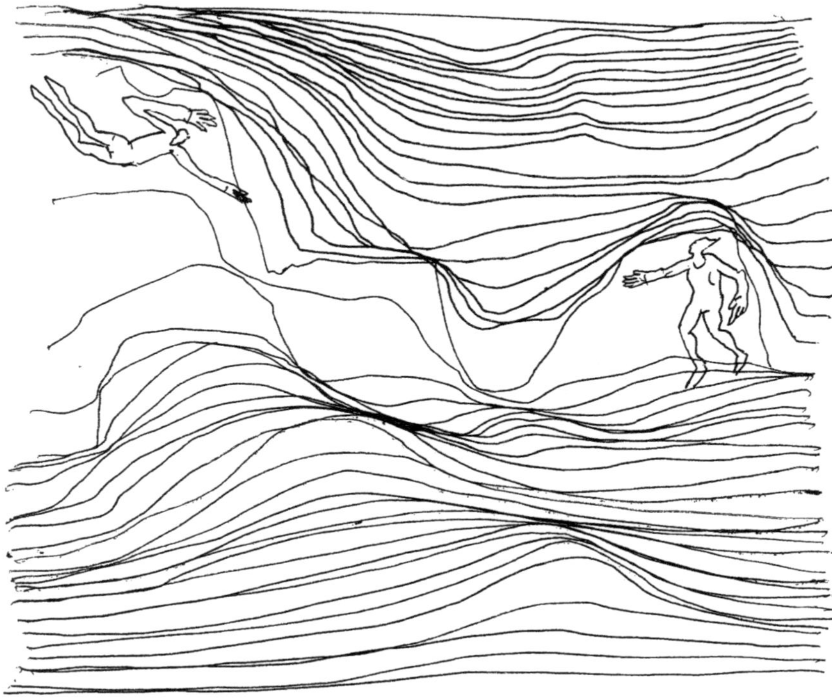

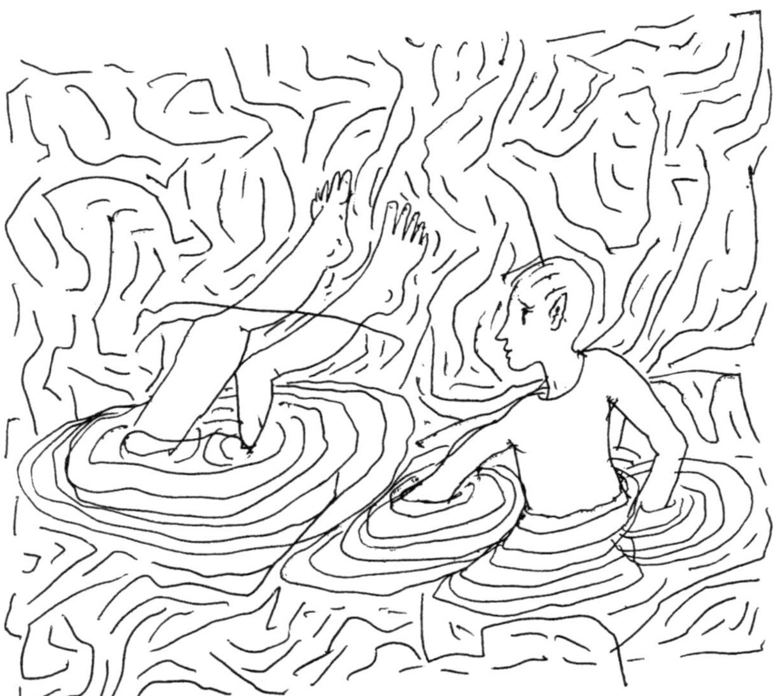

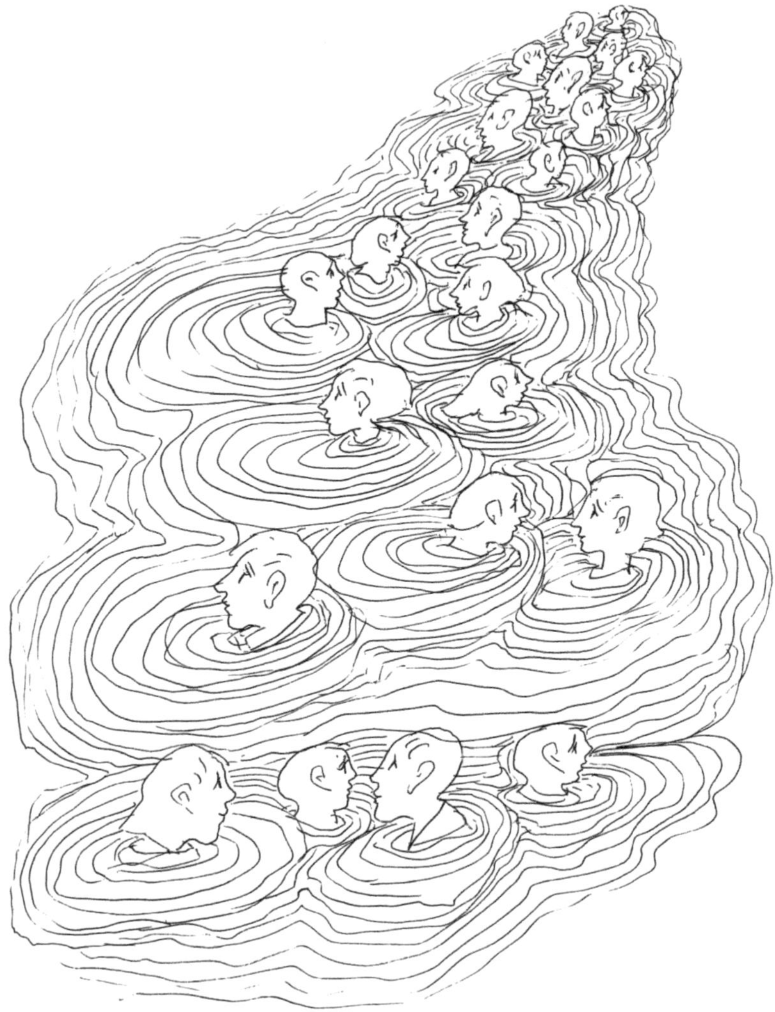

Linienleger

Was passiert da? Ich lege eine Linie und noch eine Linie, ich bin ein Linienleger und habe Lust, weiter Linien zu legen.

Oft kommen mir die Schienenleger in den Sinn, wenn sie in mühsamer Arbeit Schiene an Schiene in mächtig weiten Landschaften verlegen.

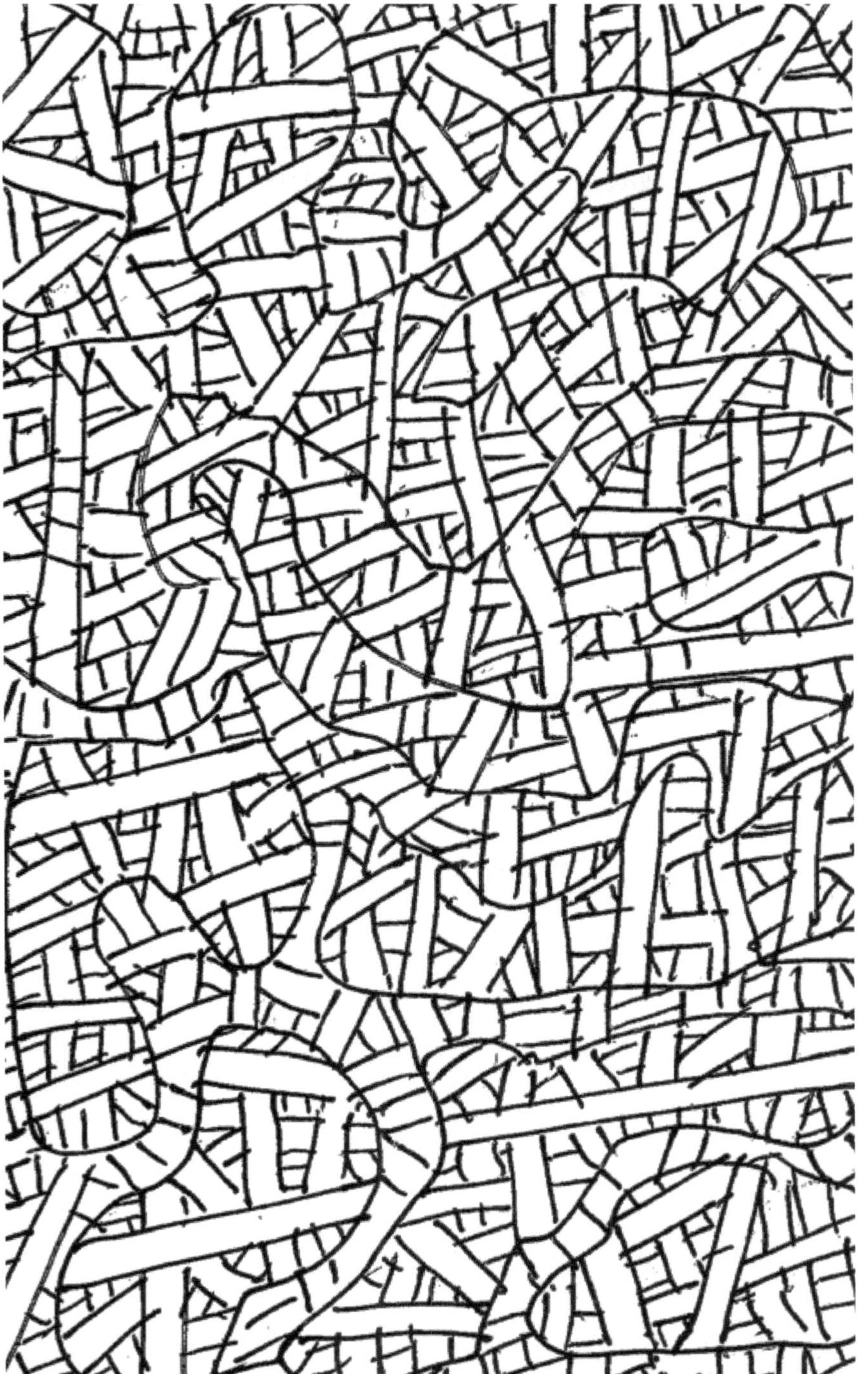

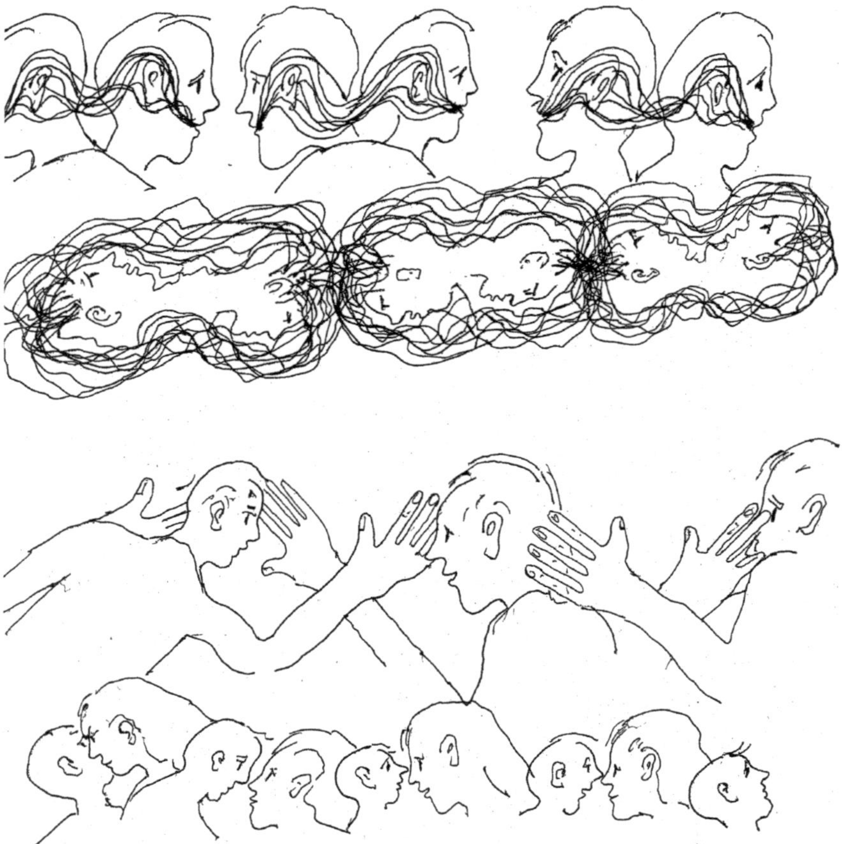

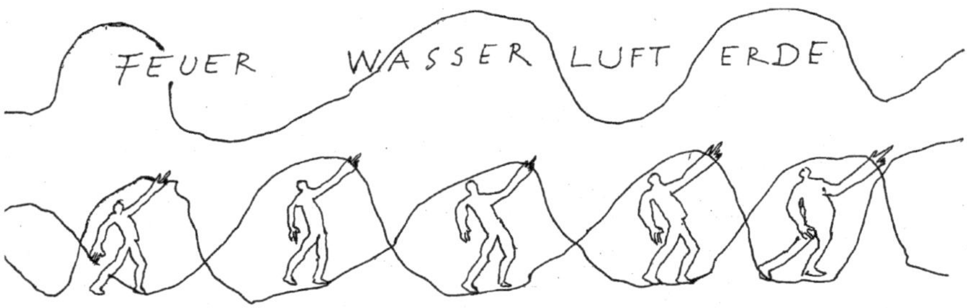
FEUER WASSER LUFT ERDE

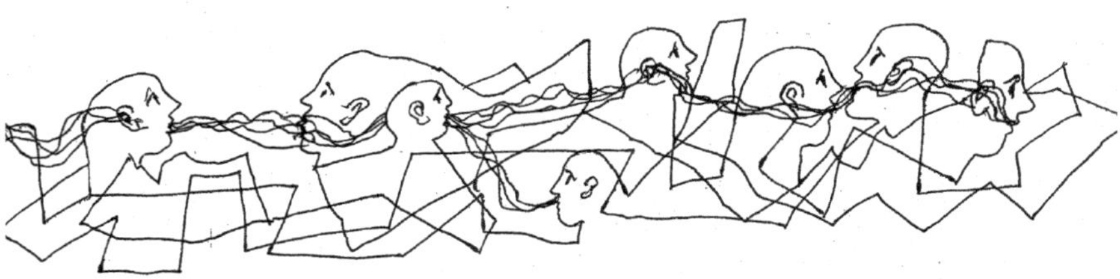

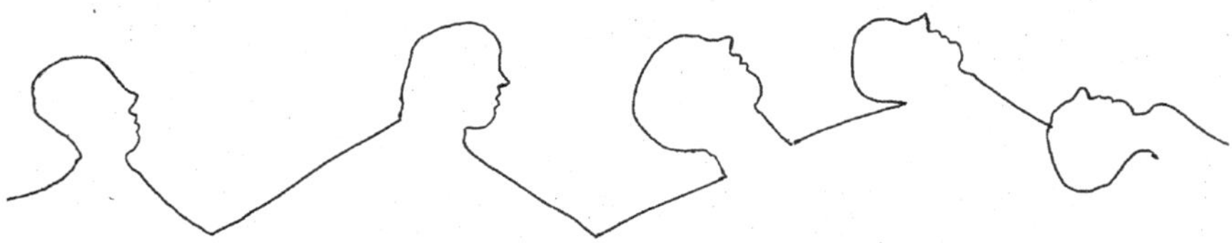

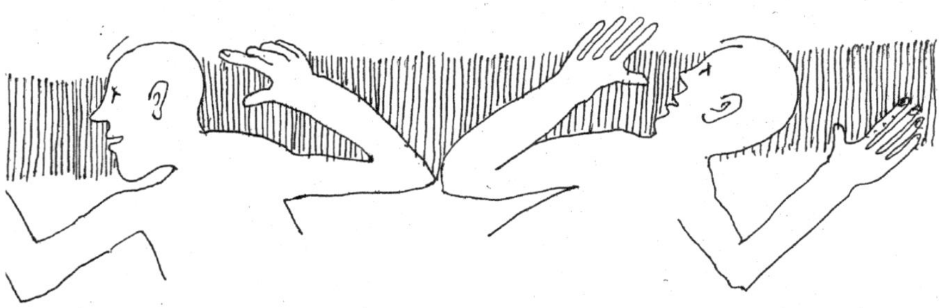

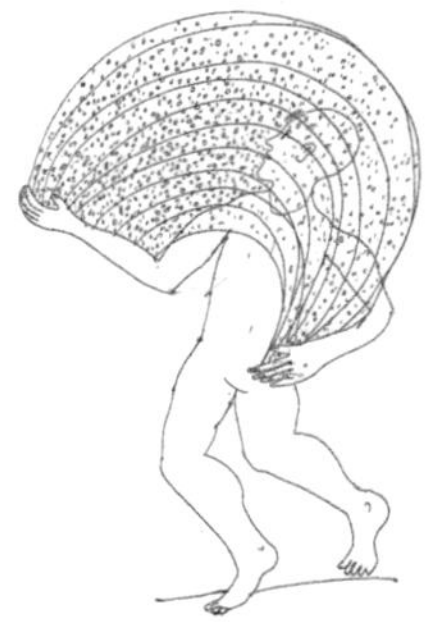
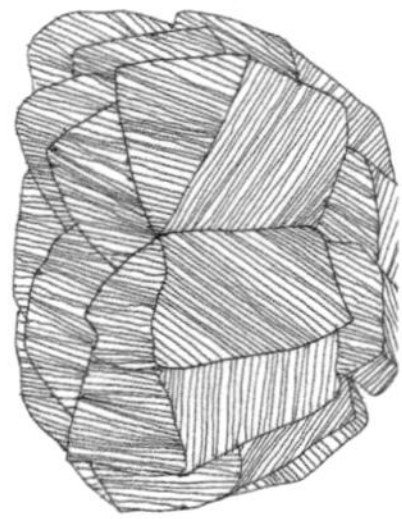
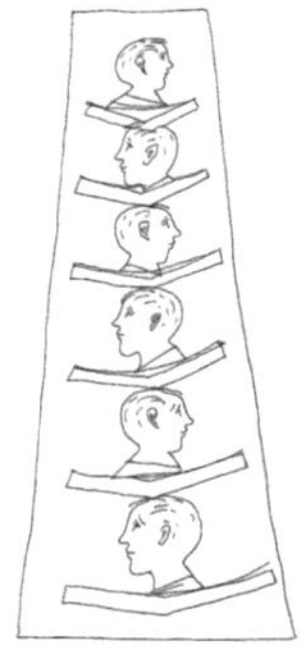
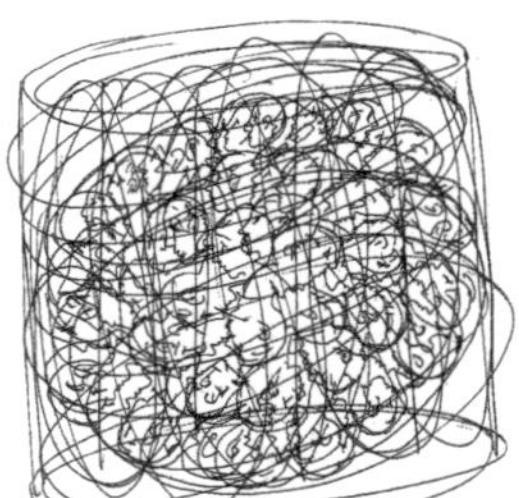
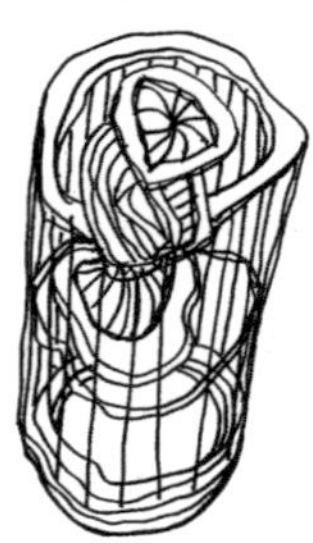
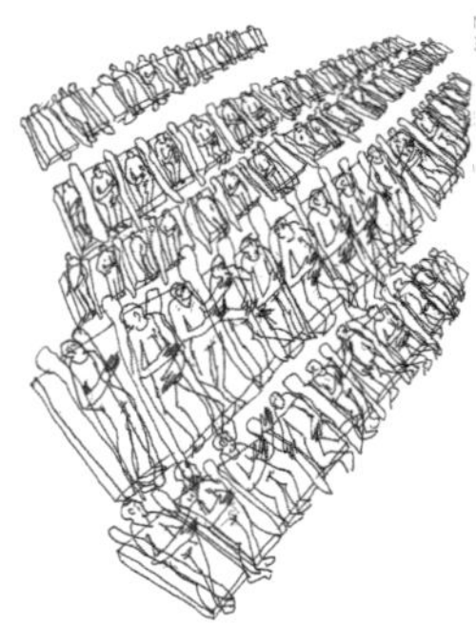
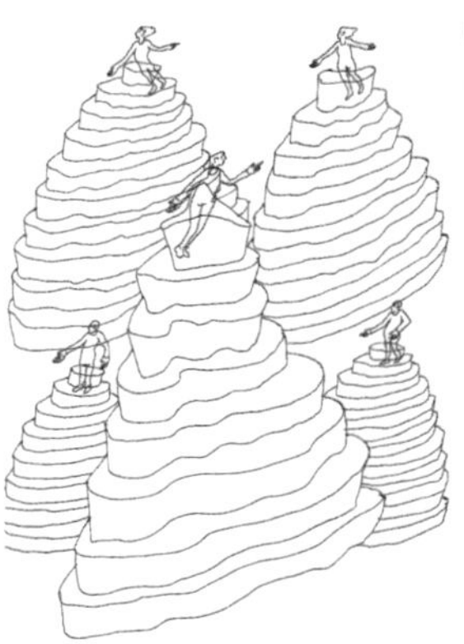
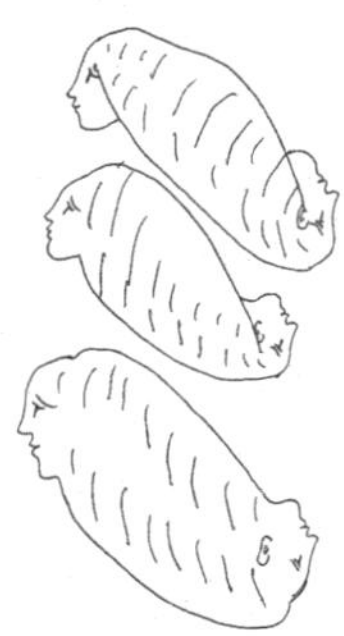
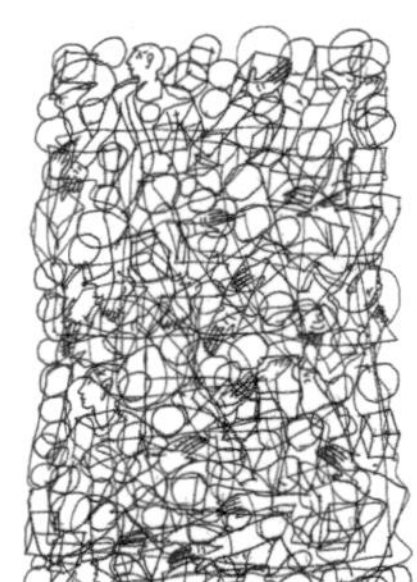

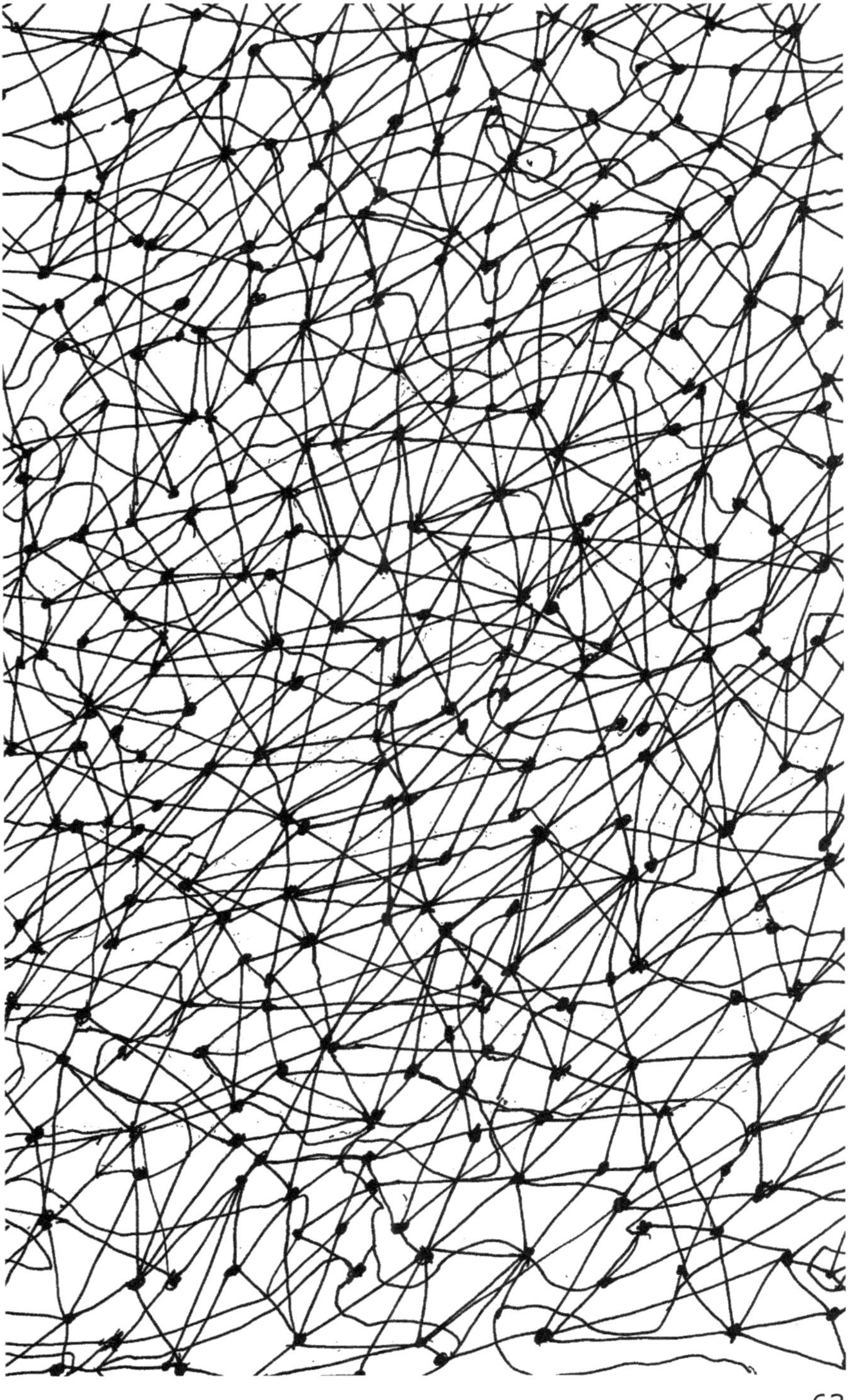

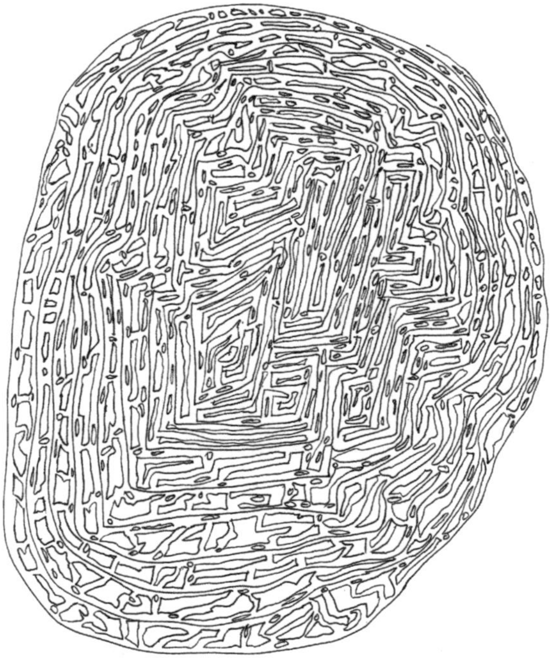

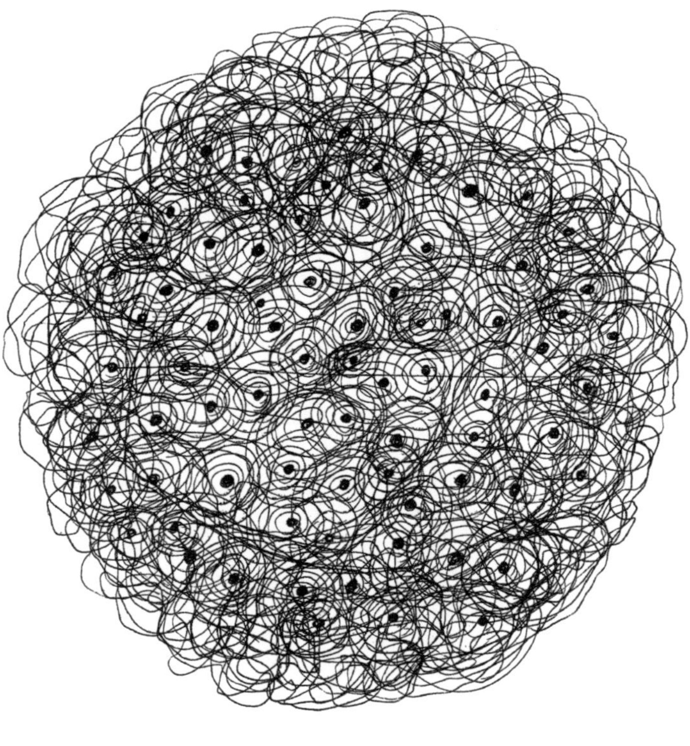

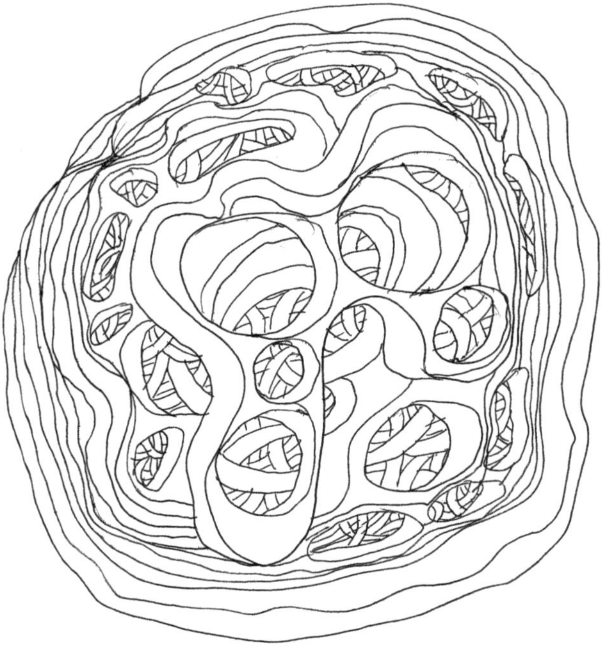

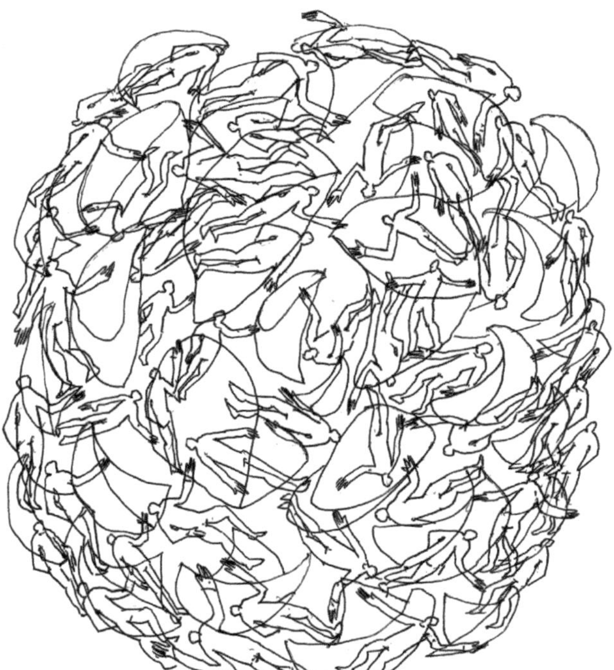

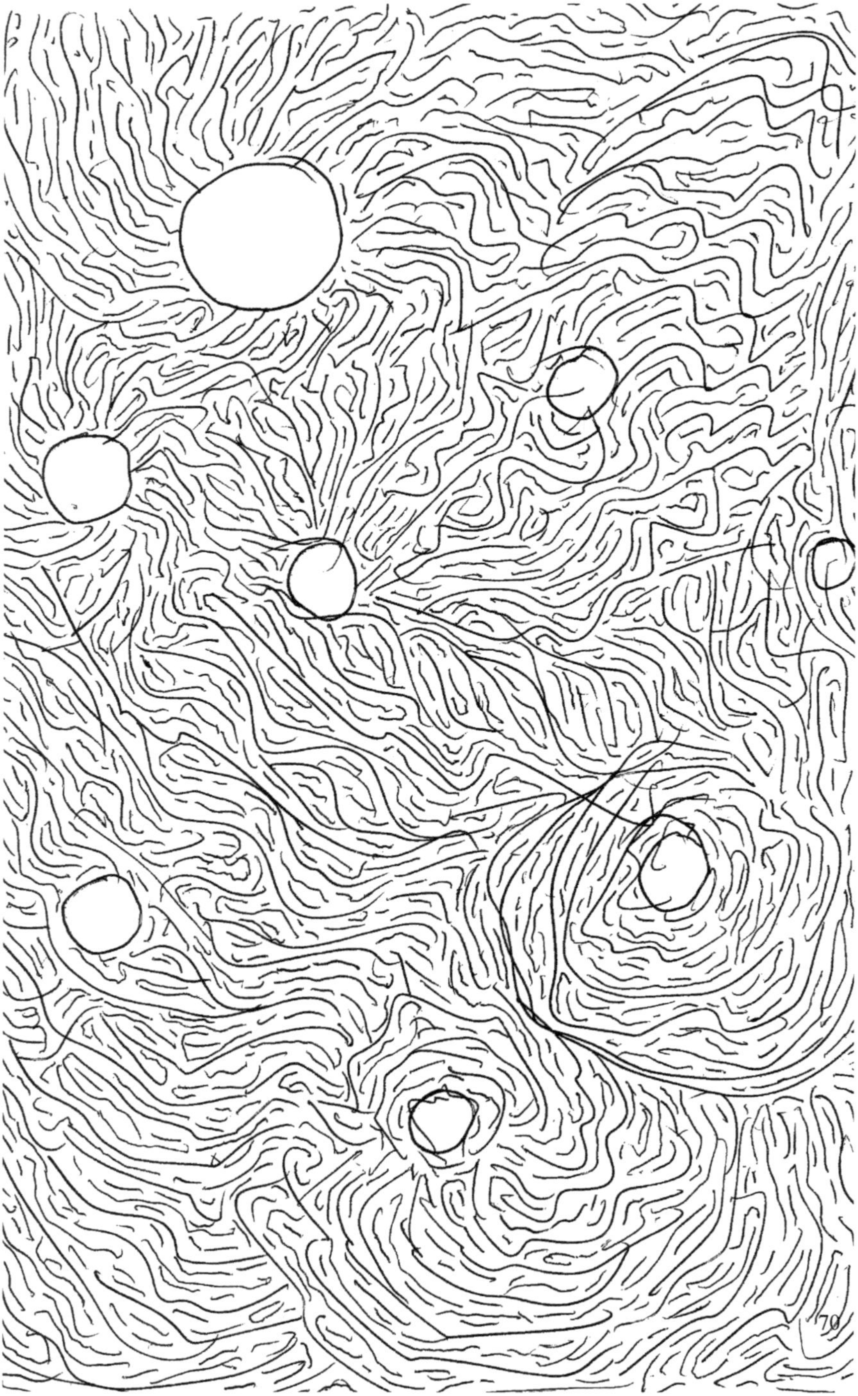

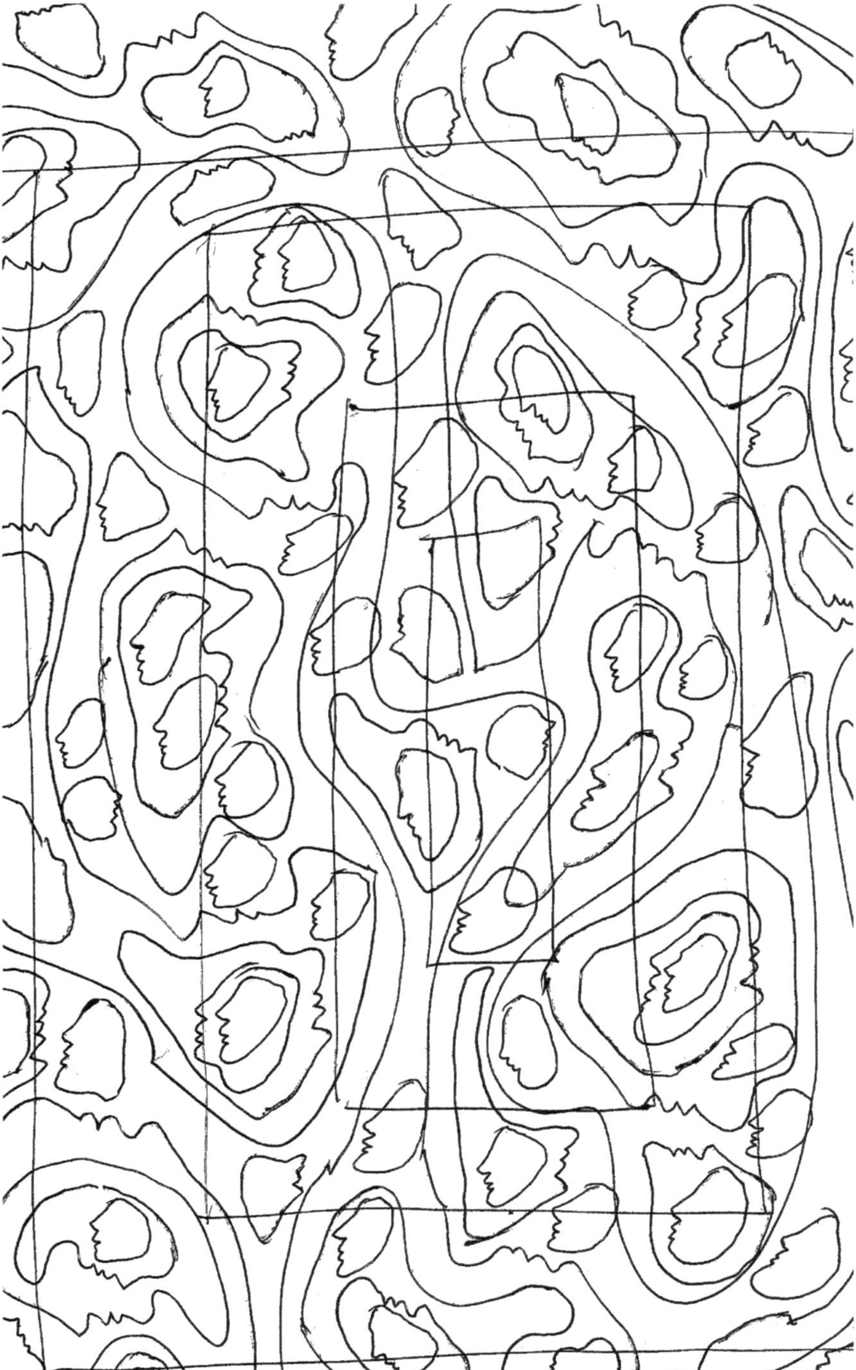

Das Einzelne will zum Ganzen

Zuerst sind es Fluchtgedanken, die das Streugut der Punkte und Linien über das weisse Blatt verteilen. Dann sind es magnetisierende Ströme, die Verbindungen zwischen den verstreuten Spuren auseinander driftender Einzelformen herstellen.

Das einzelne Element hat keine Vorstellungen vom Ganzen, es liegt, schwebt versprengt herum und dann kommt der Moment, der Blitz, der Anker zum Ganzen. Ein Hin und Her von hellen und dunklen Spuren, von Verwischungen, von Umgeschichteten, Angehängten, Verschränkten, Gestaffelten, Entlanggereihten, getürmten Einzelteilen, verdichten sich zu graphischen Gebilden.

Das Aufgewirbelte an Linien und Punkten verdichtet sich wieder. Das Einzelne kann sich im Ganzen wieder verbergen.

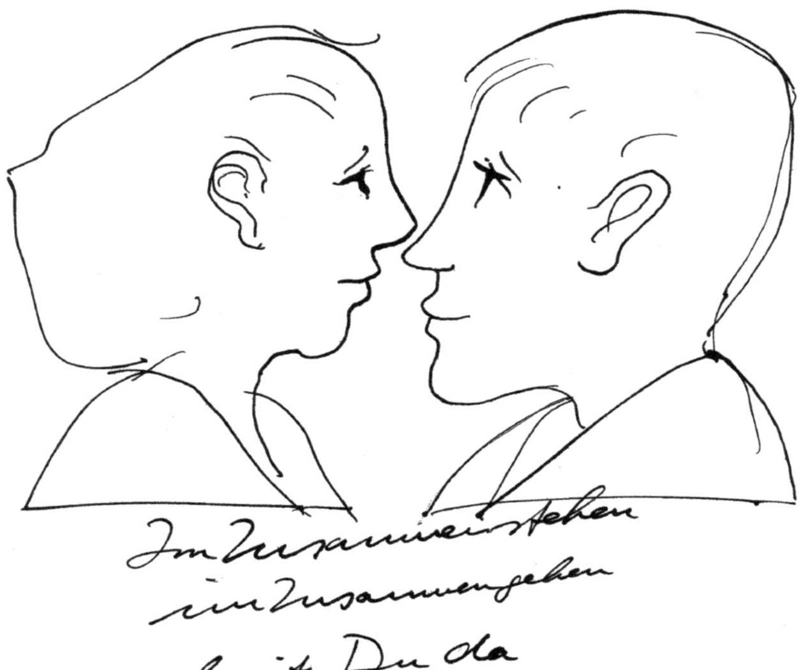

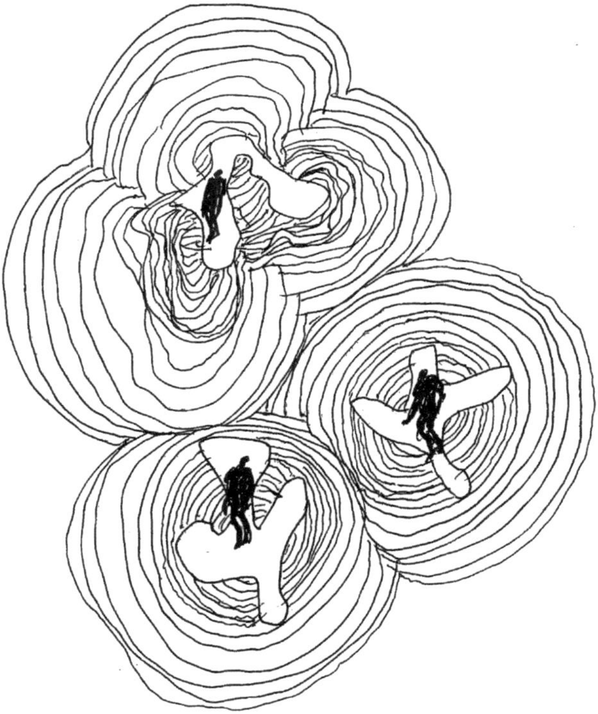

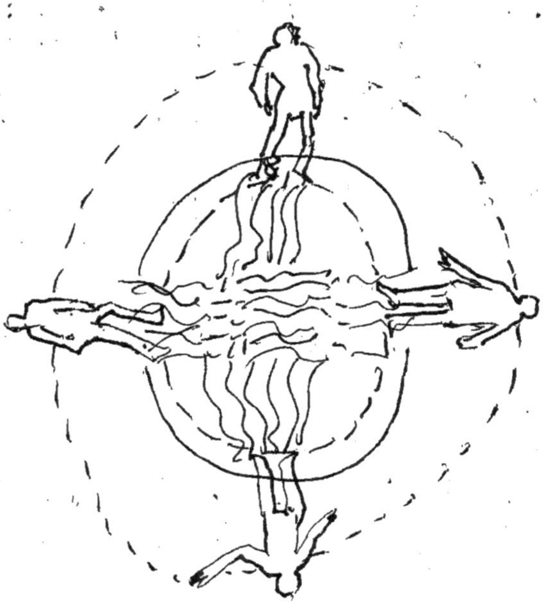

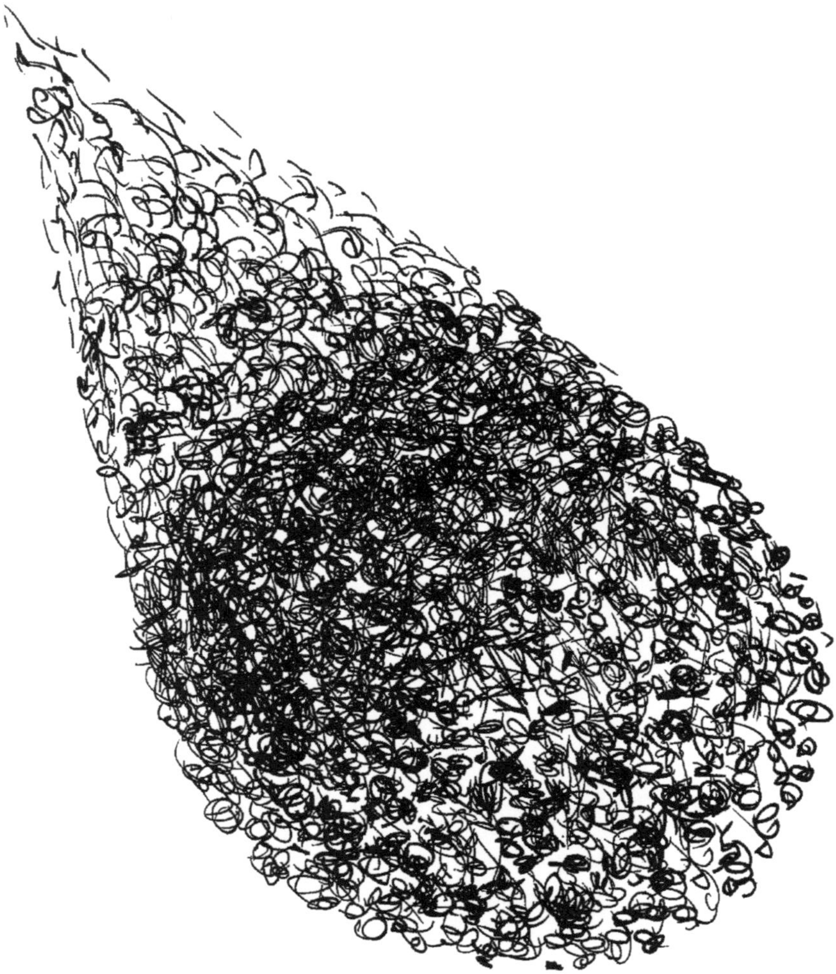

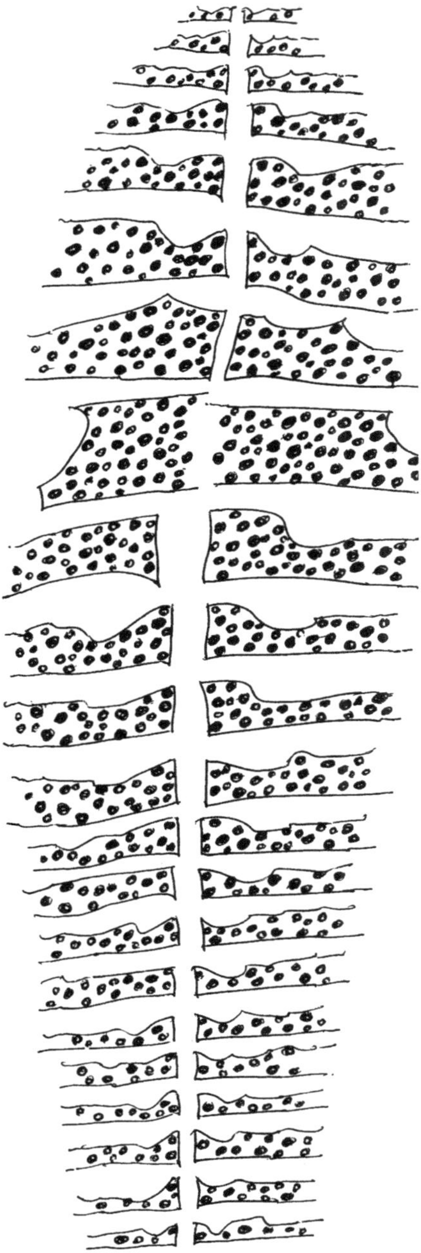

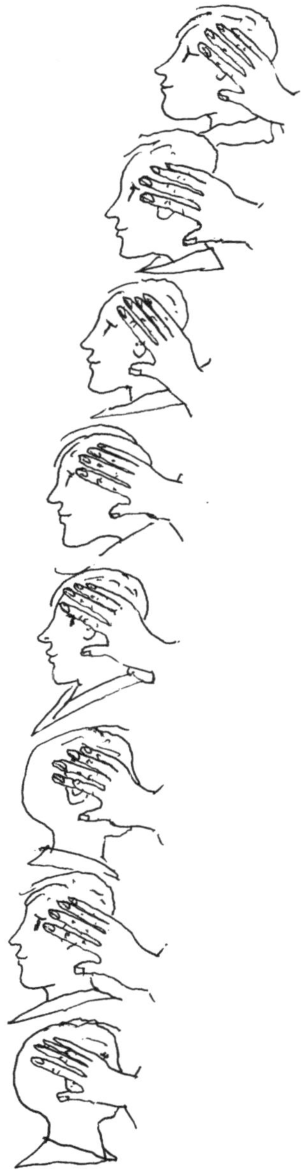

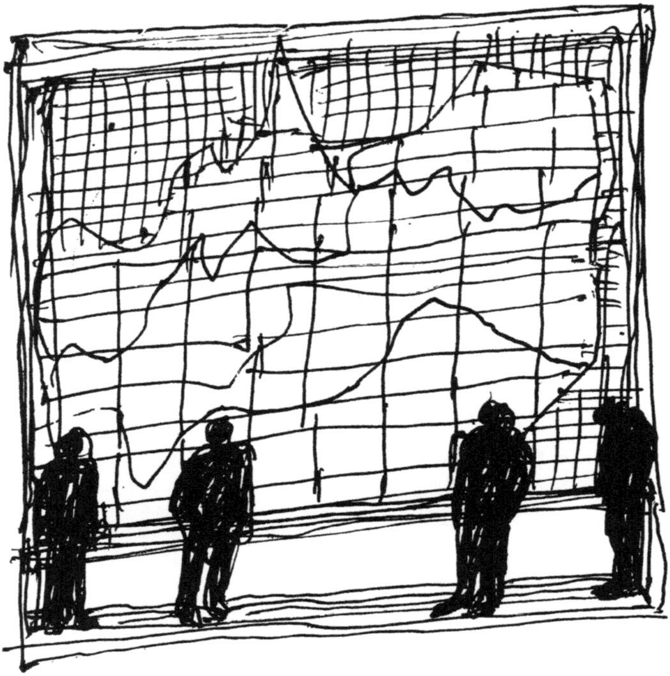

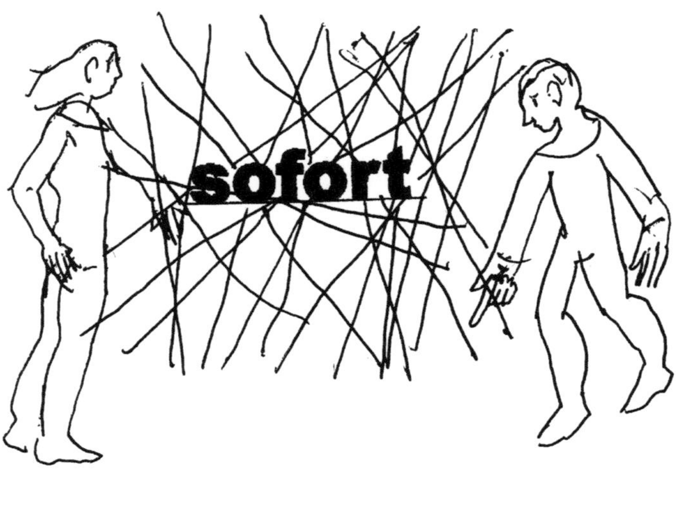
sofort

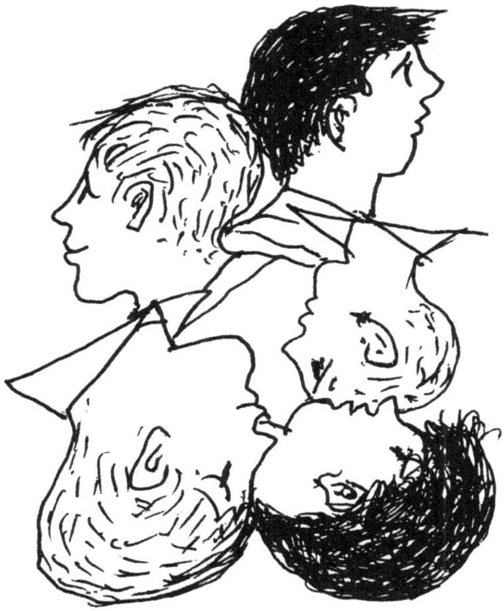

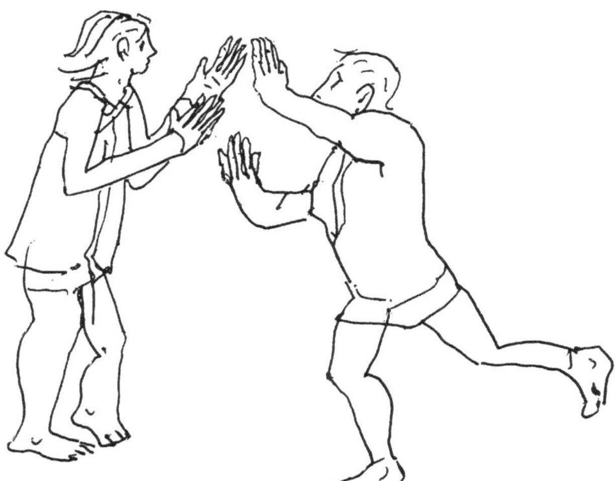

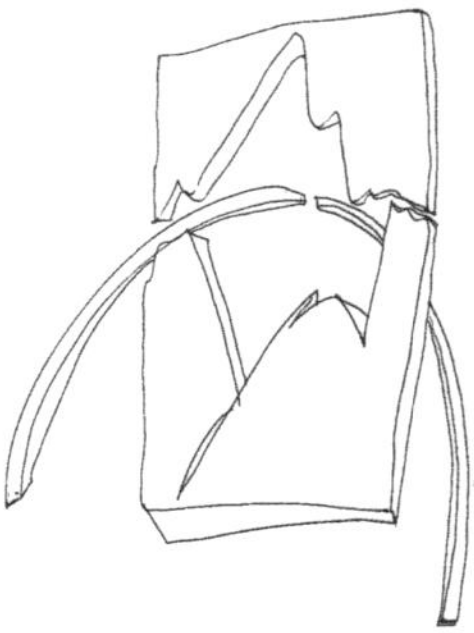
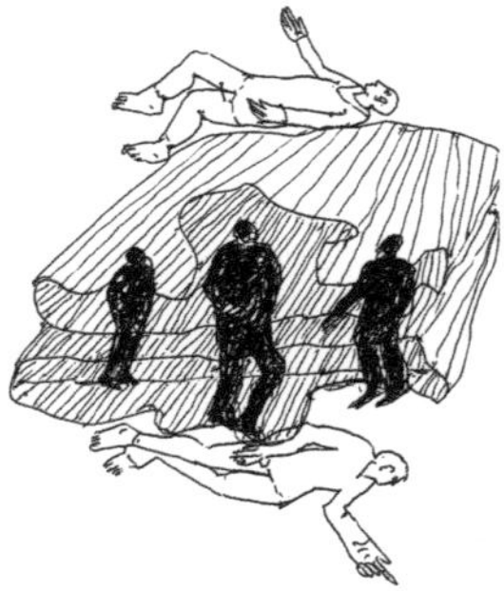
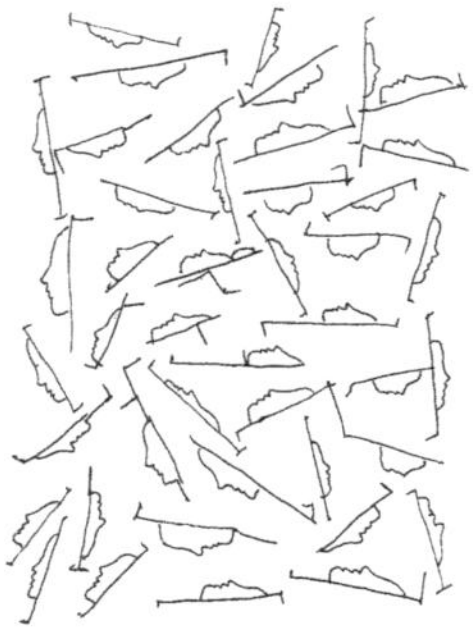
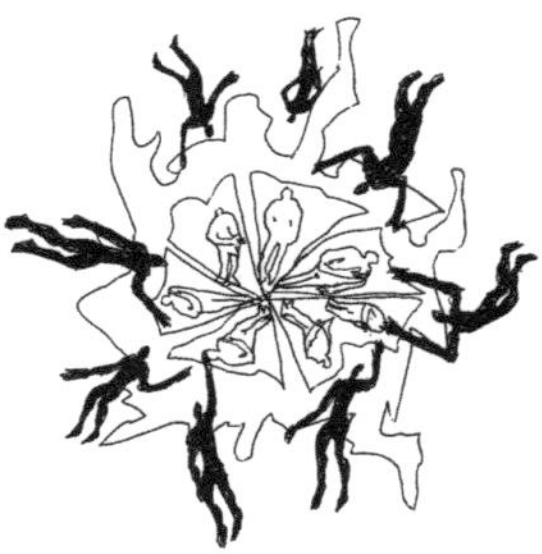
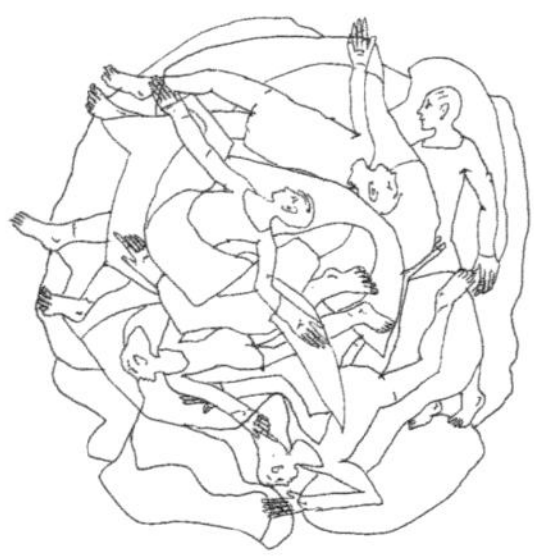
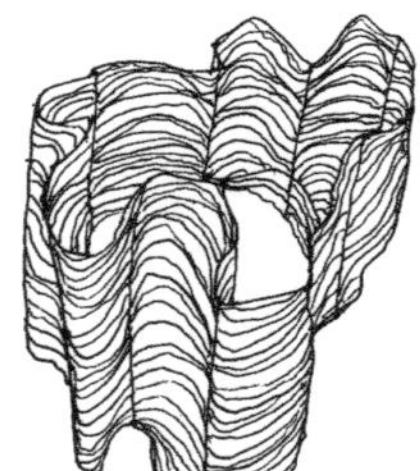
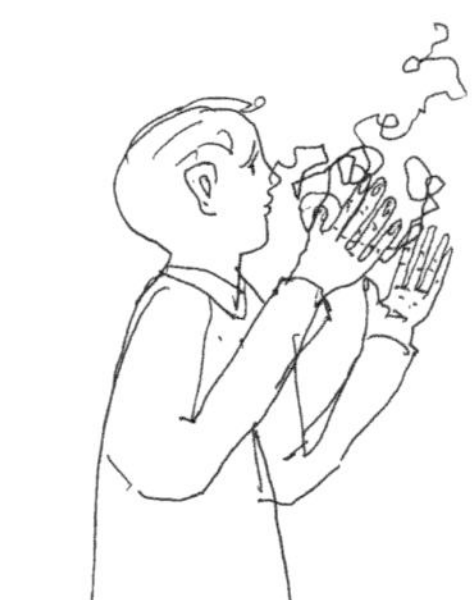
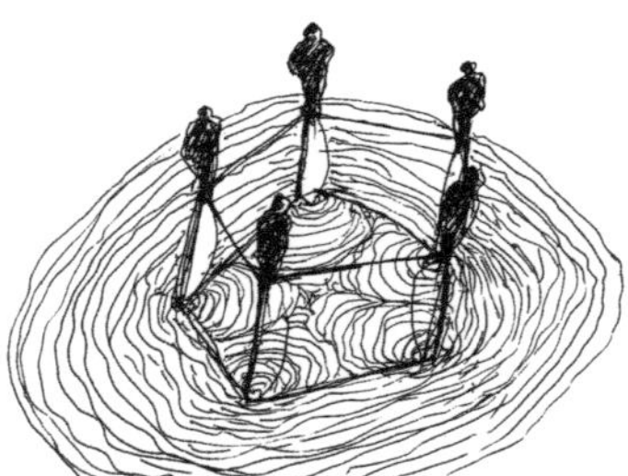
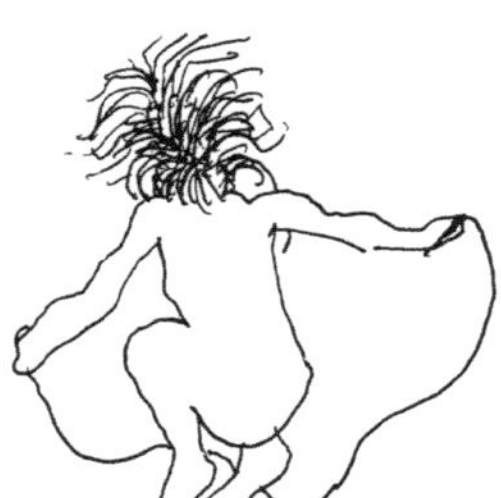

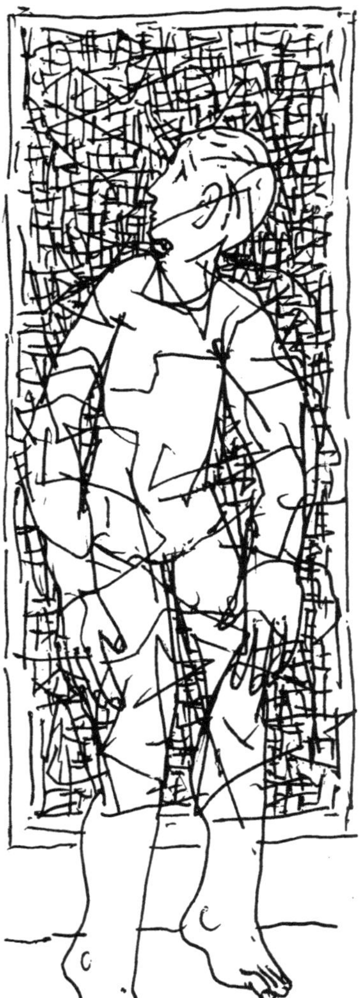

Die Speicherung und Zurschaustellung von Tageszeichnungen

Bleibt diese Sammlung ein ARCHIV eines GETRIEBENEN. Eines Menschen, der NOTIZEN als sportlichen DAUERLAUF hinterlässt. Er SPURT sich durch die freien Sekunden, Minuten des Tages, aus Lust, aus Freude am Liniensystem, das er immer wieder aus Grundformen variiert.

Es ist ein Tanz aus Linienlaufen, aus Kurven, aus Punkten, Linien, Kurven, Kreuzungen, Verdichtungen, Flächen, die graphische Muster bilden. Würde man alle Zeichnungen ganz dicht nebeneinander stellen, so könnte man aus einem Mustererkennungsprogramm Botschaften herausfiltern. Botschaften, die entschlüsselbar wären.

Es heißt also alle Zeichnungen zusammen drängen zu einem Teppich, um ihm über ein Mustererkennungsprogramm im Überflug nach bestimmten Parametern Botschaften zu entnehmen.

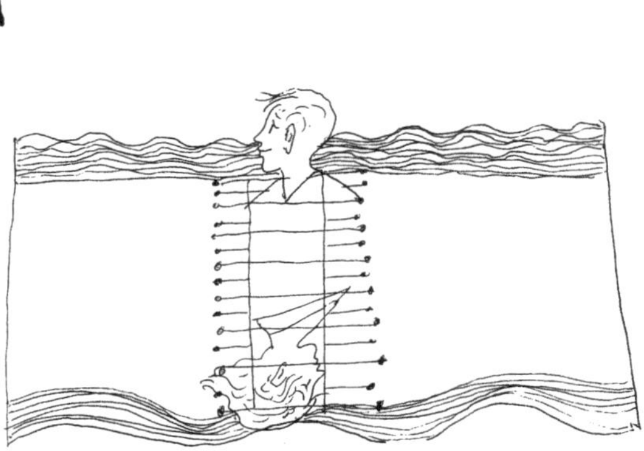

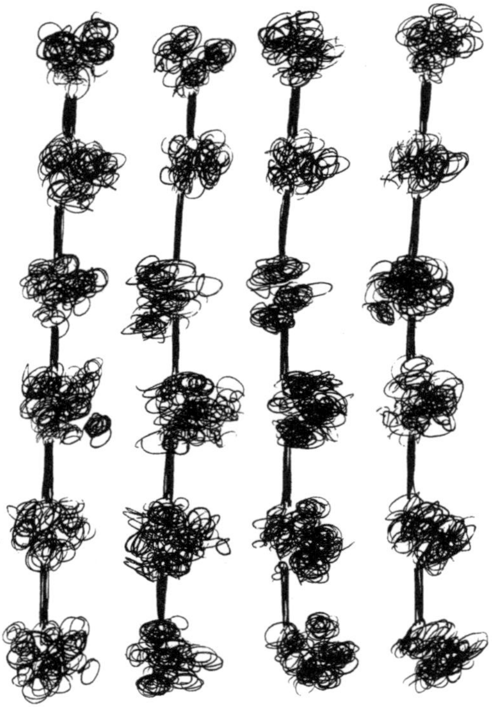

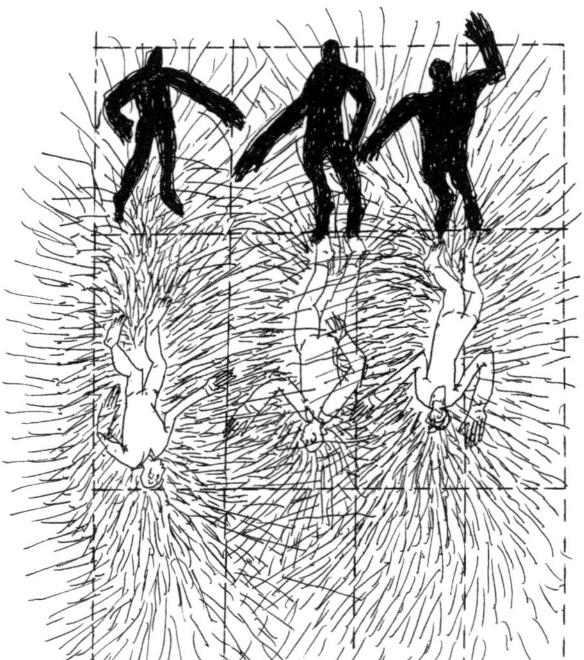

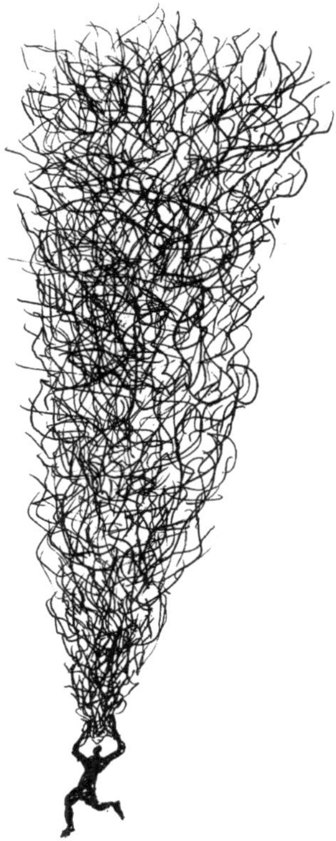

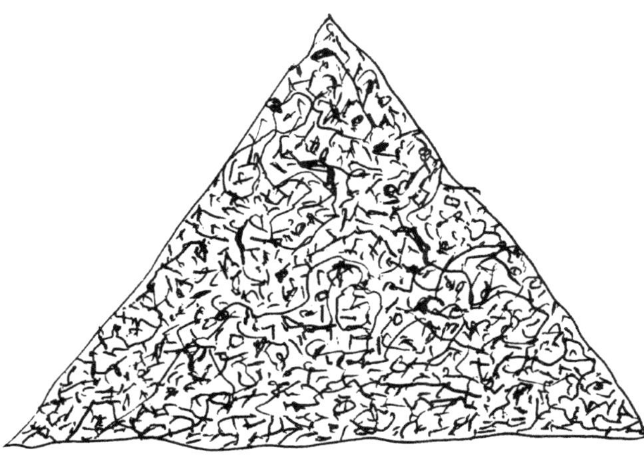

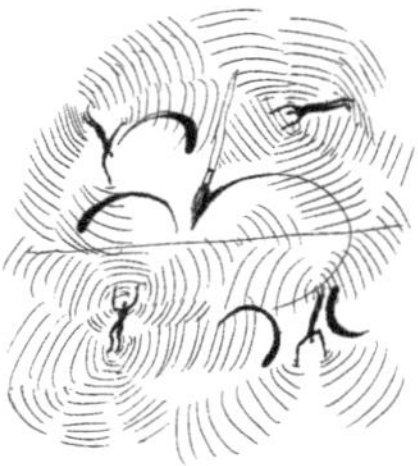
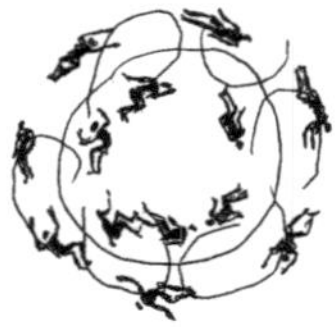
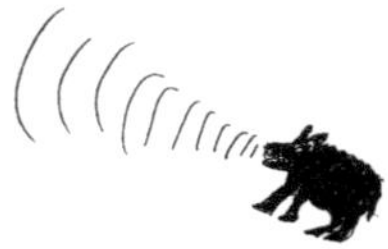
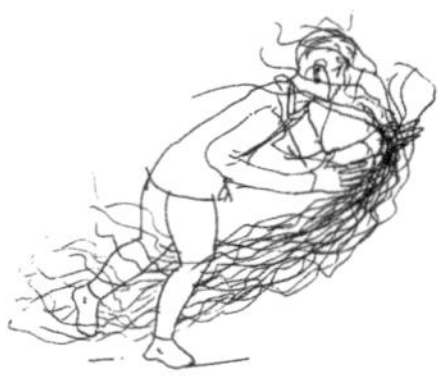
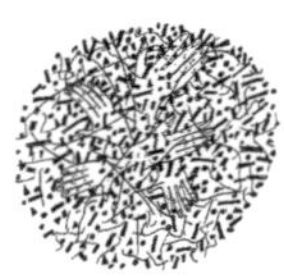
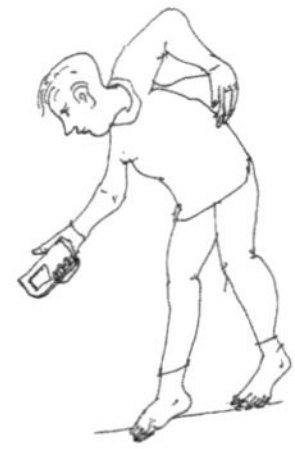
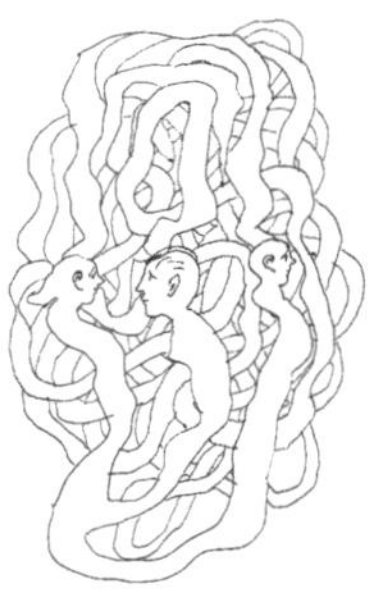
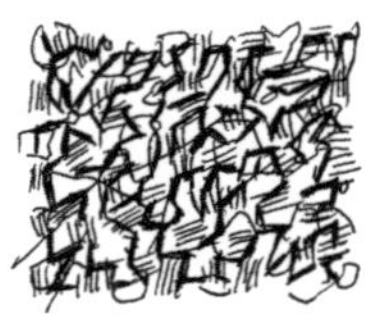
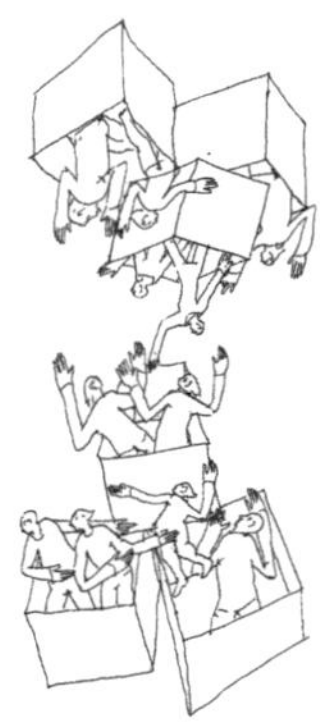
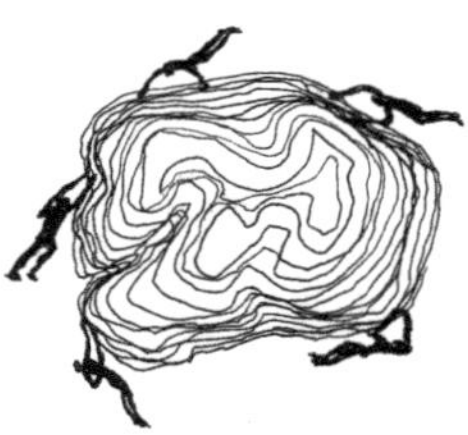
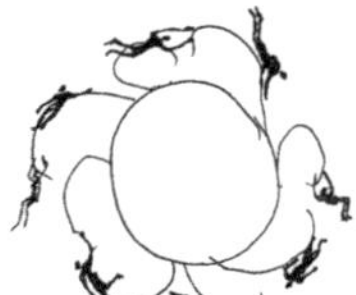
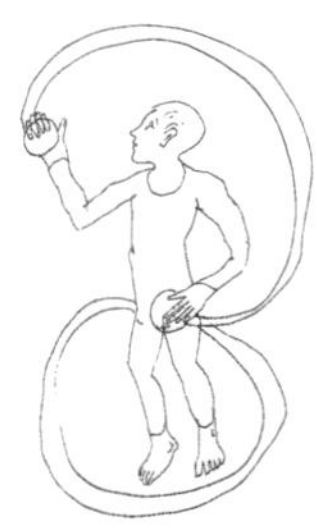

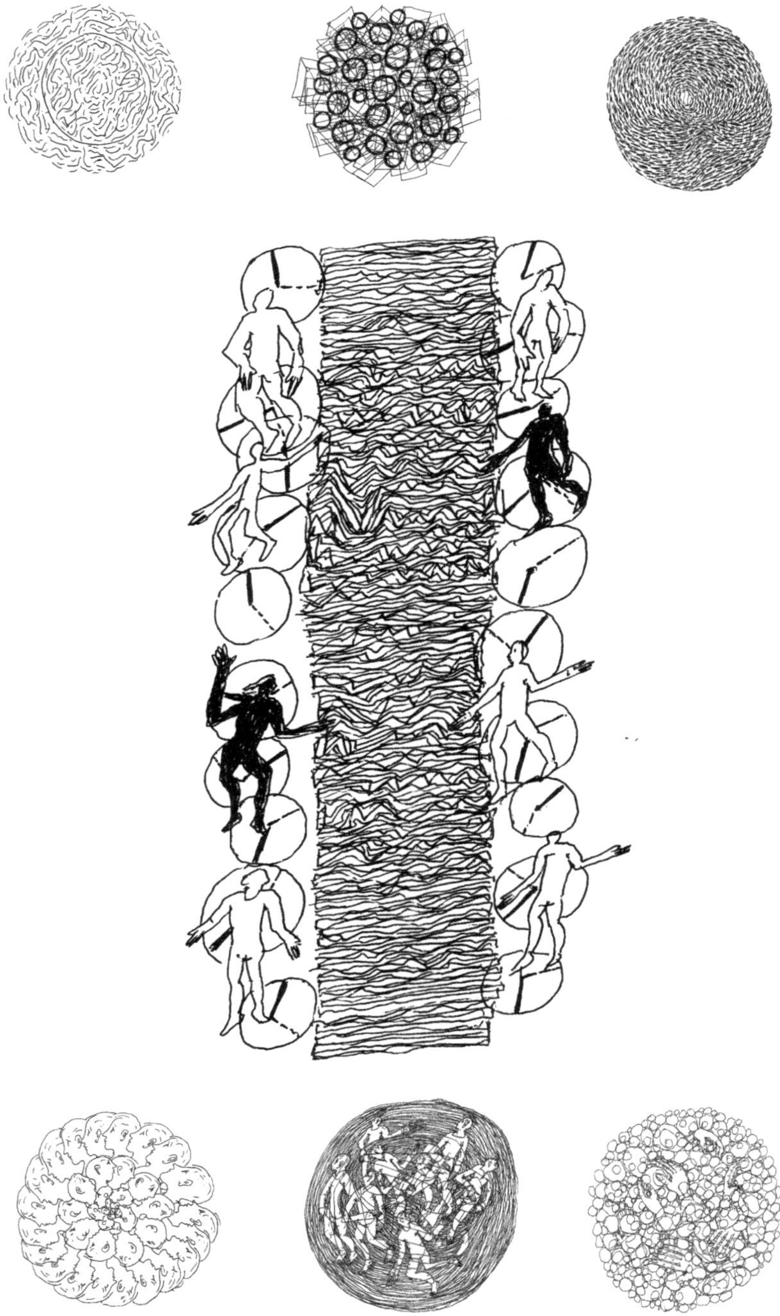

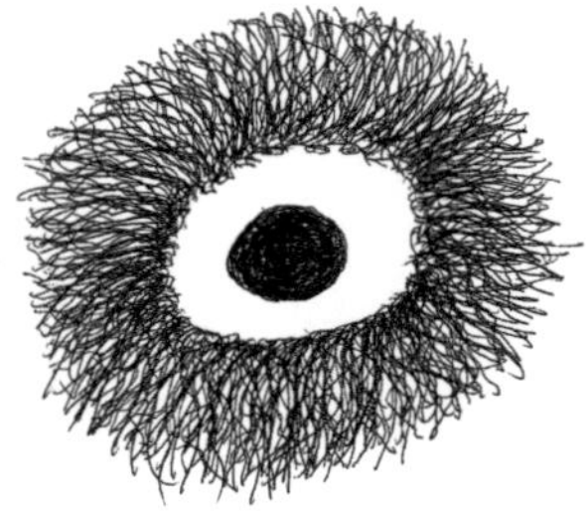

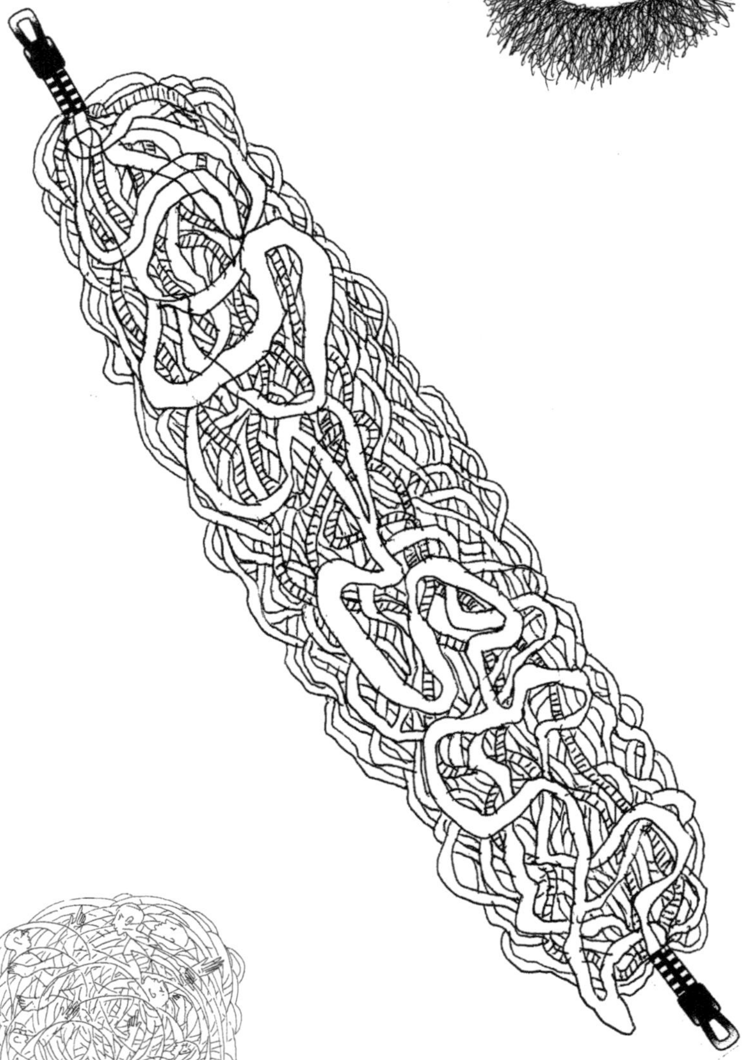

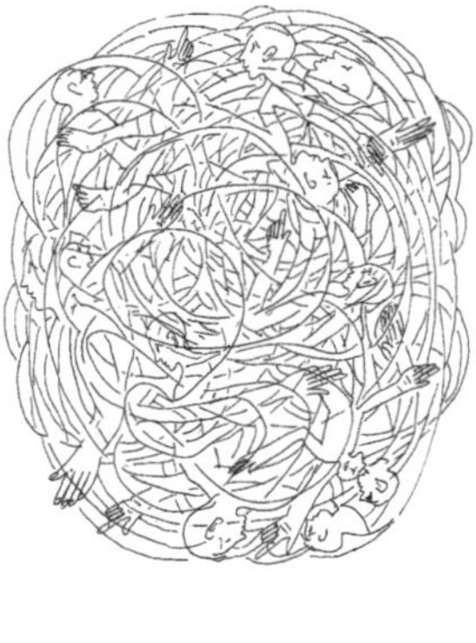

Kopfbilder

Immer wieder an jedem Ort ruft dich deine Hand, sie beginnt zu zeichnen, sie zwingt dich Spuren zu setzen. Aus der Hand entstehen Kopfbilder.

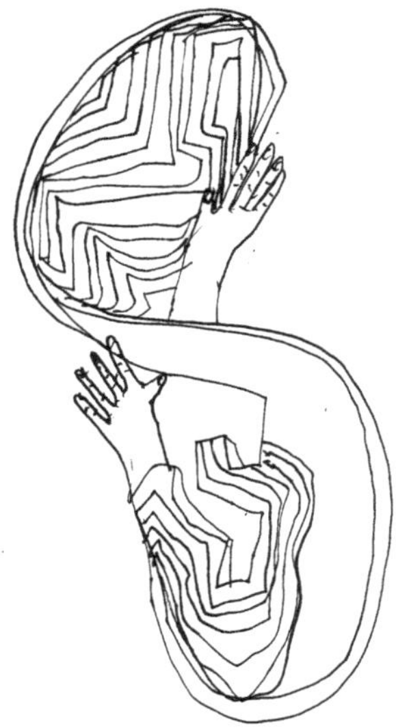

Je beweglicher du die Hand führst, um so mehr kannst du Zeichenspurer im Fleiß sein und den Ansprüchen einer unbekannten Macht Genüge leisten. Du erfindest immer neue Bilder und pflanzt ihre Ableger!

Du hast dich verflochten.

Du zeichnest dir eine Hülle.

Haare sprießen, wachsen, schützen das, was darunter ist: HAUT.

Du zeichnest Haare, schichtest Linie über Linie zu einem Liniendickicht. Lässt du deine Hände durch die Haarpracht gleiten, spürst du Wärme, Spannung und dann beginnst du zu flechten, Haarsträhne für Haarsträhne verwandelt sich in eine besondere Gestalt.

Aus der nackten Kälte schaffst du eine wärmende Umgebung: Du zeichnest dir eine Hülle, jeden Tag.

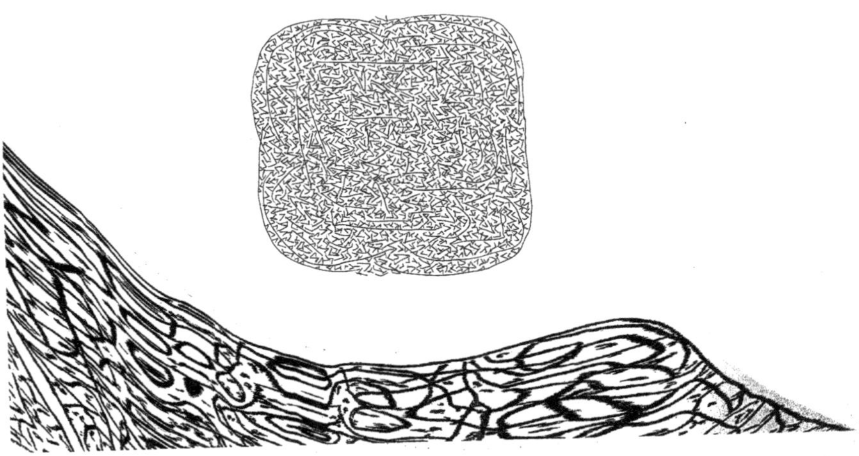

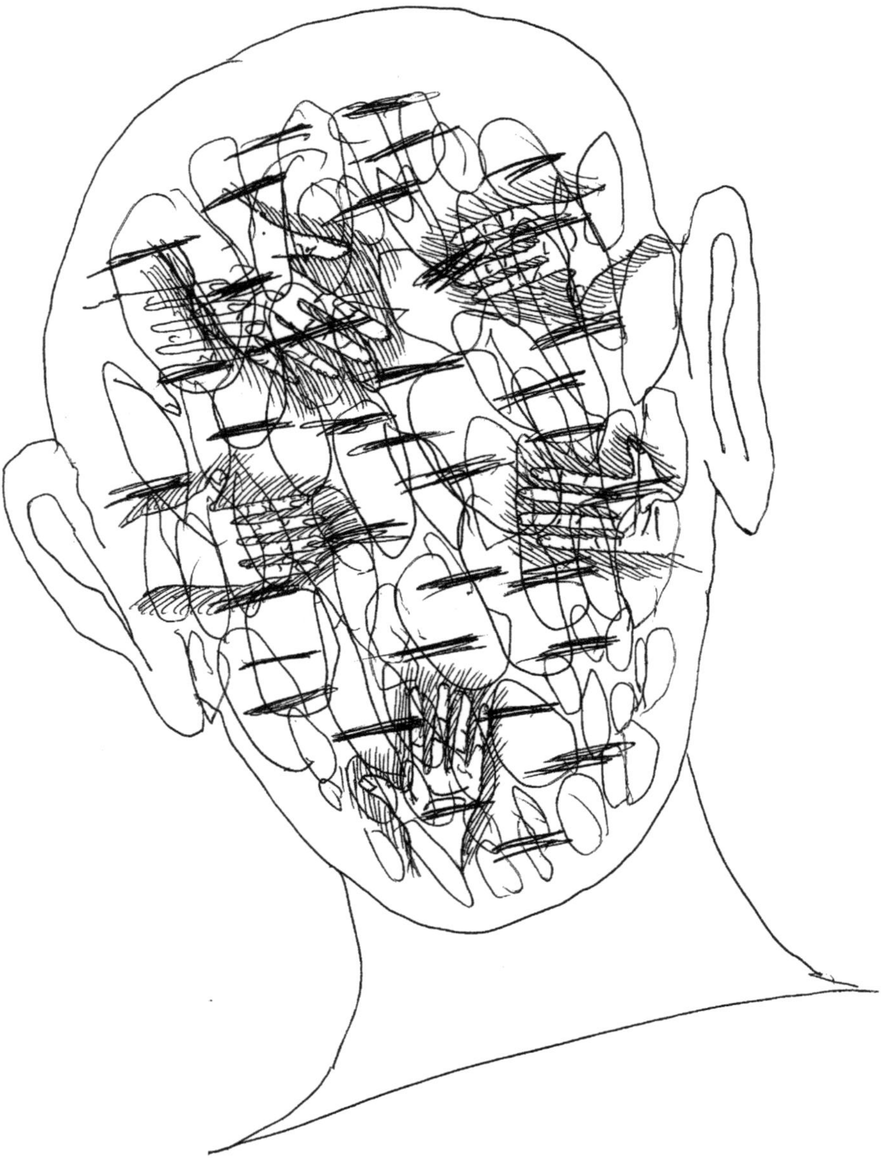

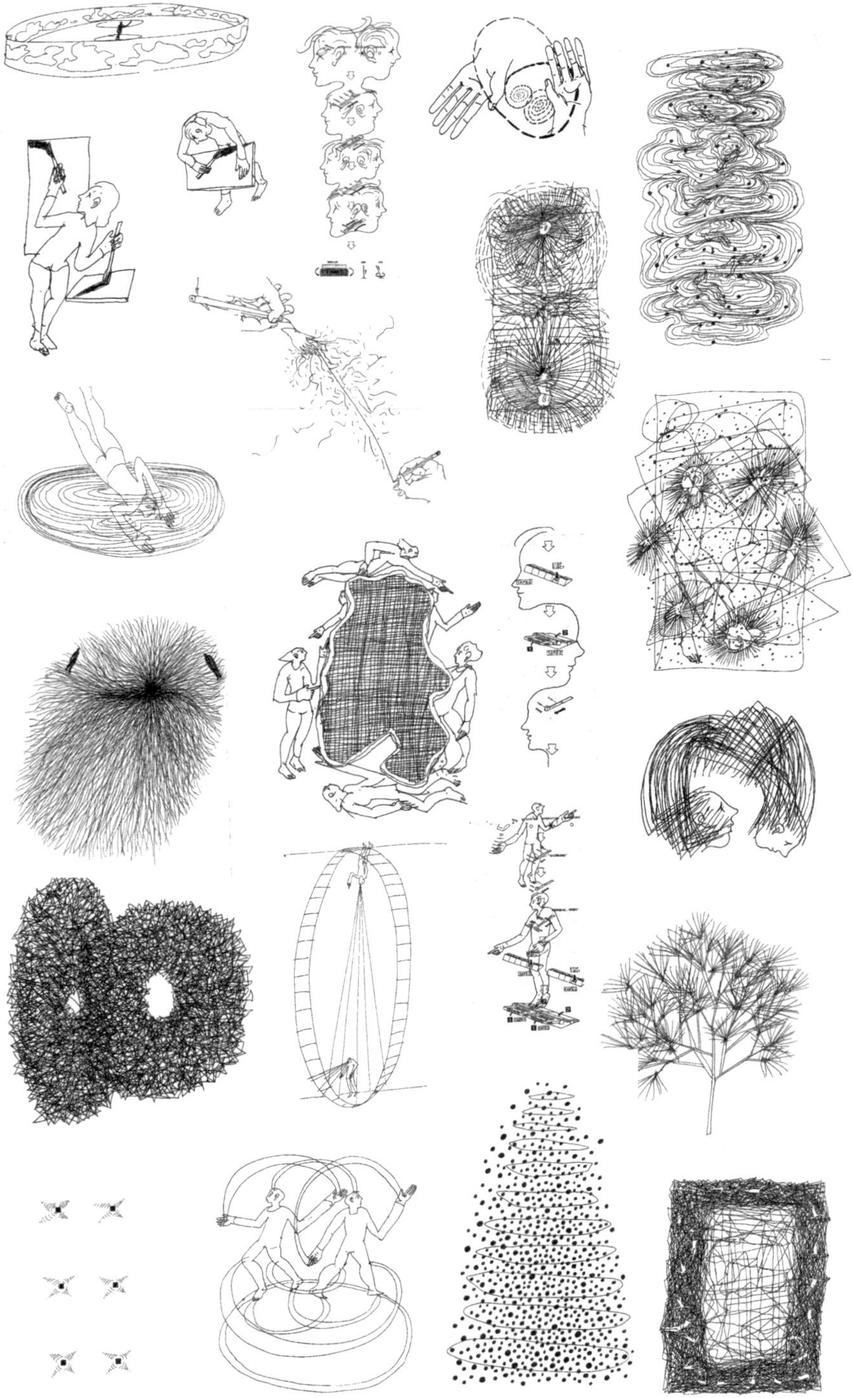

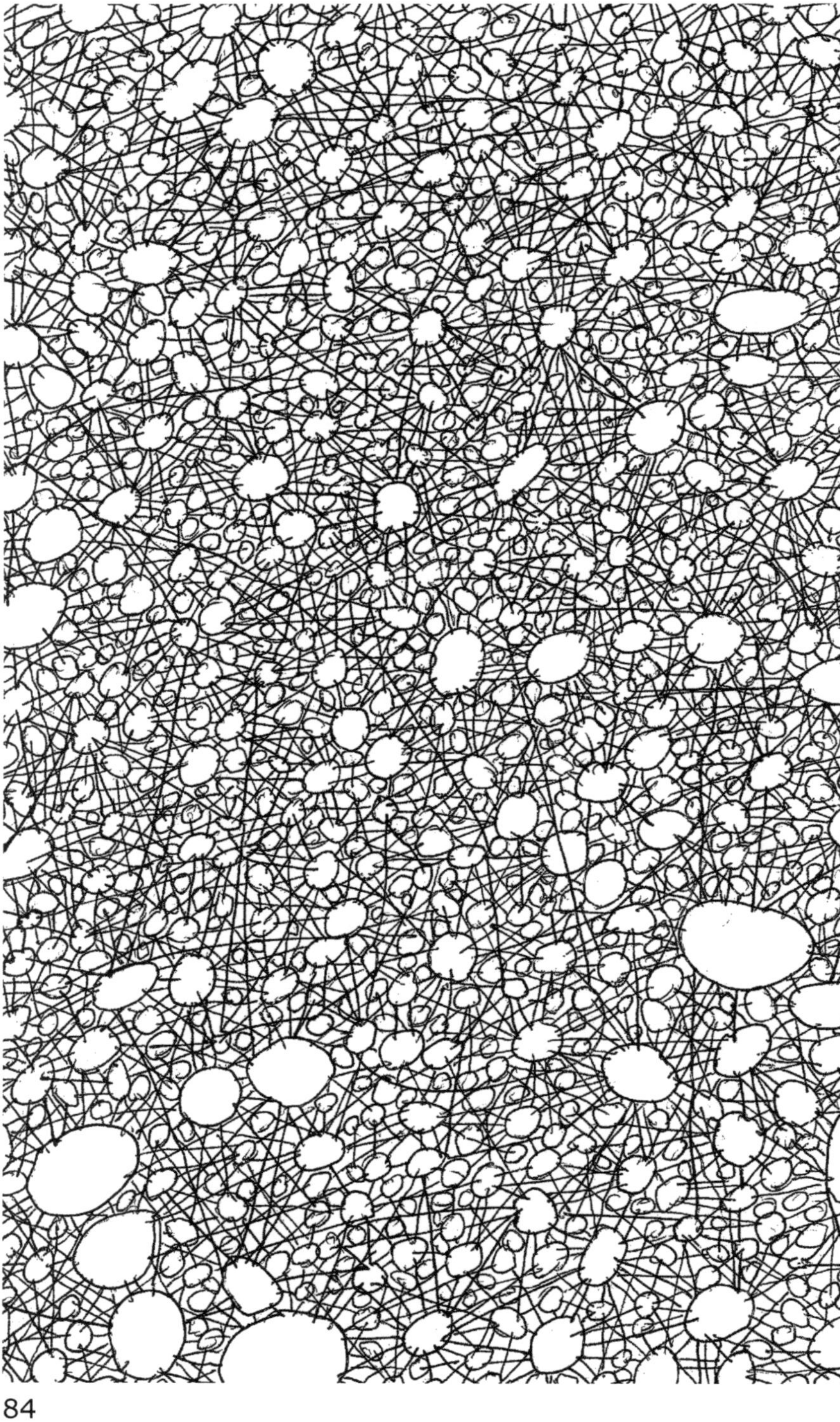

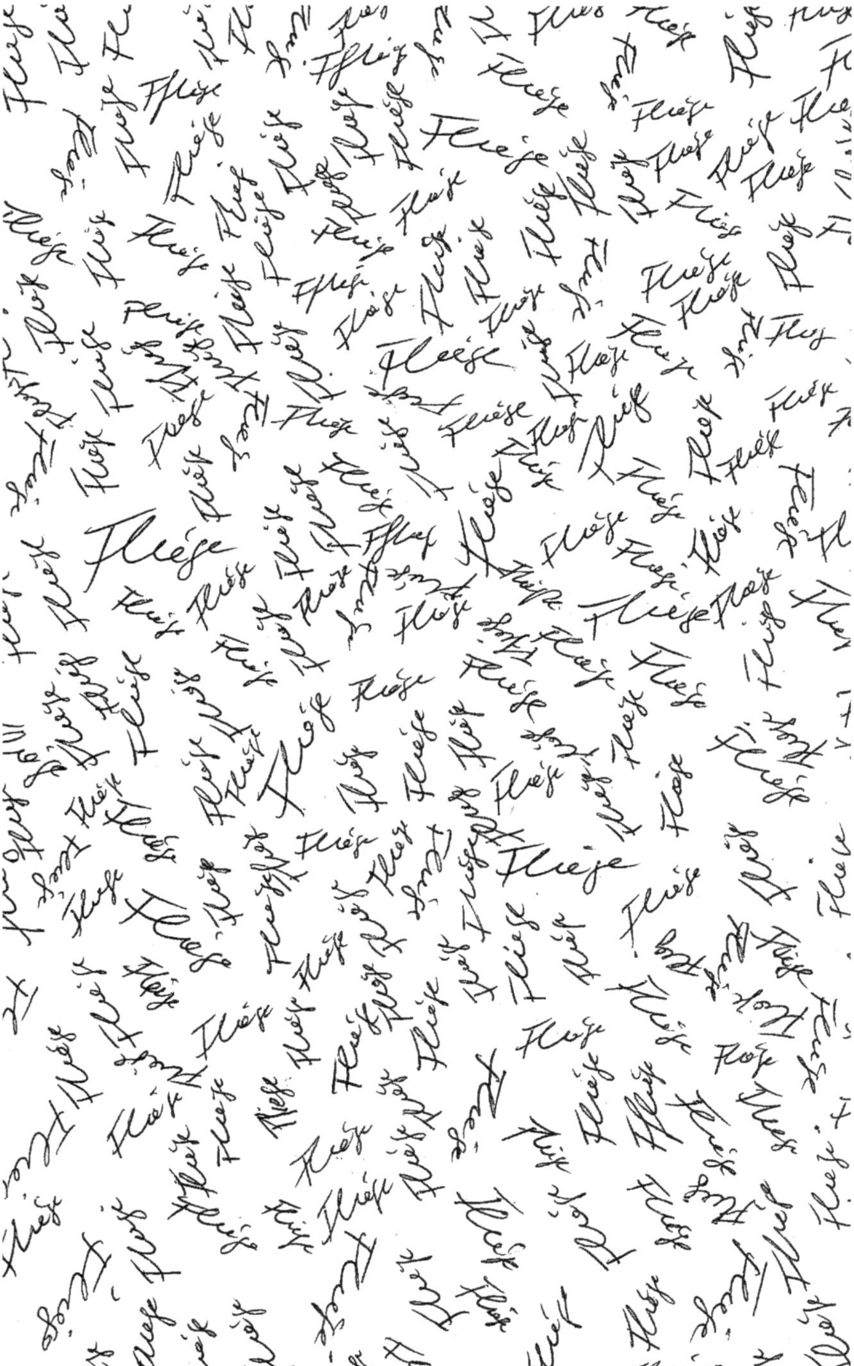

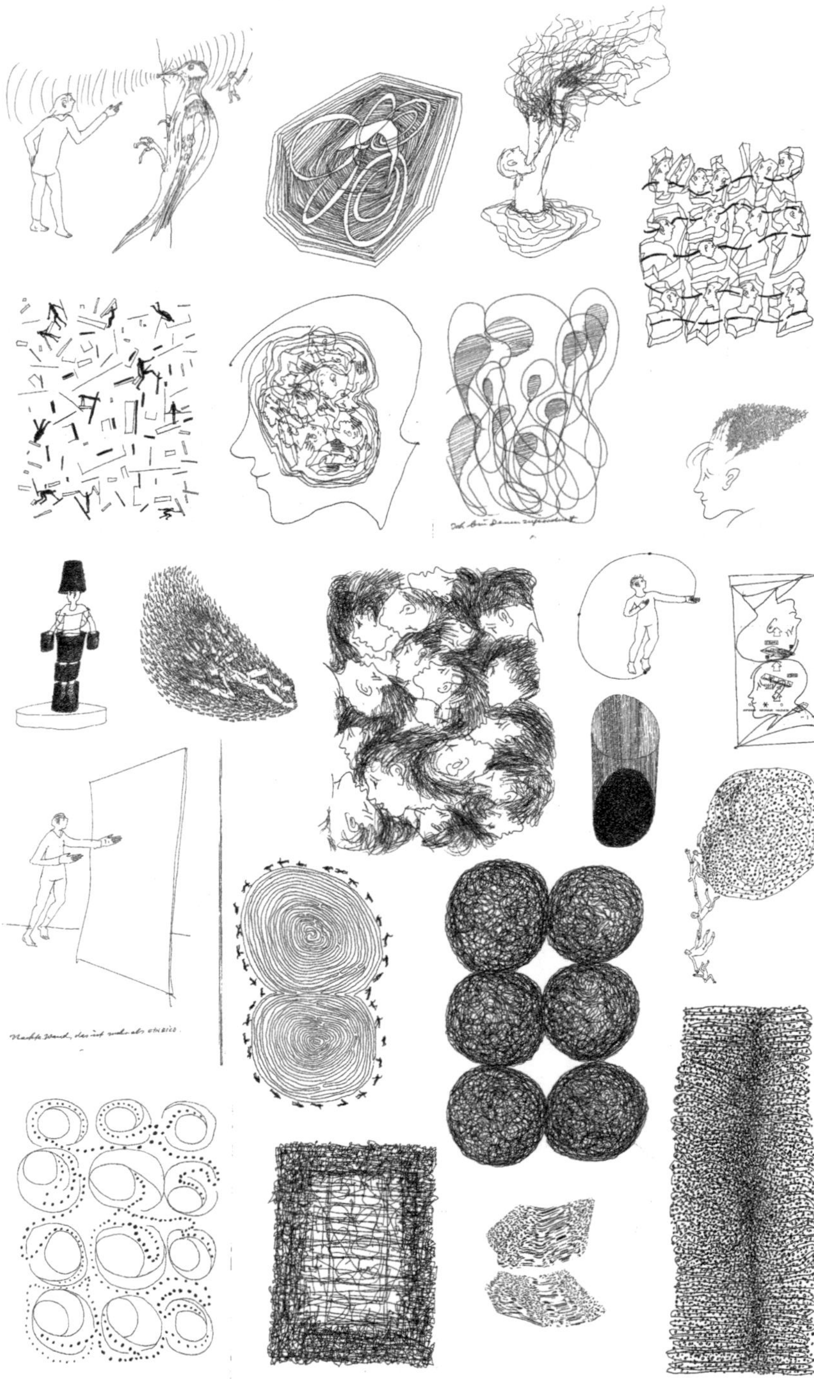
Ich bin Denen zugeordnet
Nackte Wand, das ist mehr als EIN BILD.

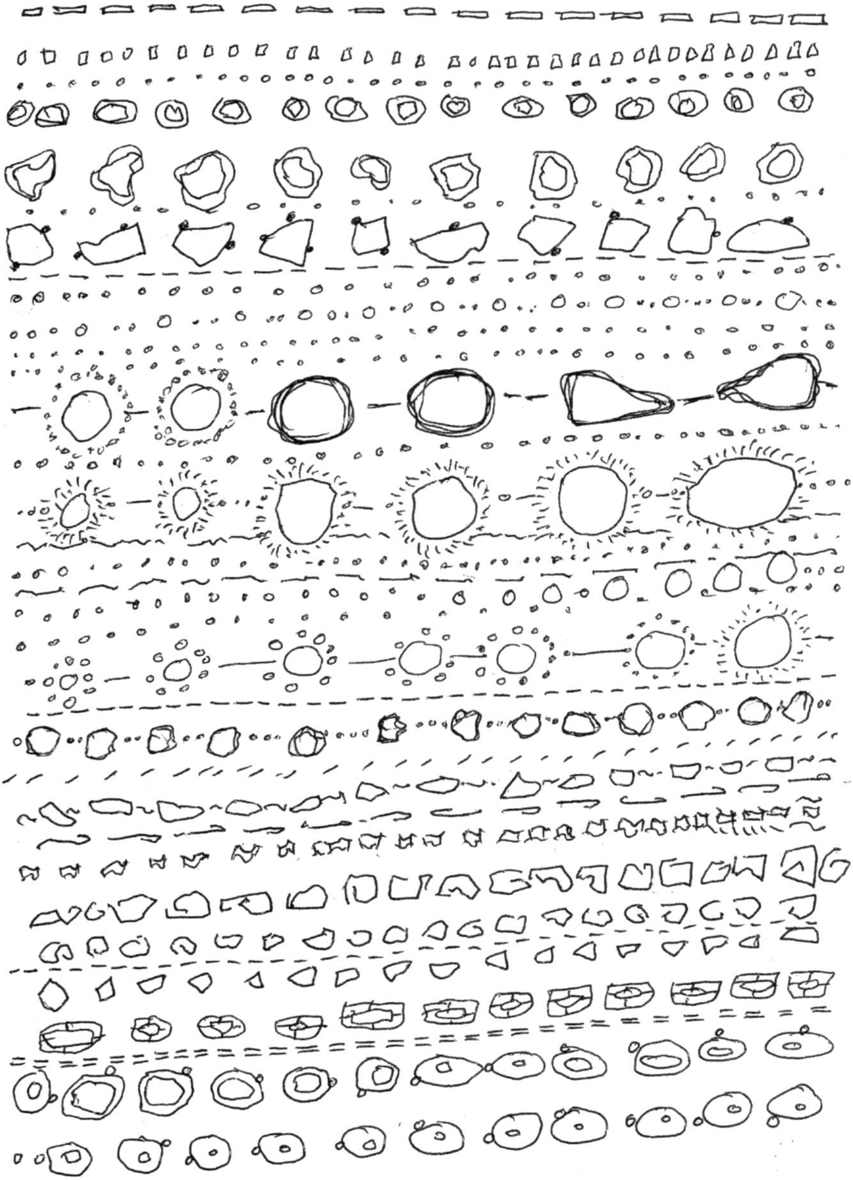

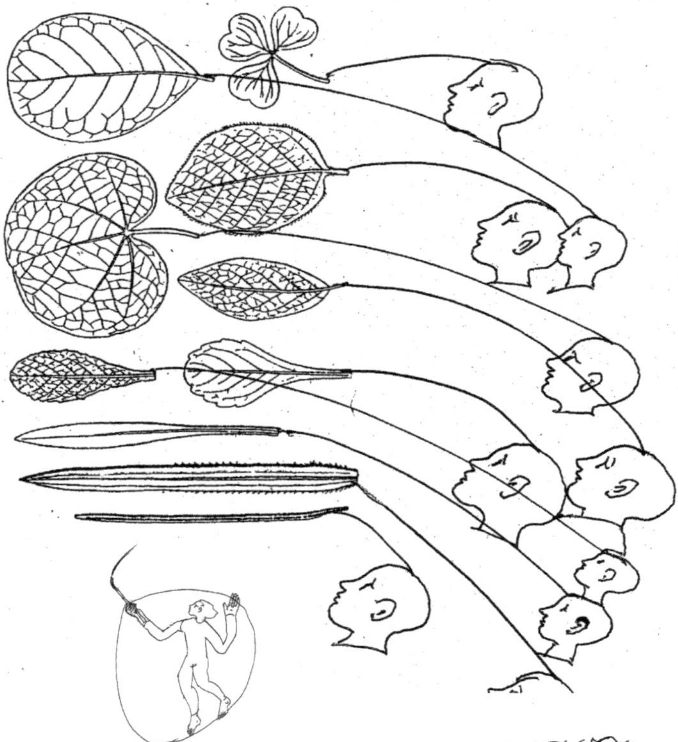

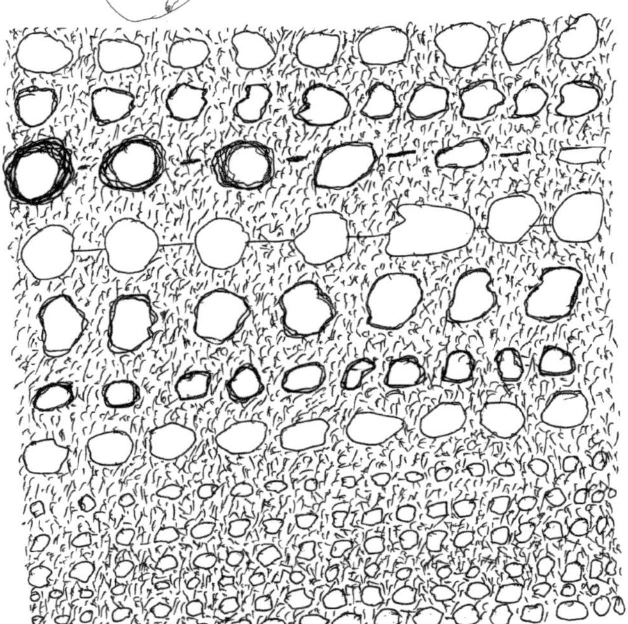

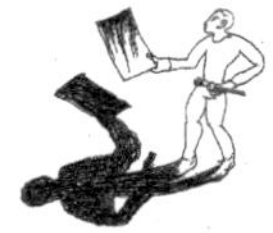

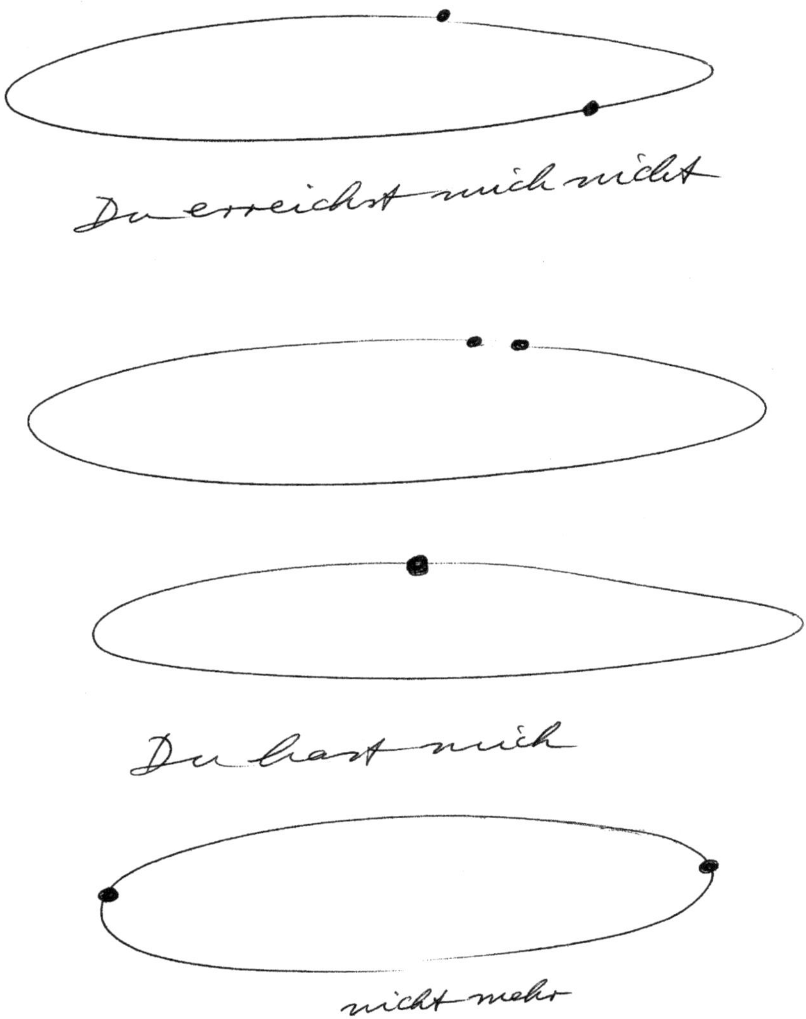
Du erreichst mich nicht
Du hast mich
nicht mehr

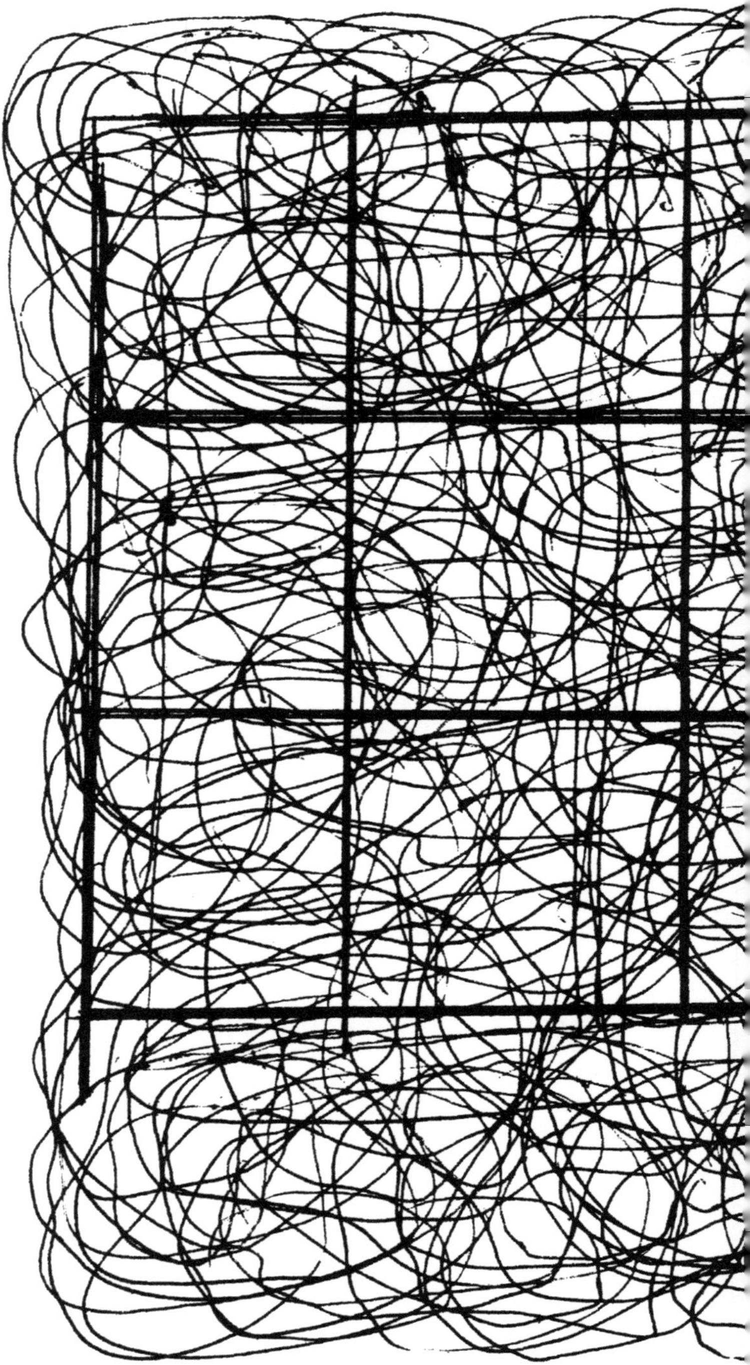

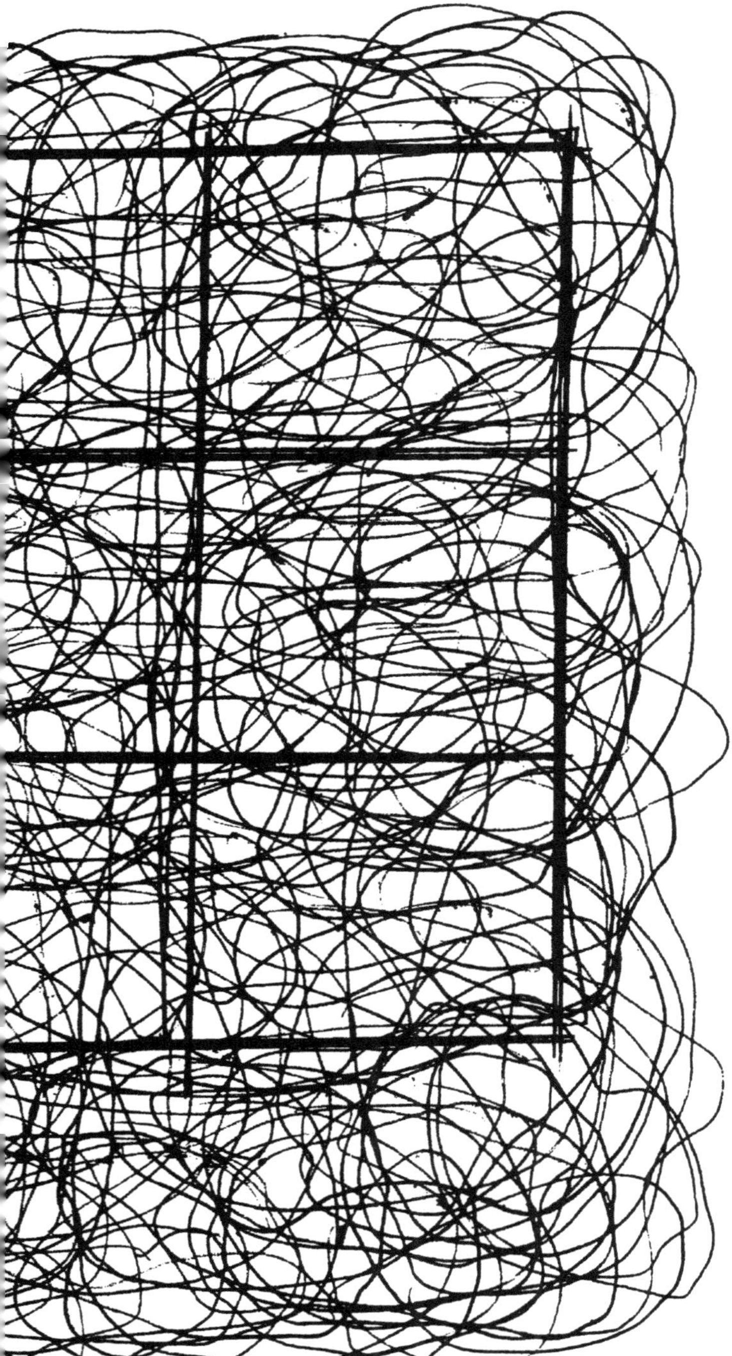

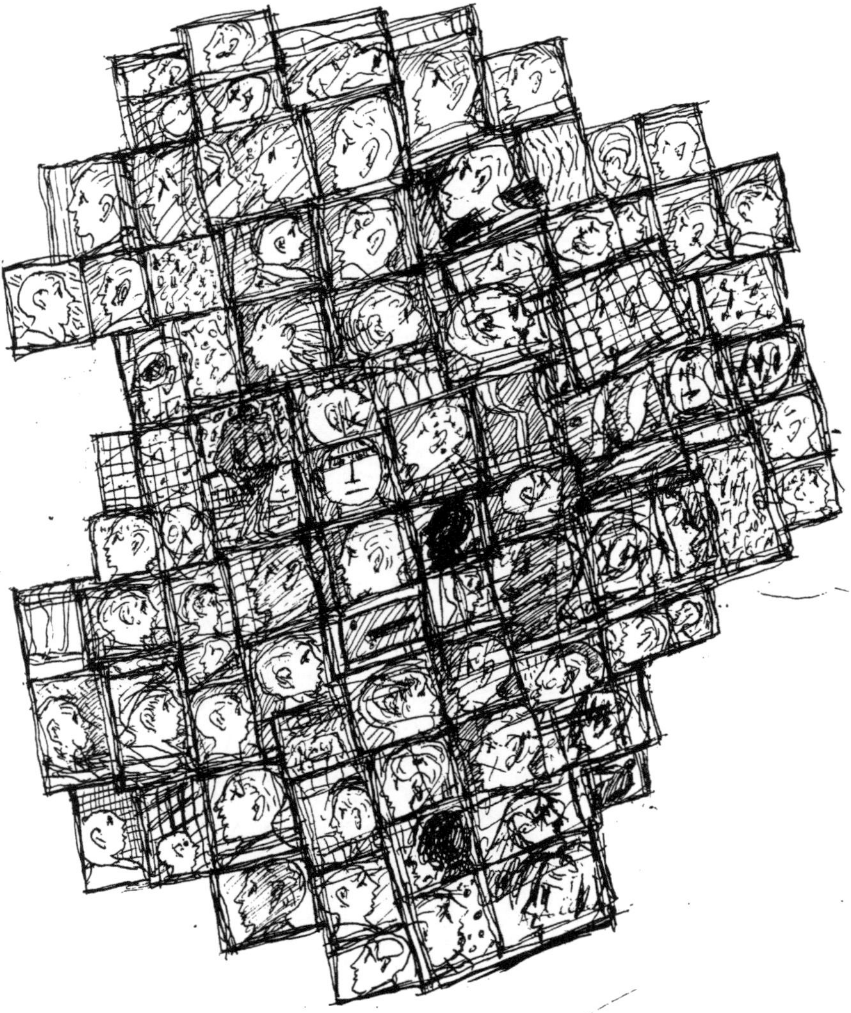

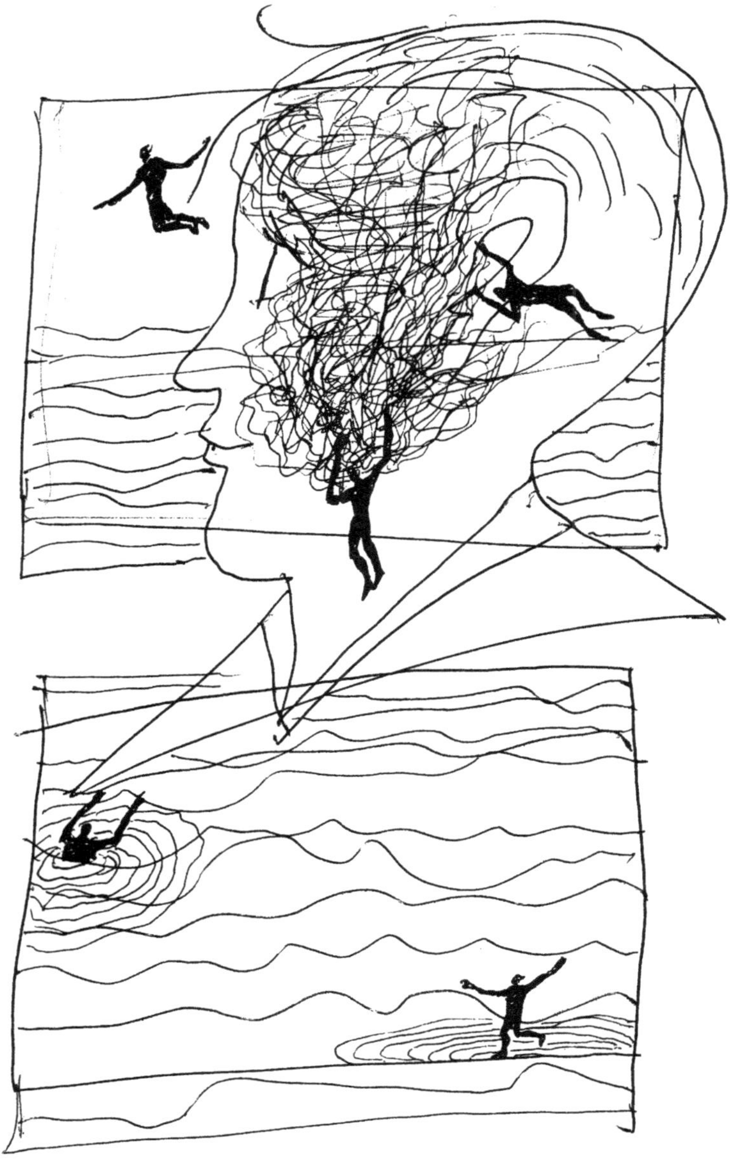

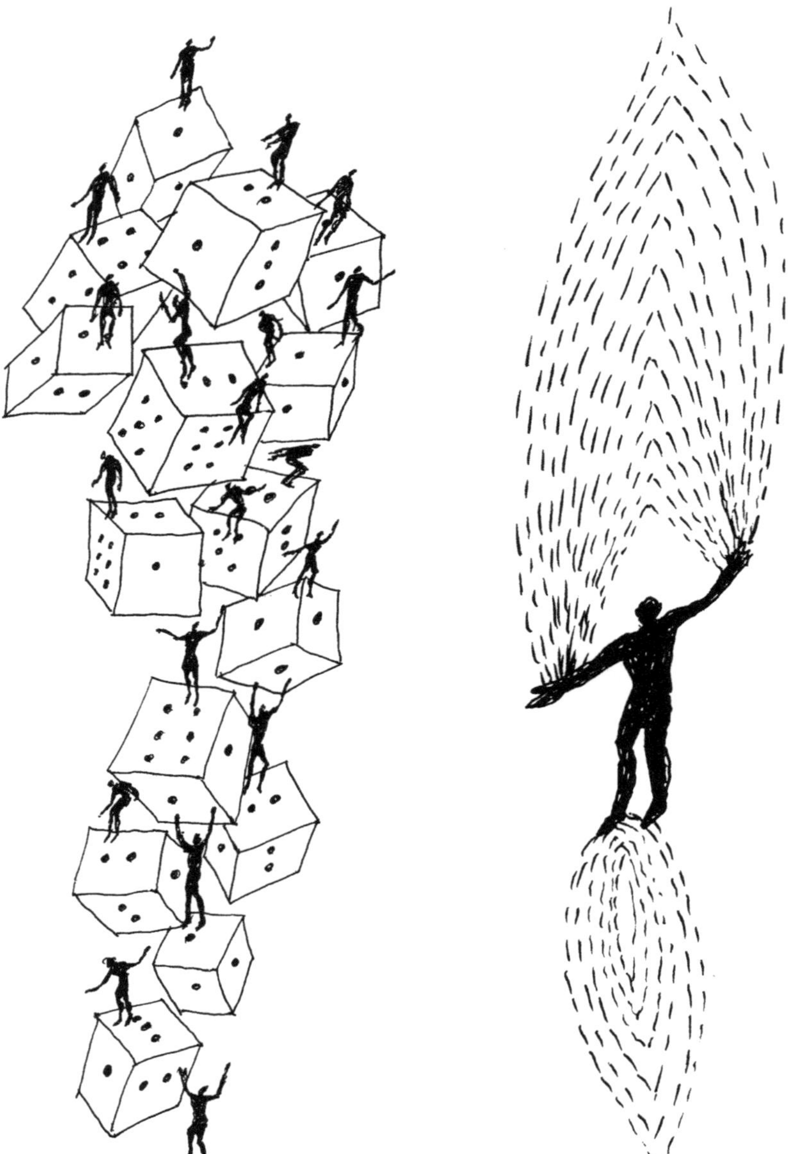

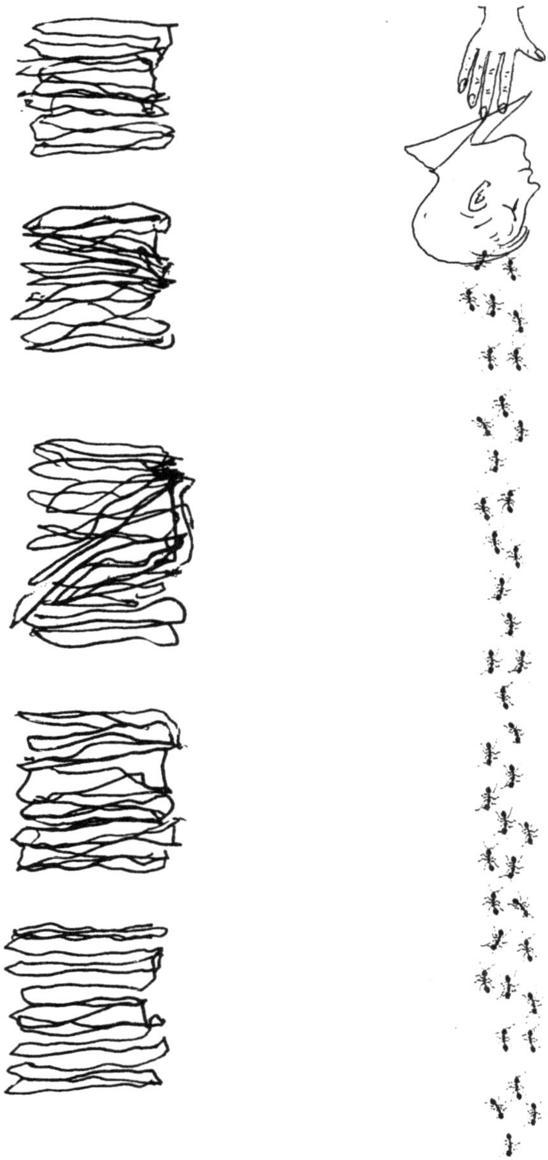

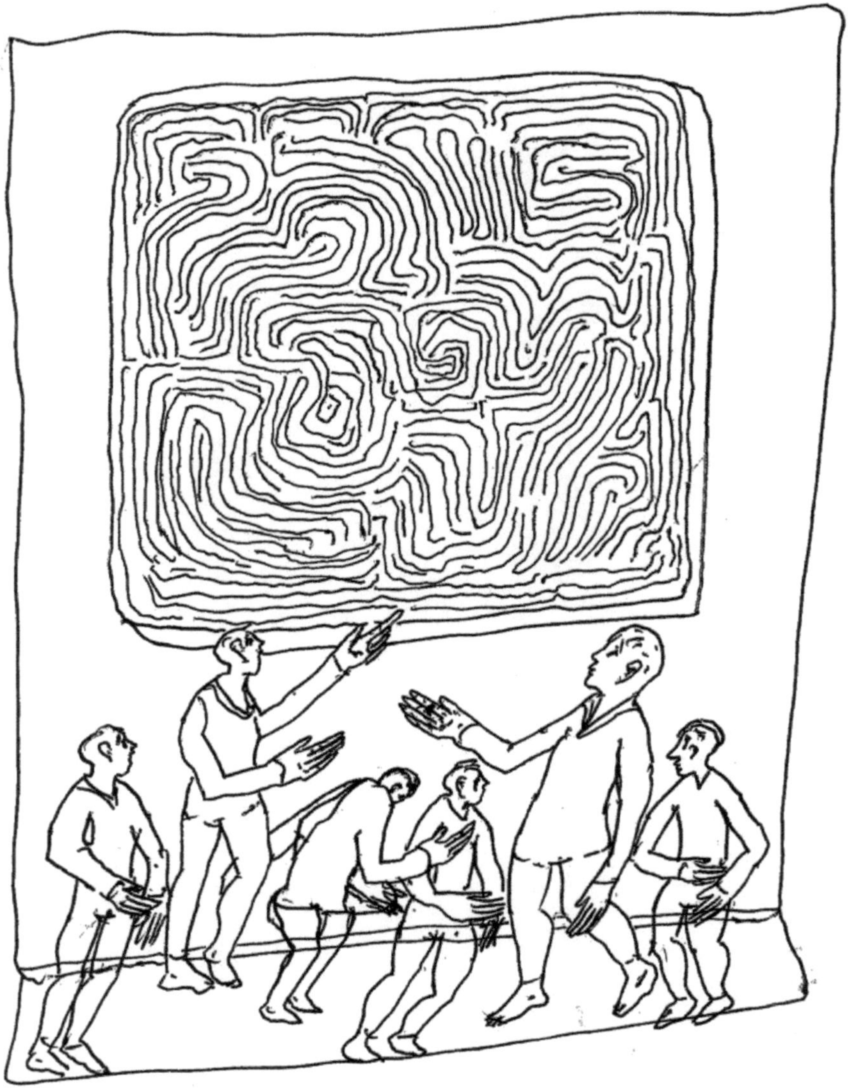

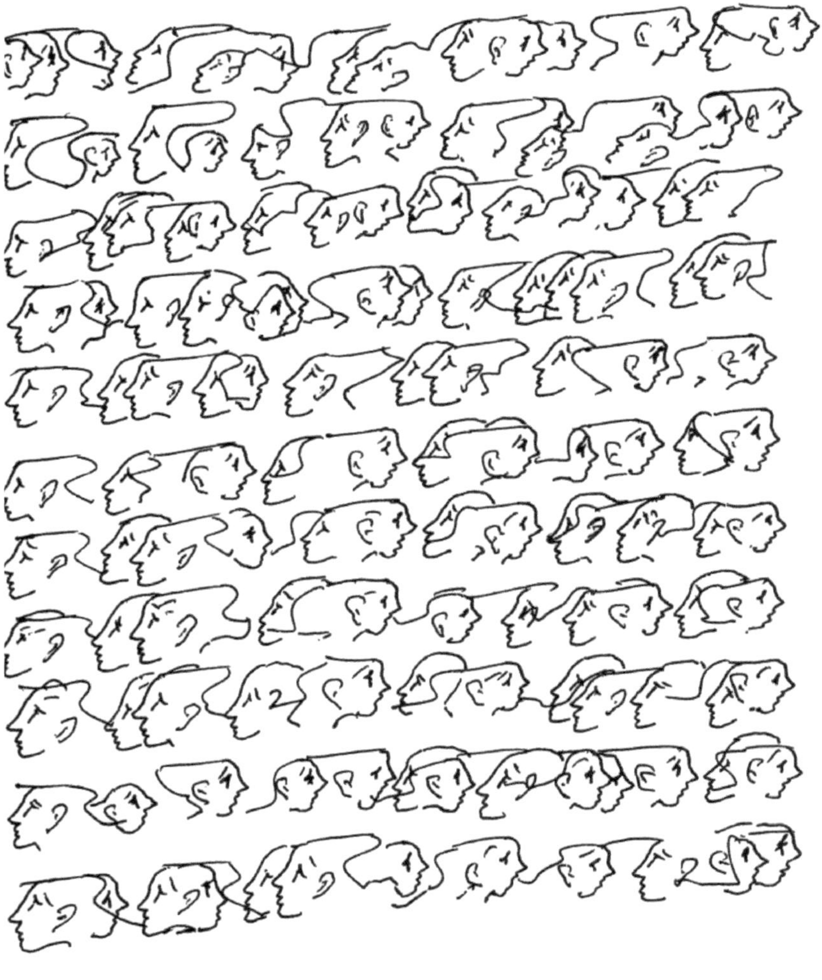

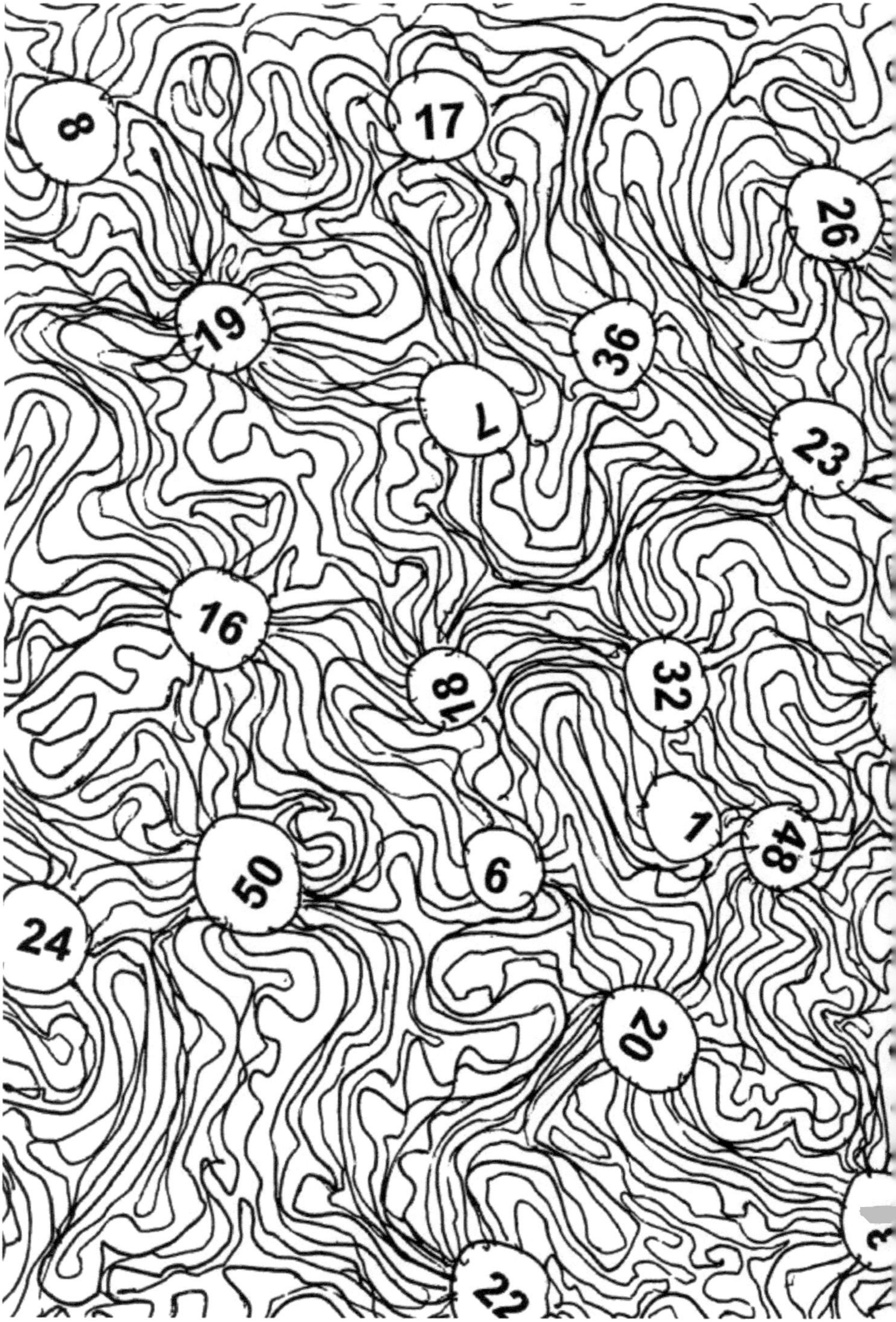
8
17
26
19
36
7
23
16
18
32
1
48
50
6
24
20
22

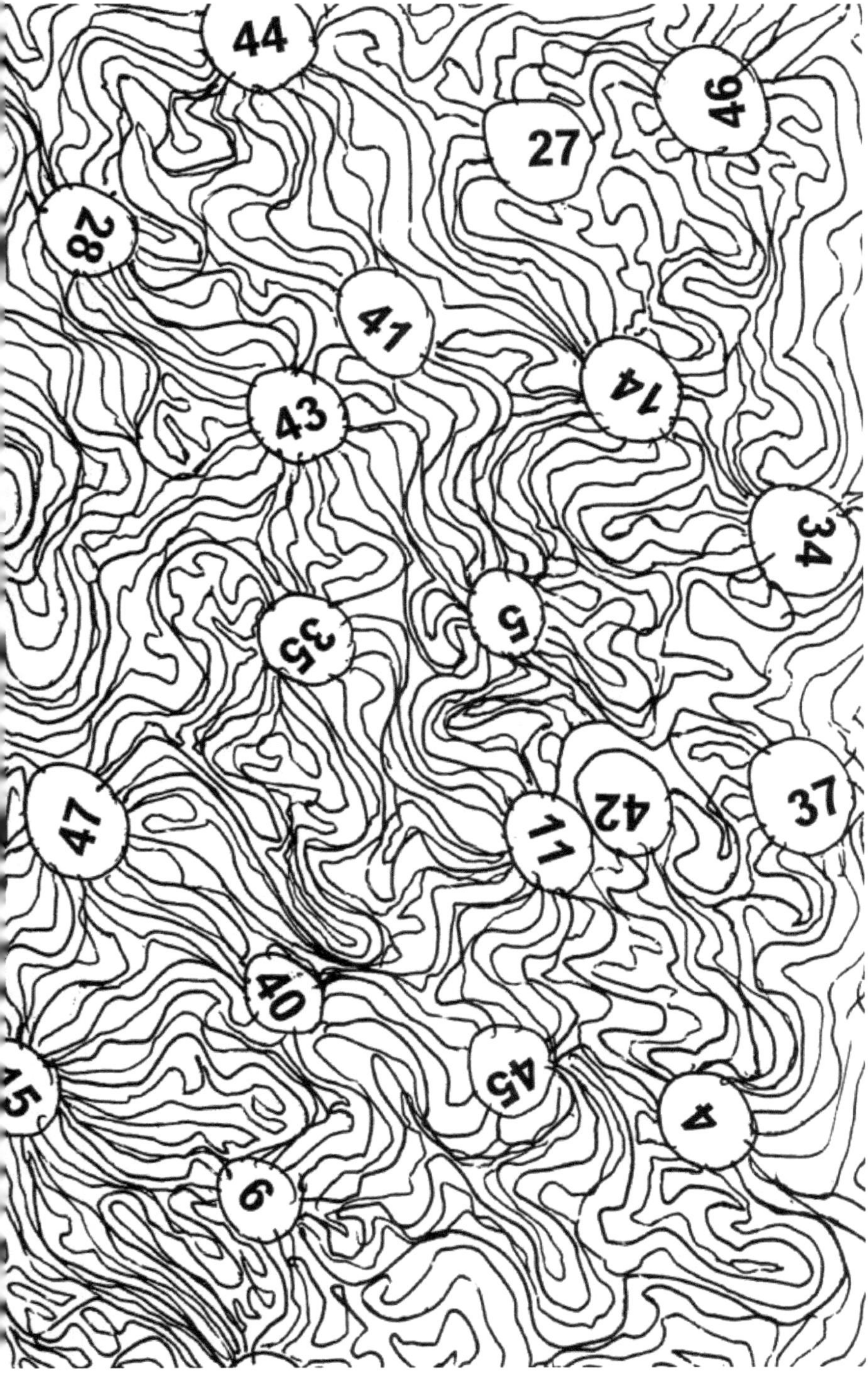

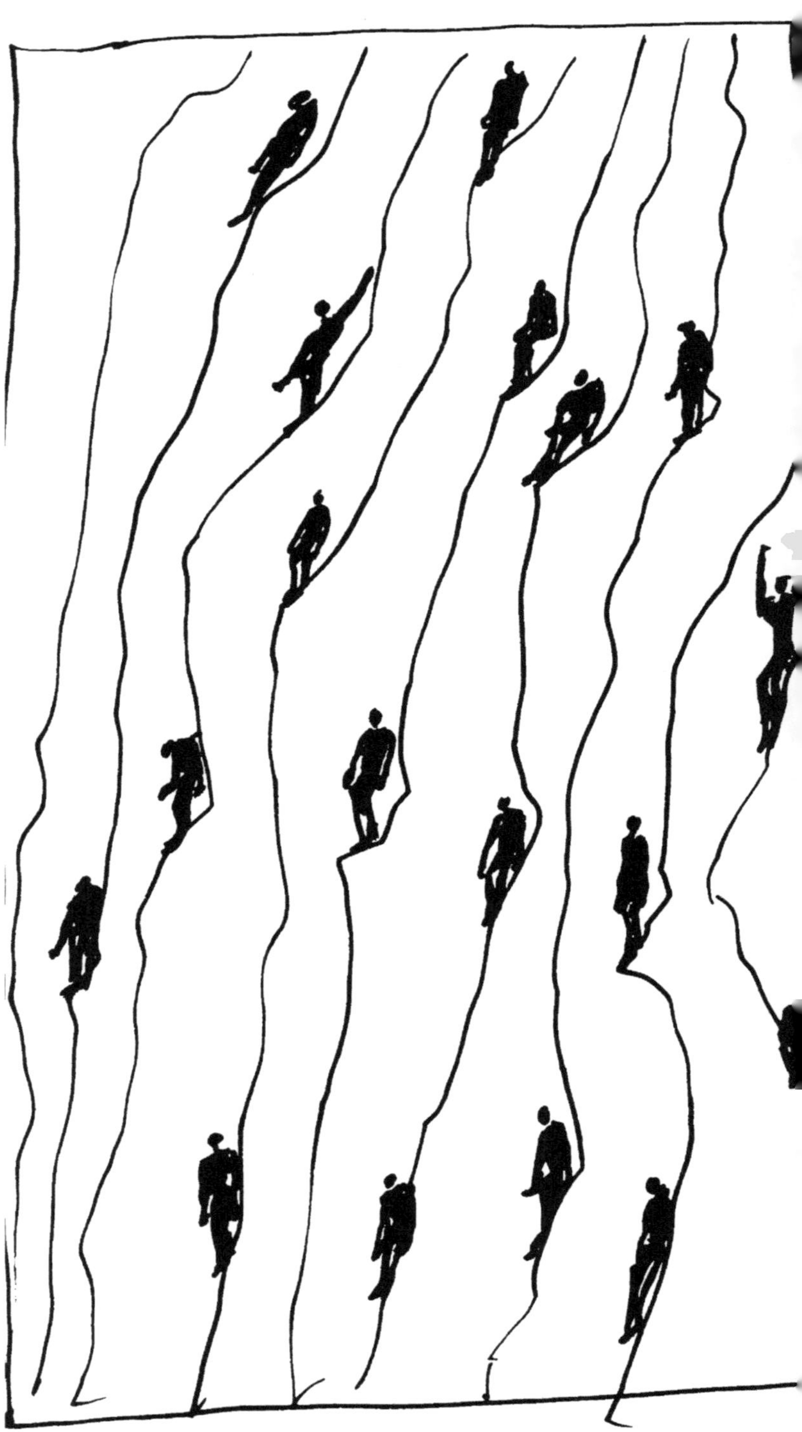

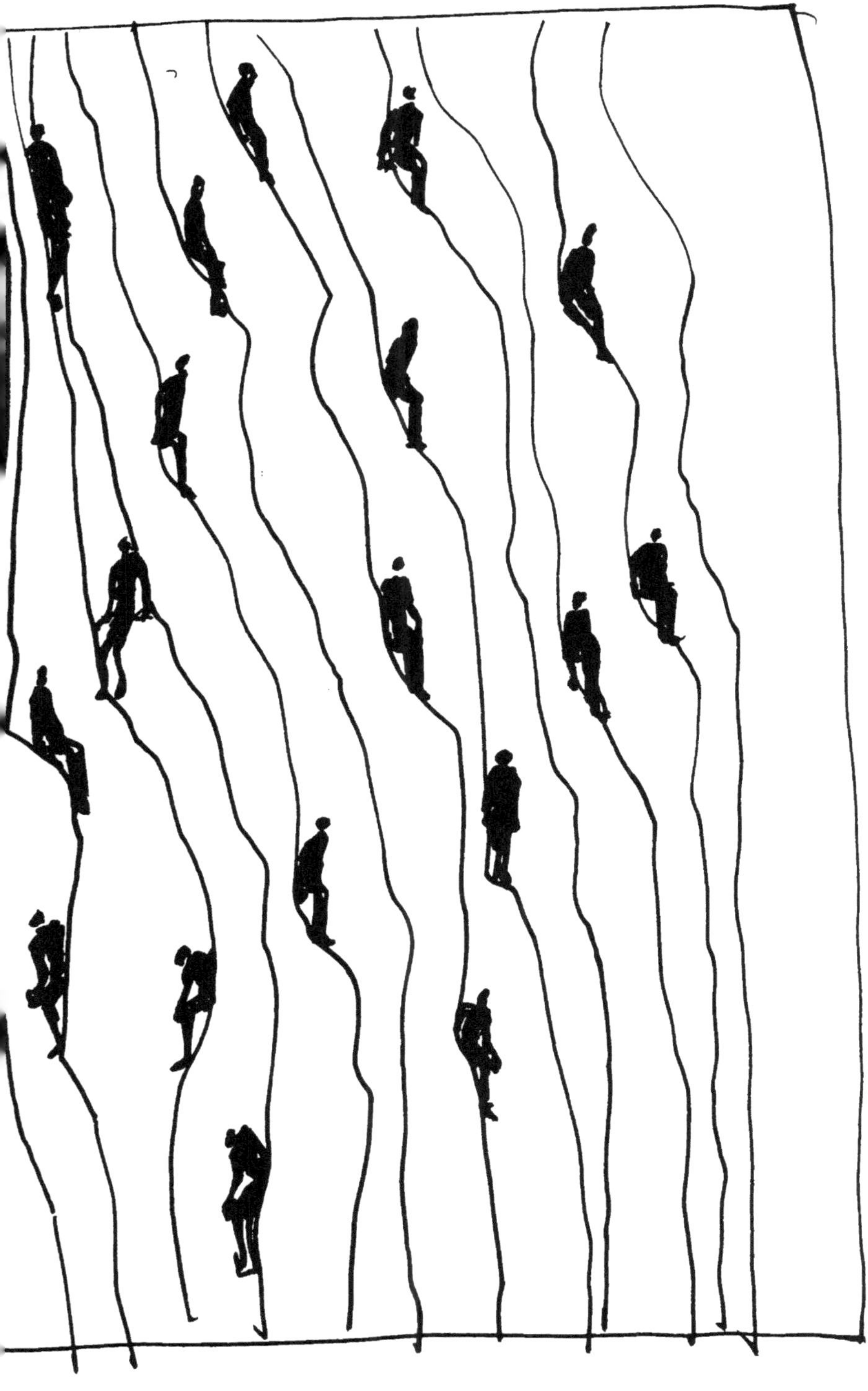

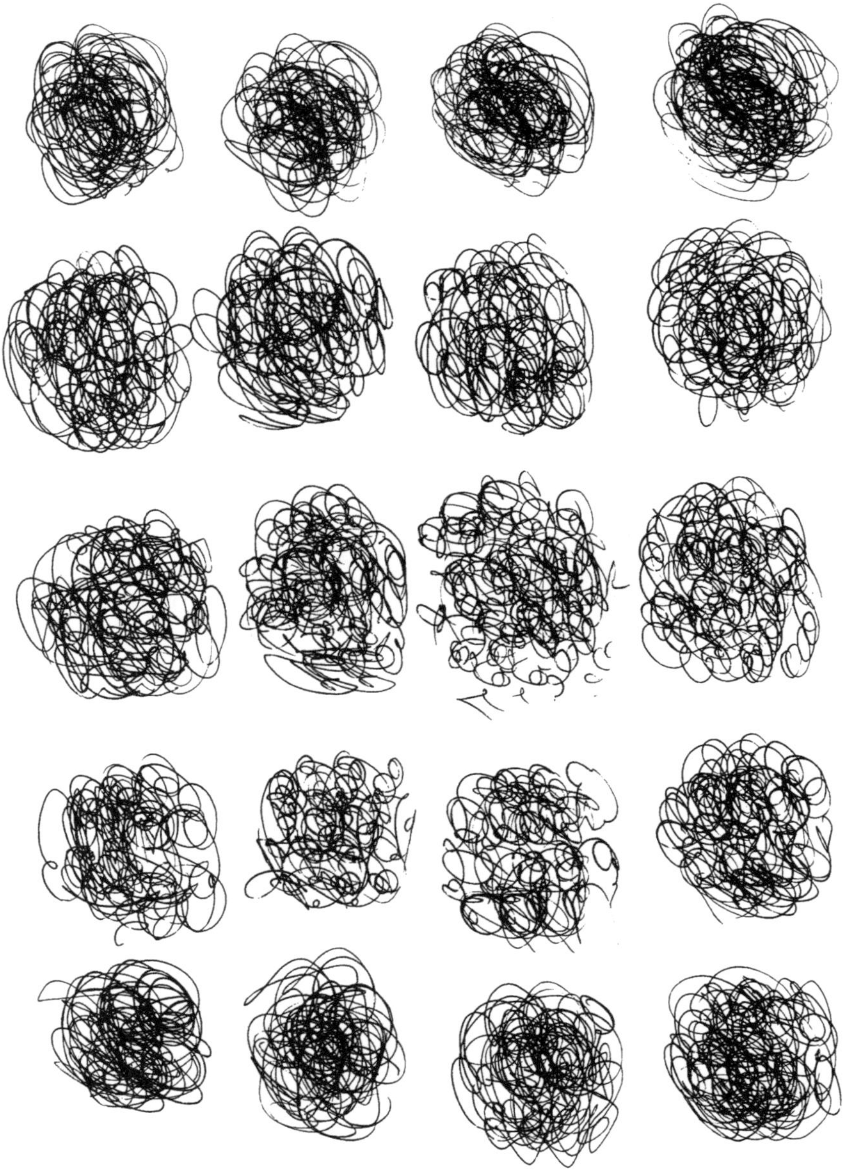

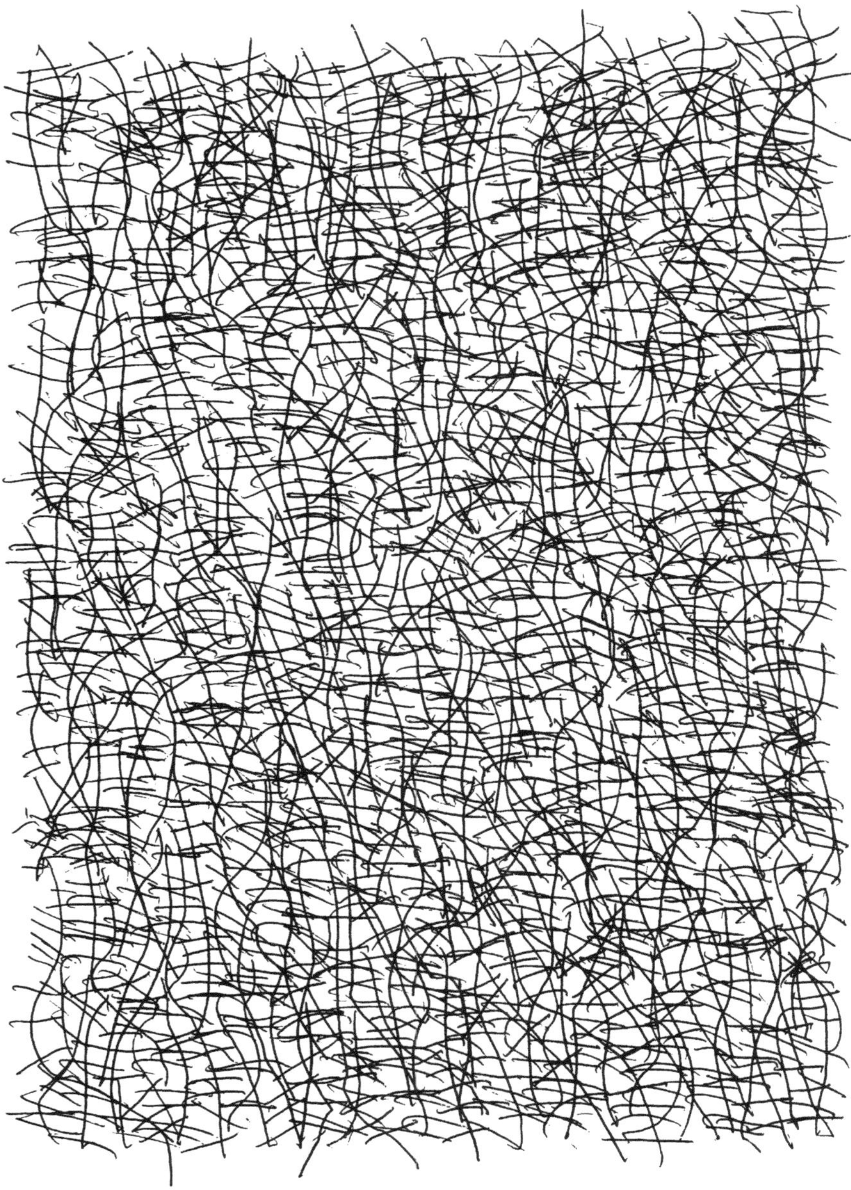

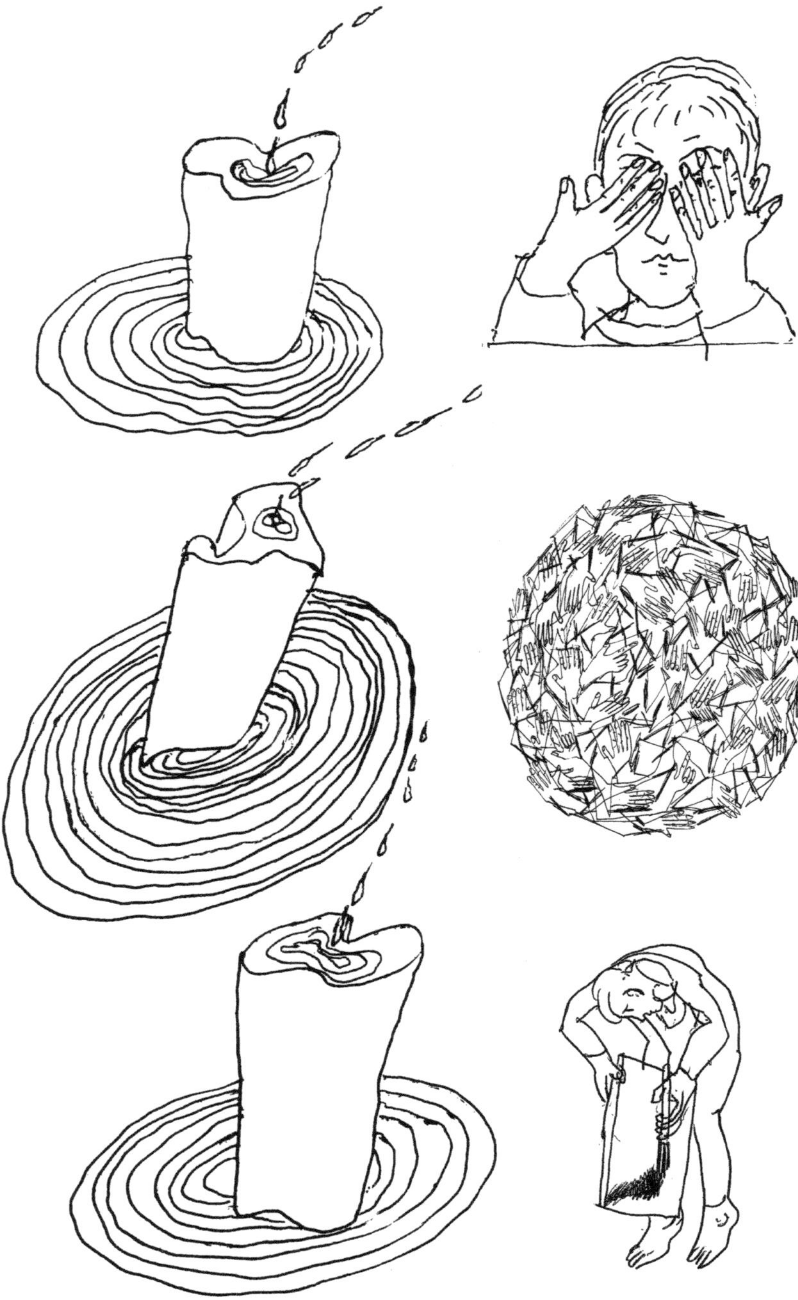

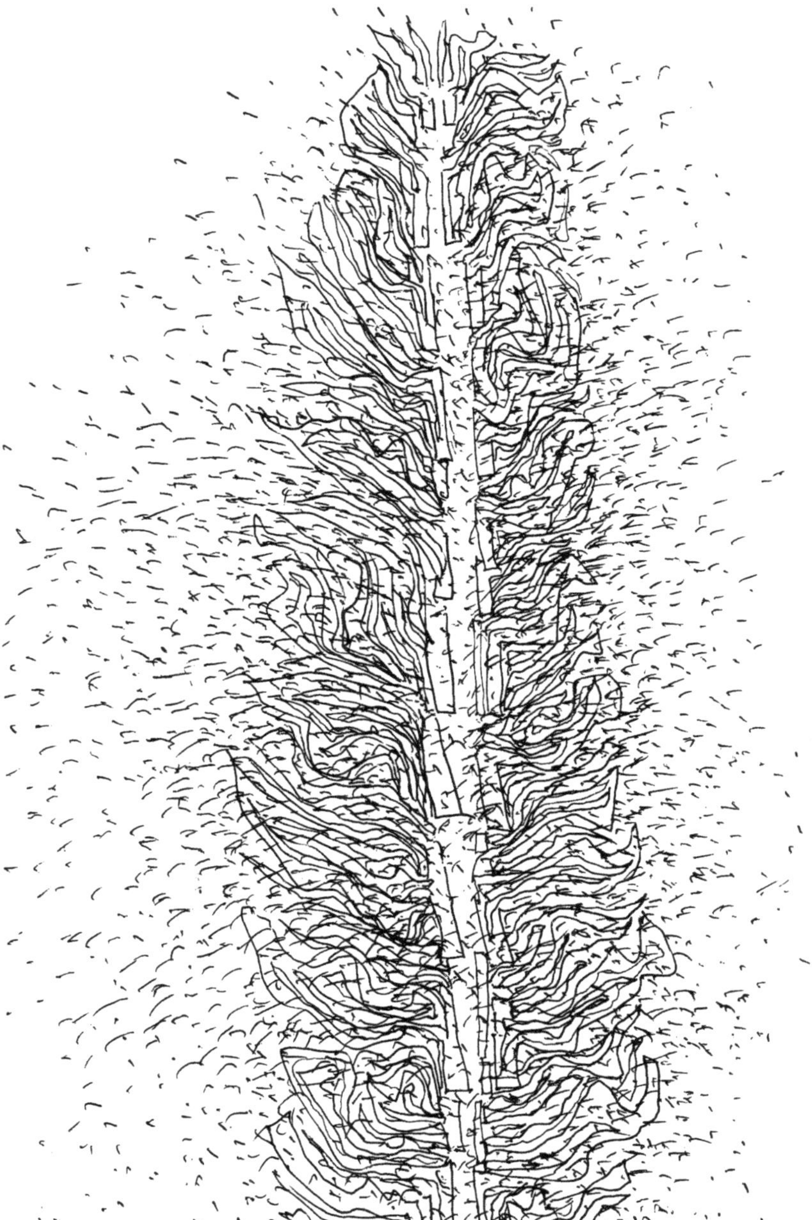

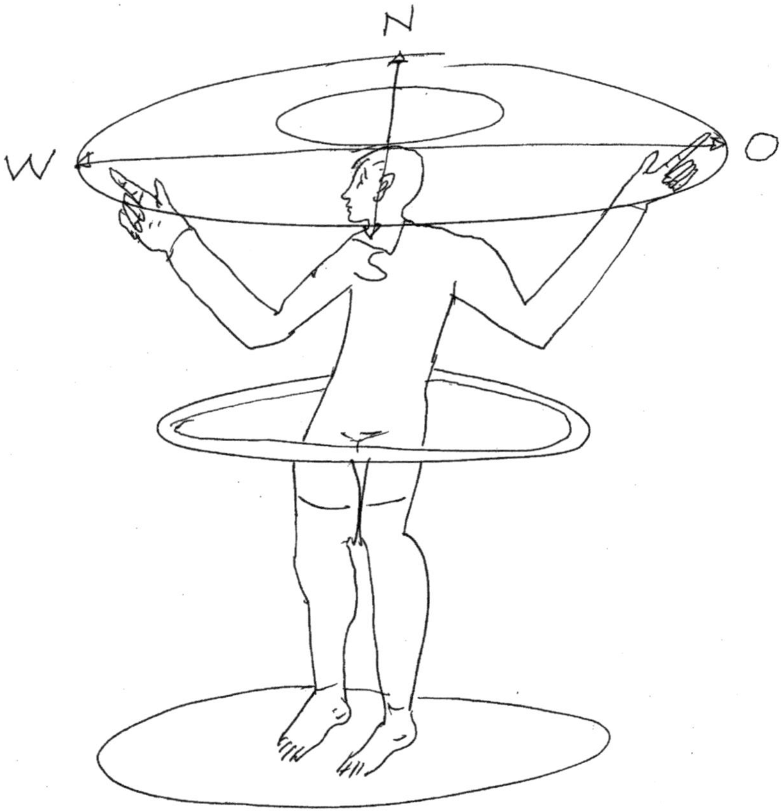

Heraklit
209 (S. 210)

Sie verstehen nicht, wie etwas, das auseinandergeht, mit sich selbst zusammengeht: eine gegenspännige Verbindung wie bei Bogen und Leier.

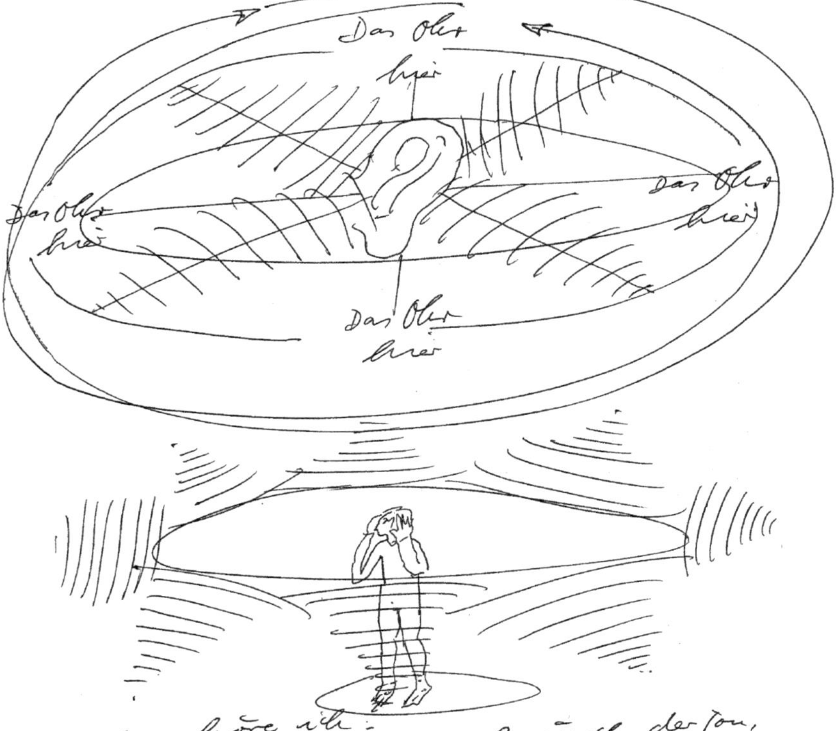

Was höre ich.
Woher kommt das Geräusch, der Ton,
der Gesang, die Stimme.
Woher kommt das Laute u. das Leise
Welche Übergänge signalisieren:
Gefahr, Erwachen, Bereitschaft...
Ich höre und trenne rundherum.

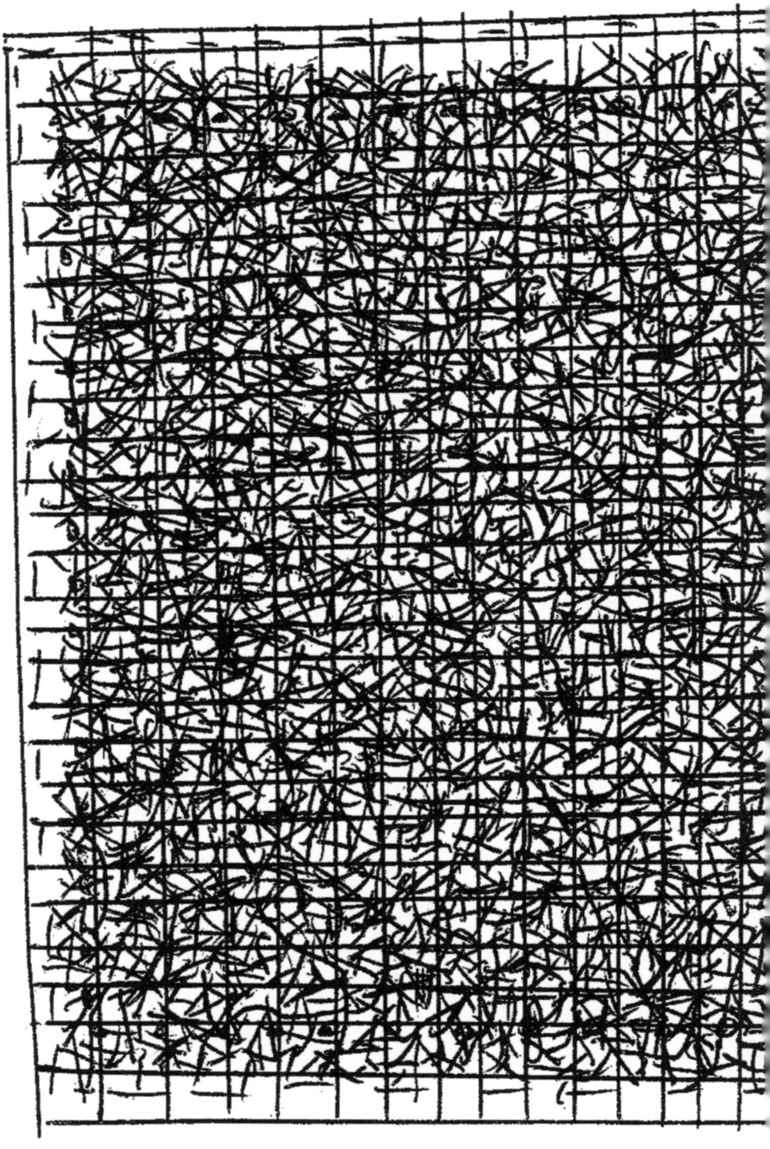

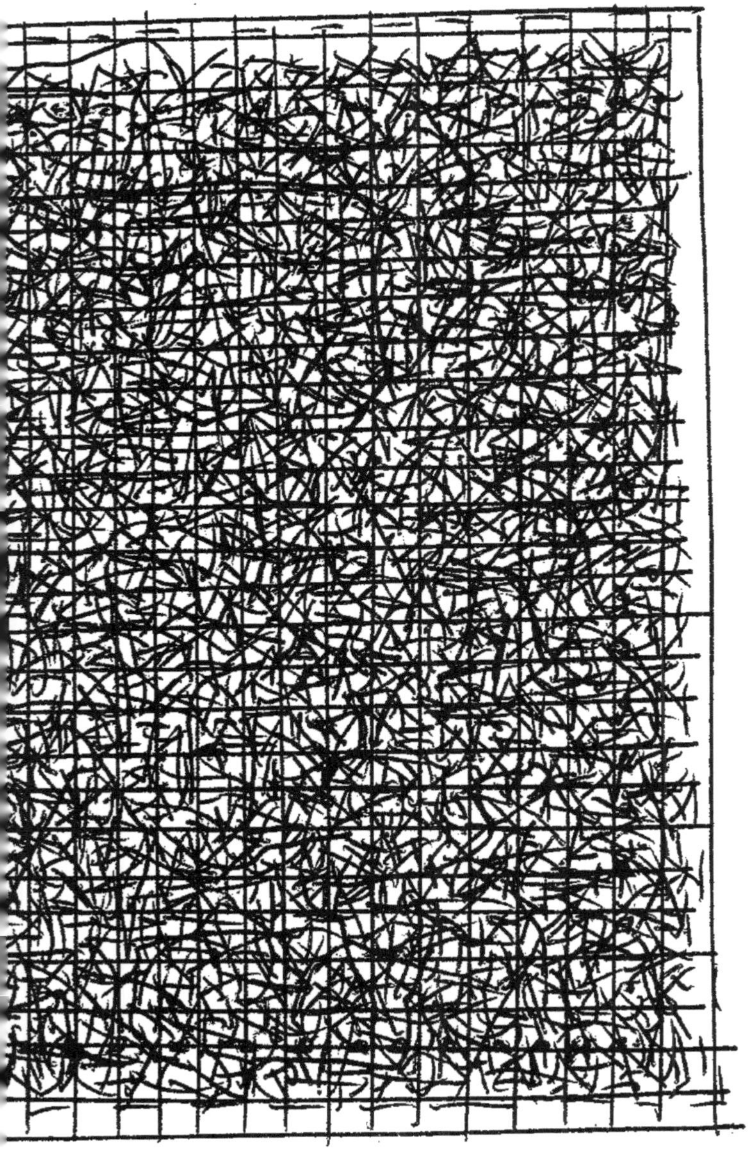

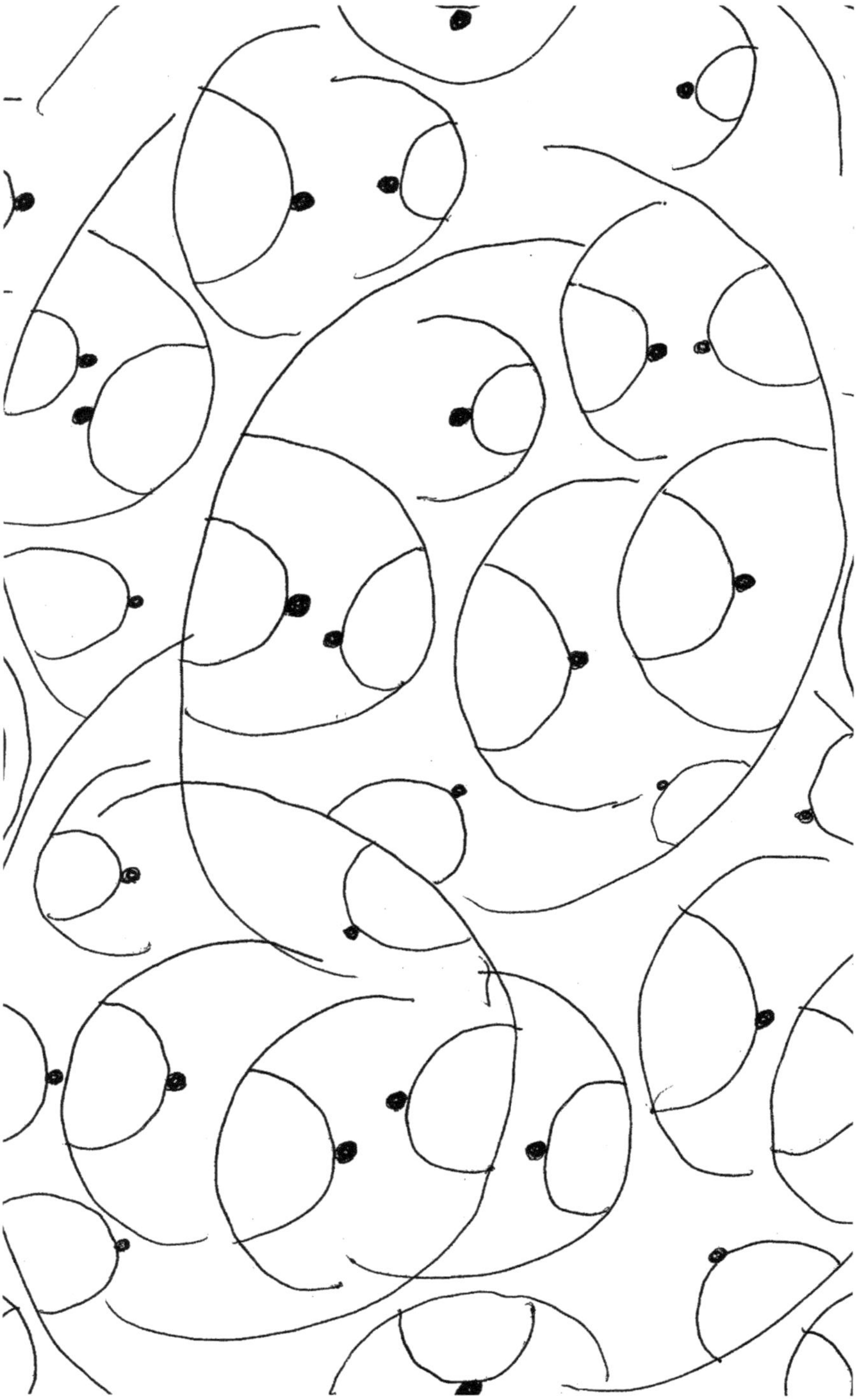

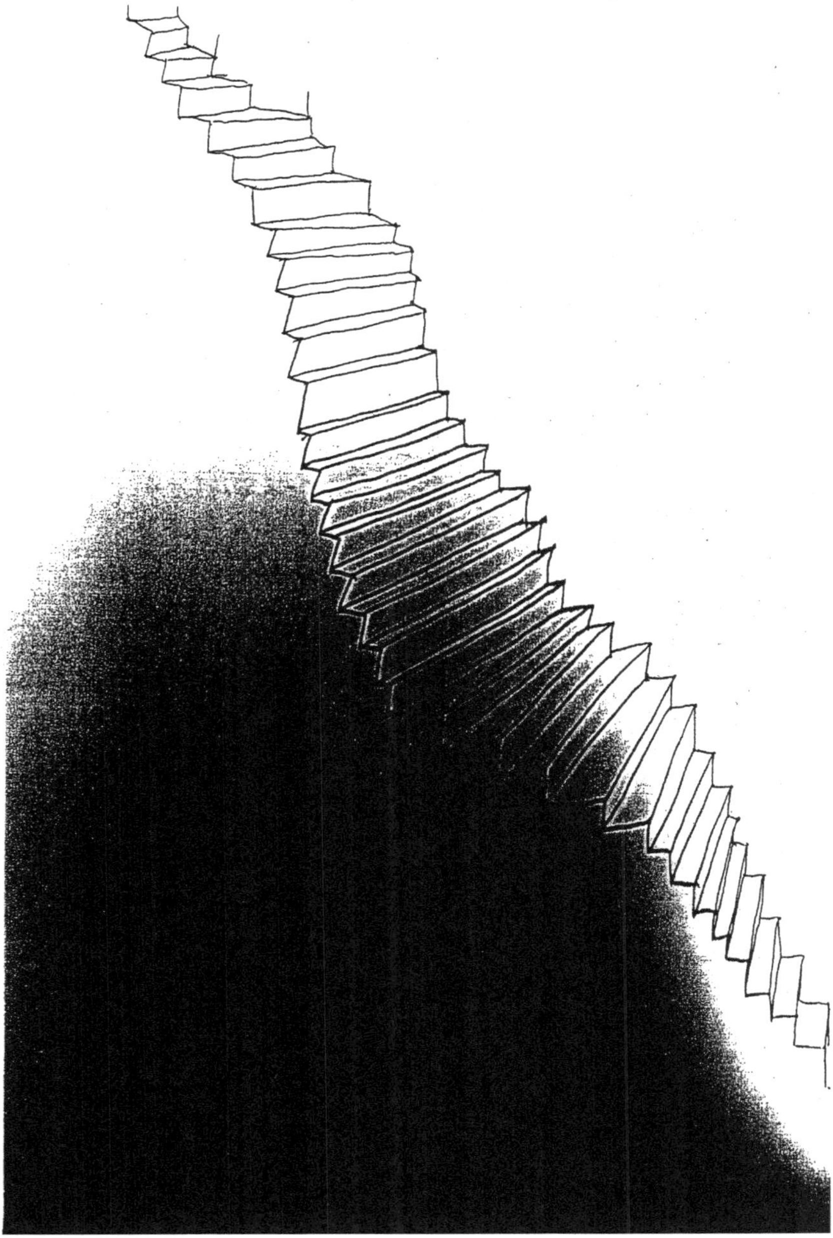

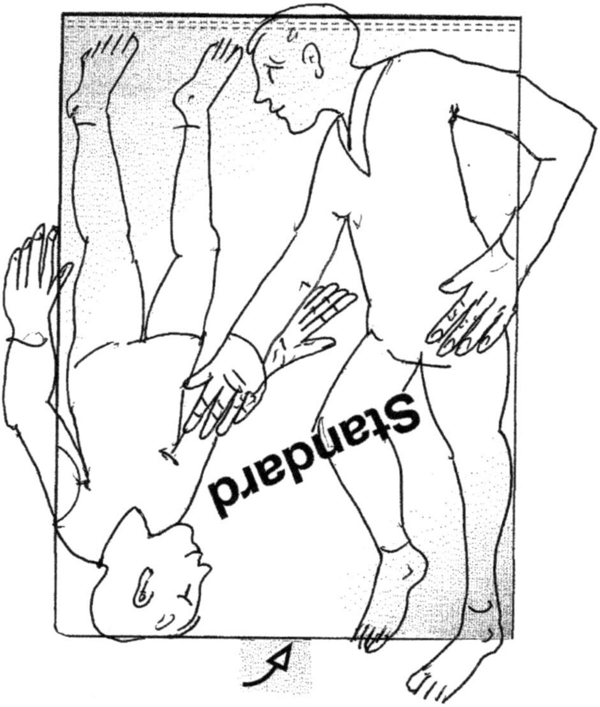
Standard

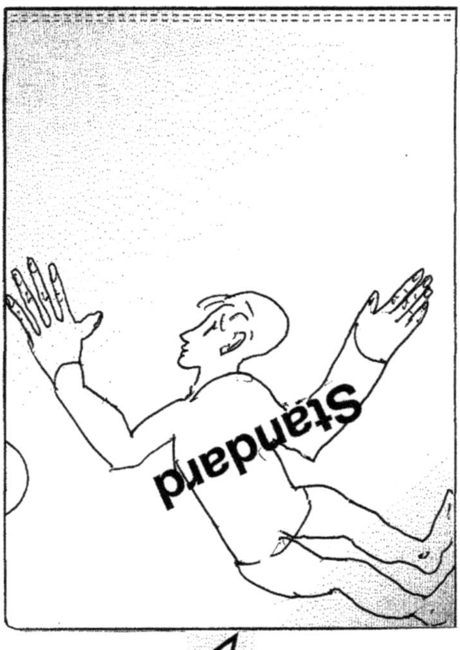
Standard

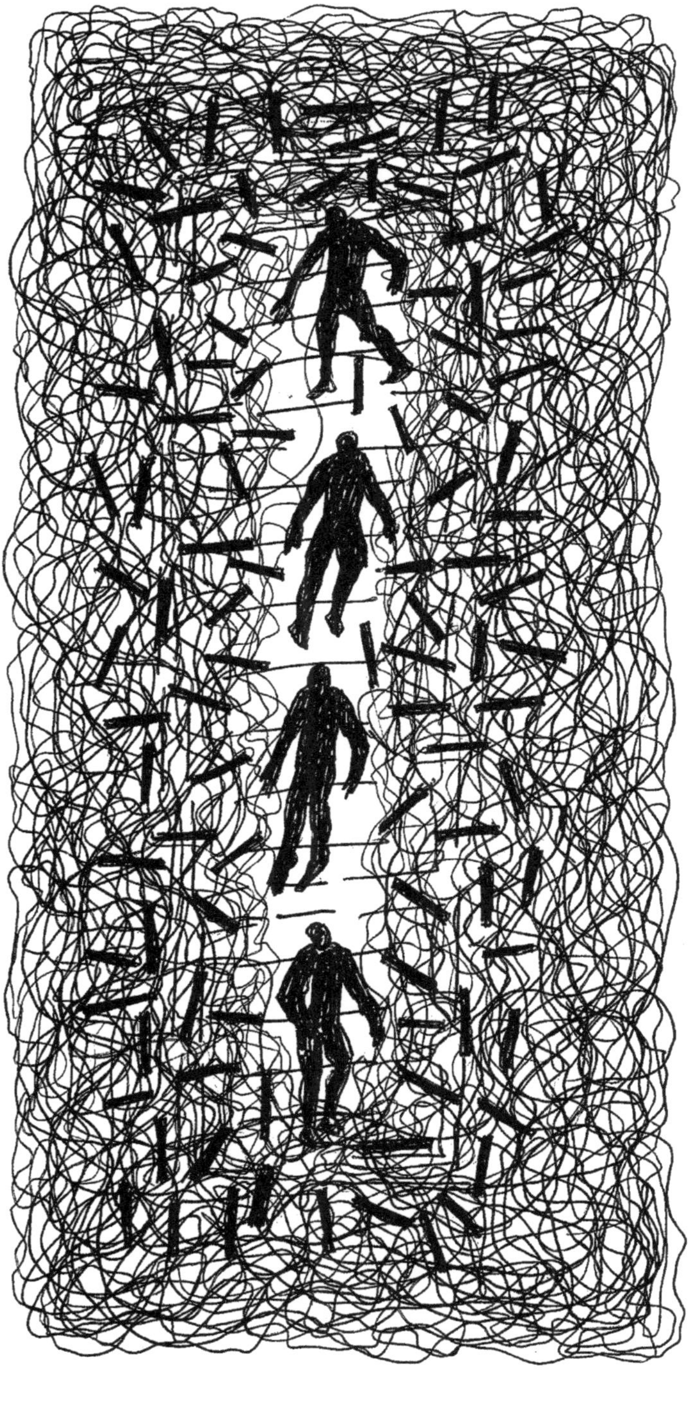

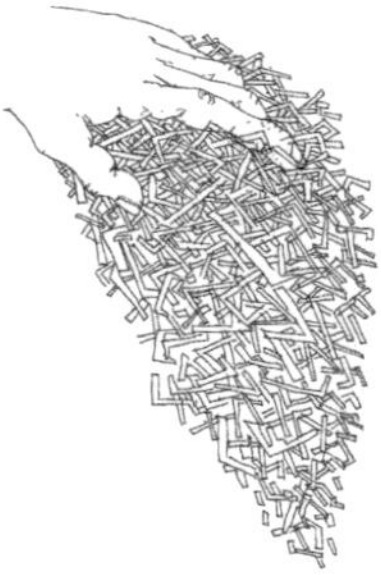
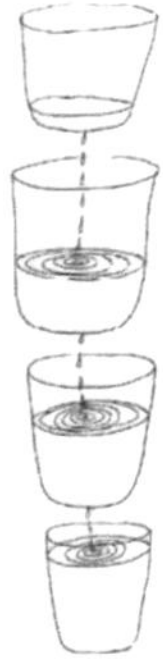
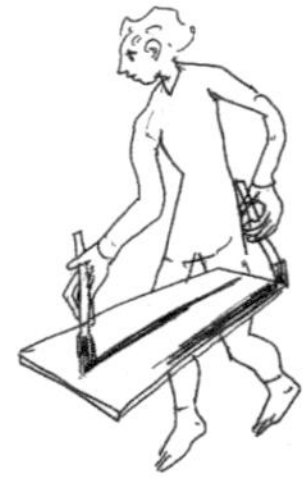
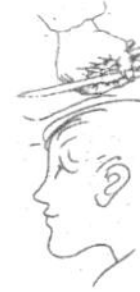
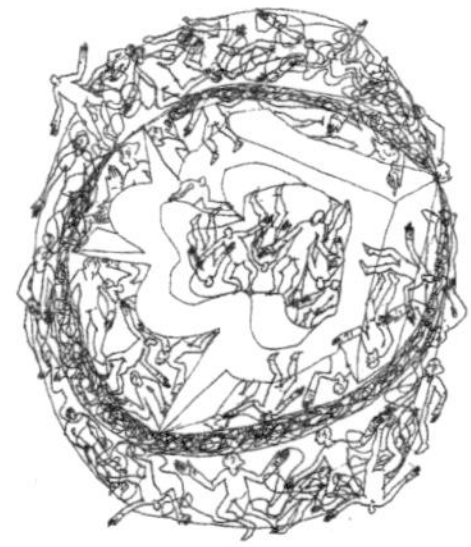
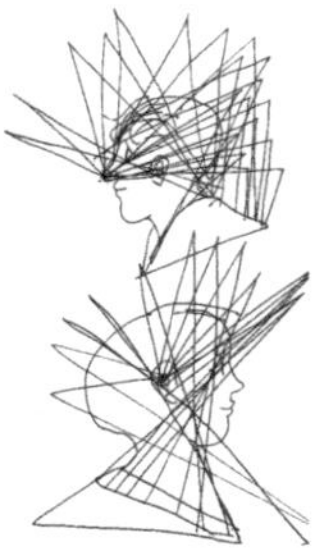
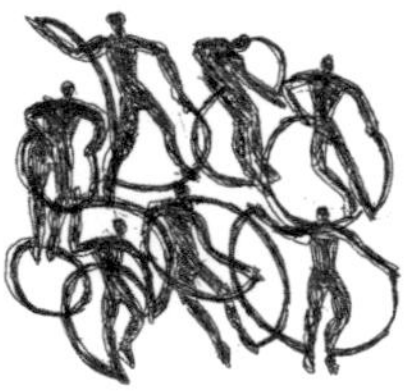
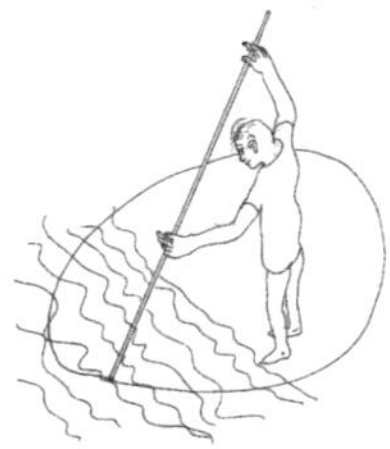
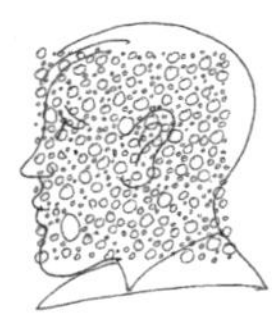
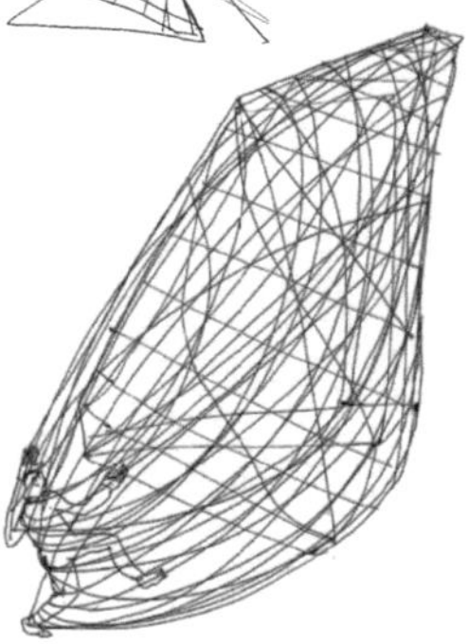
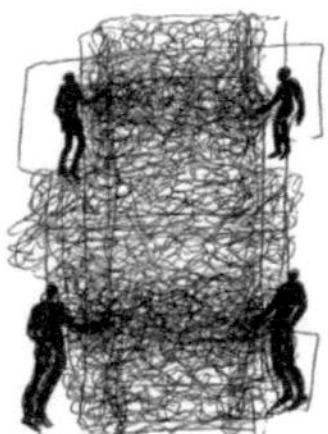
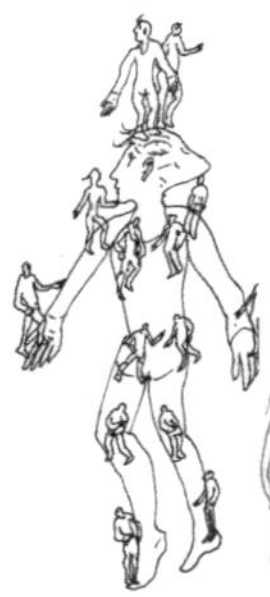
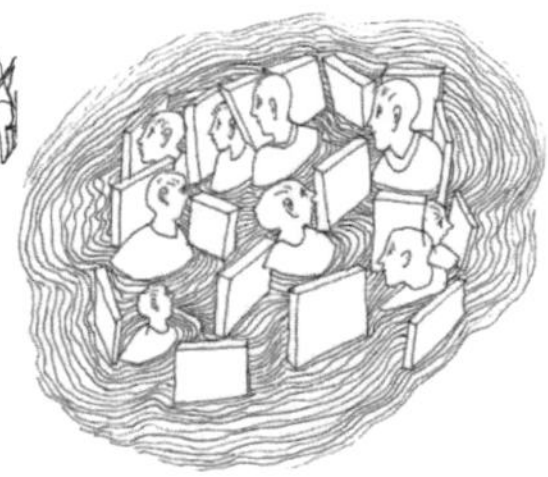
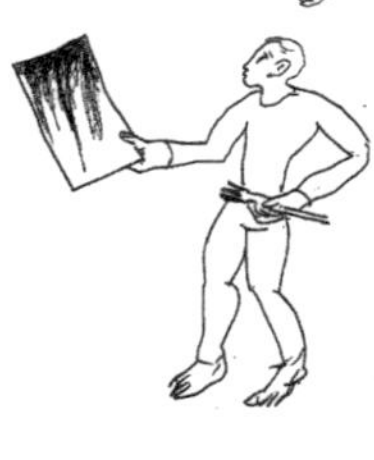
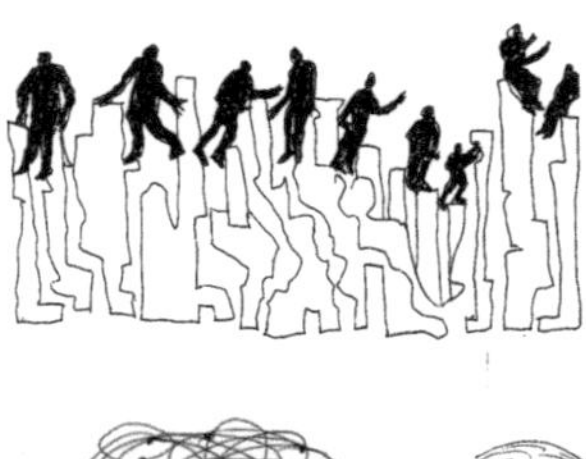
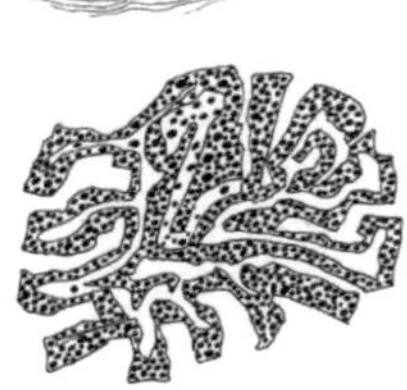
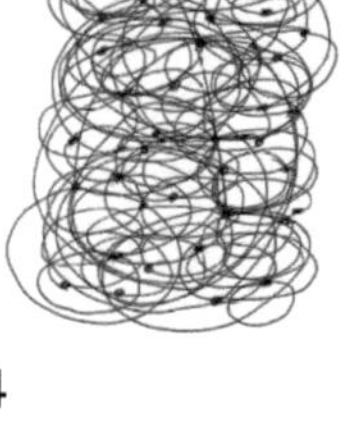
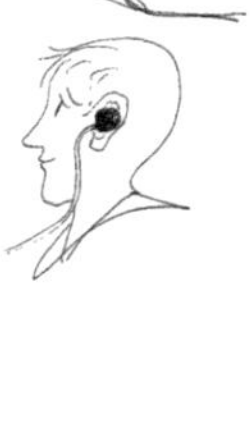
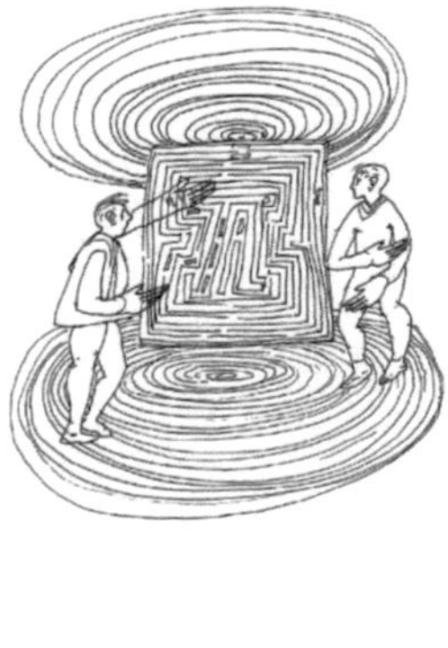
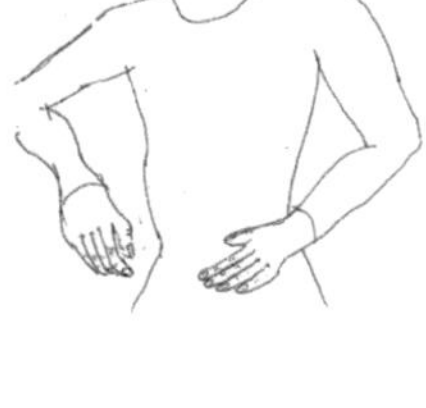

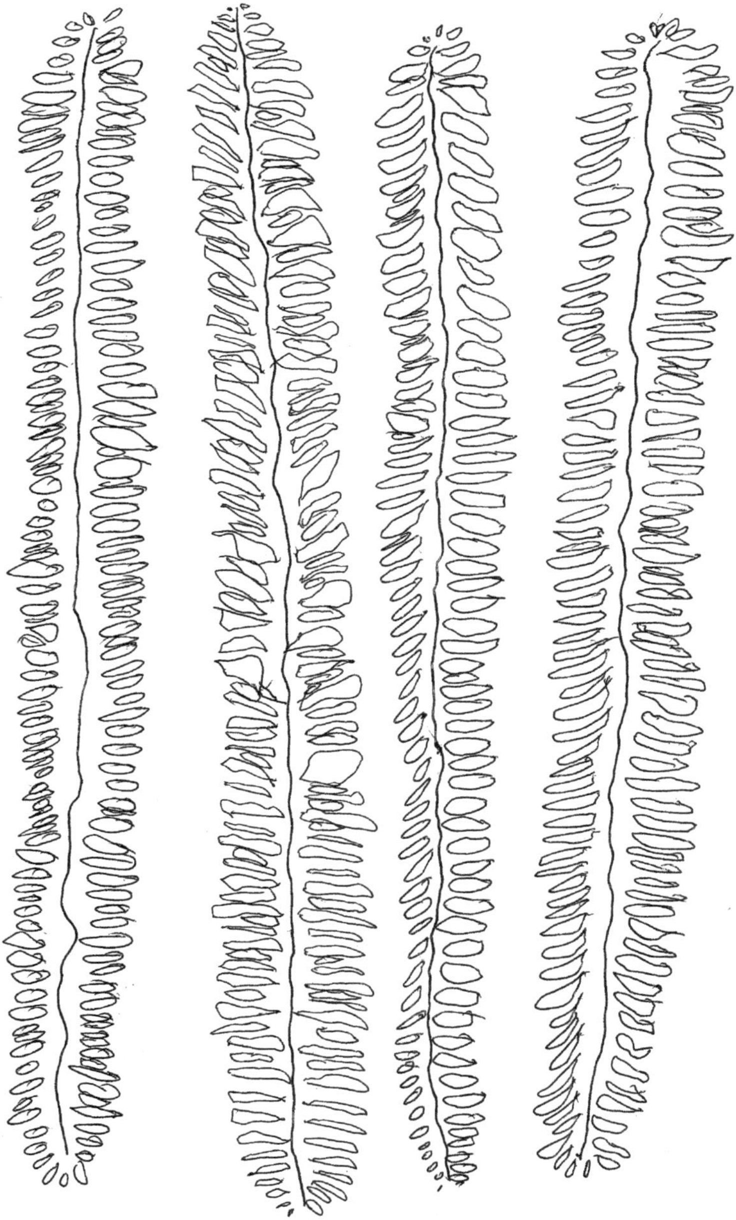

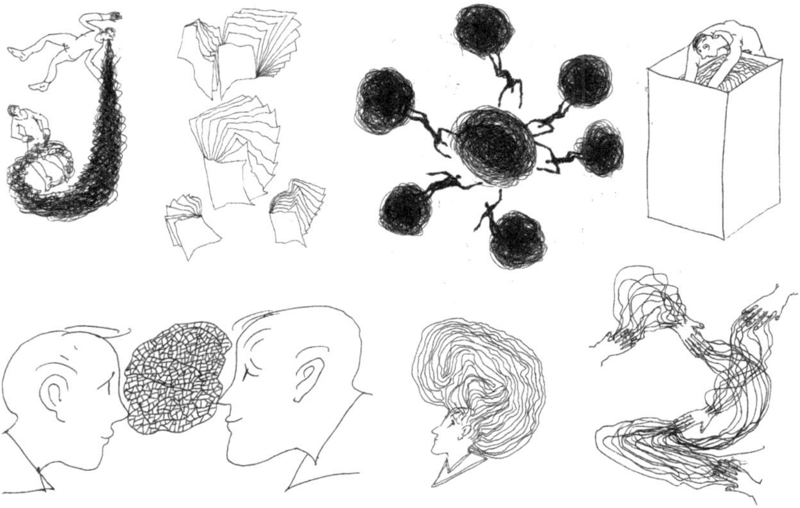

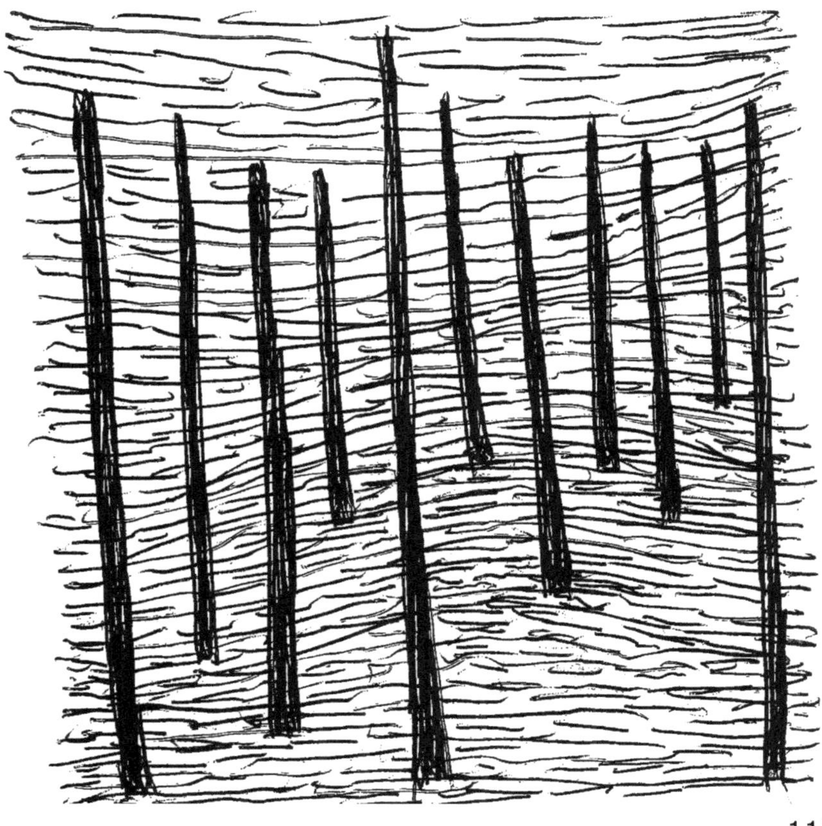

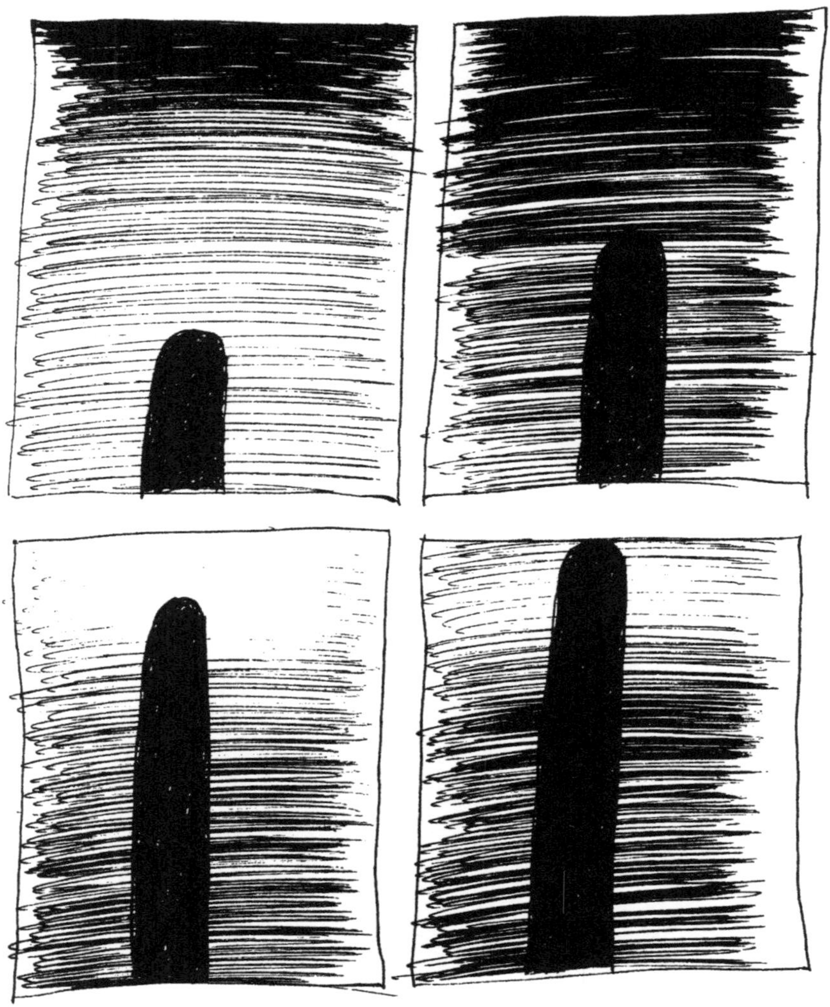

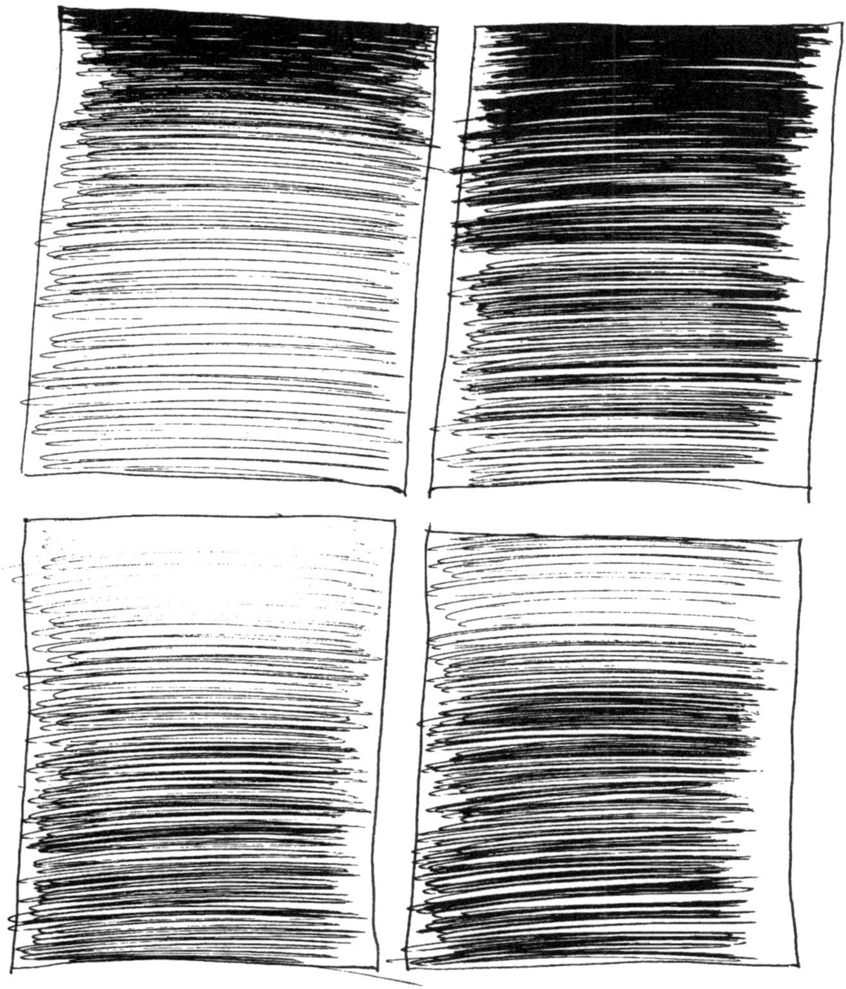

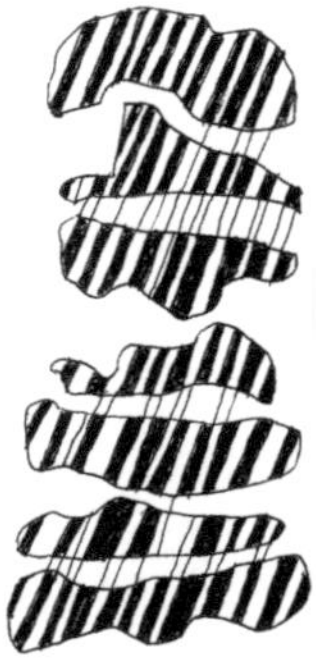
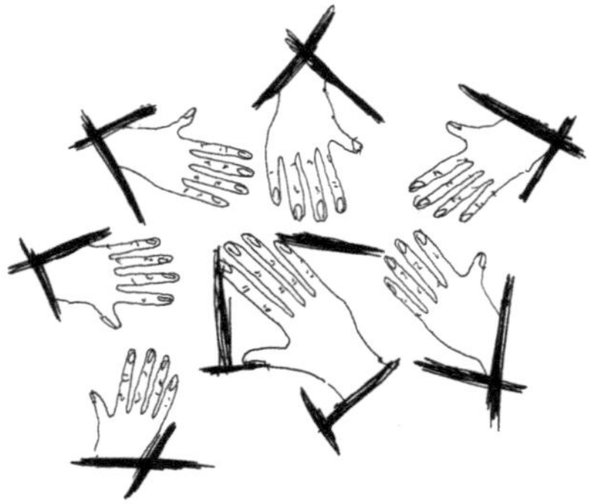
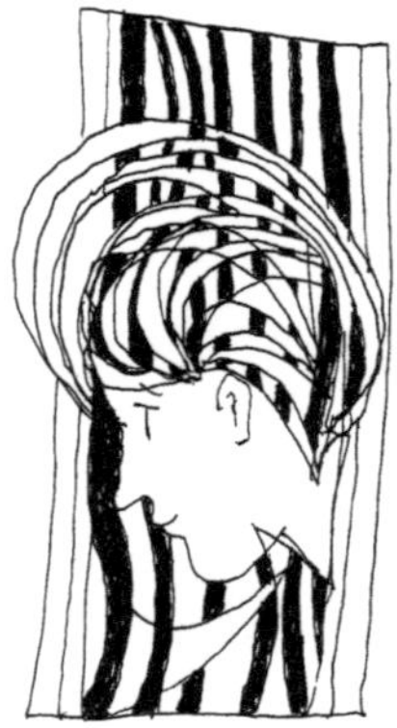
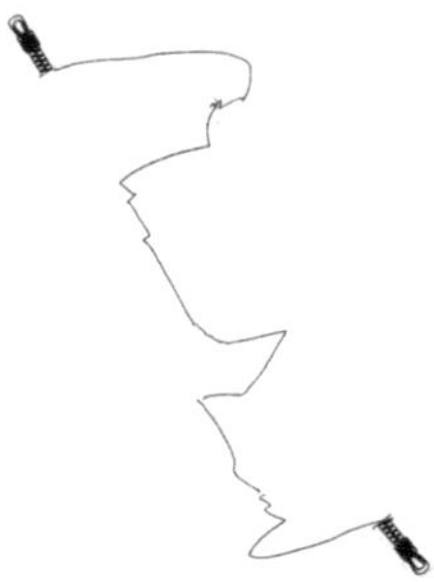
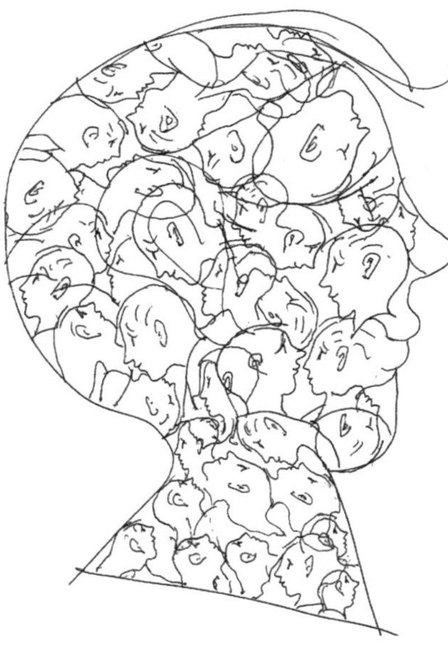
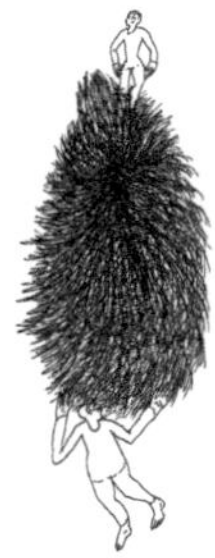
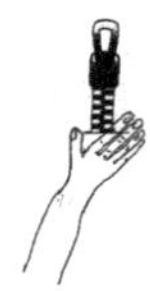
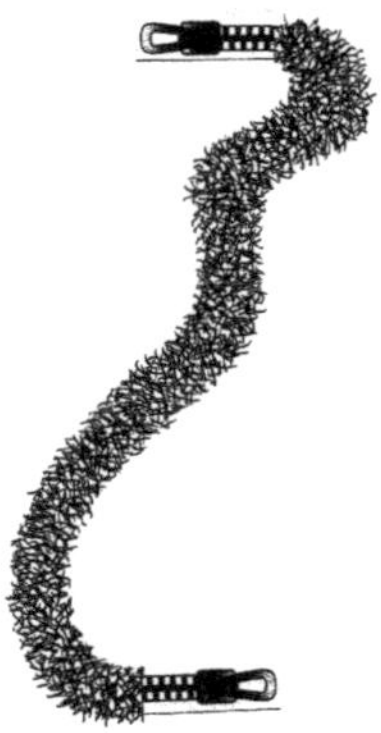
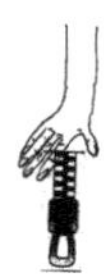
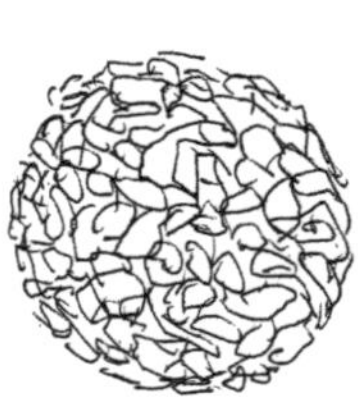
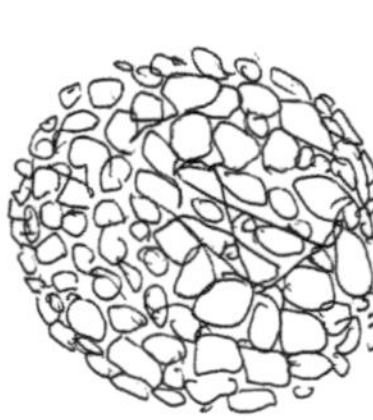
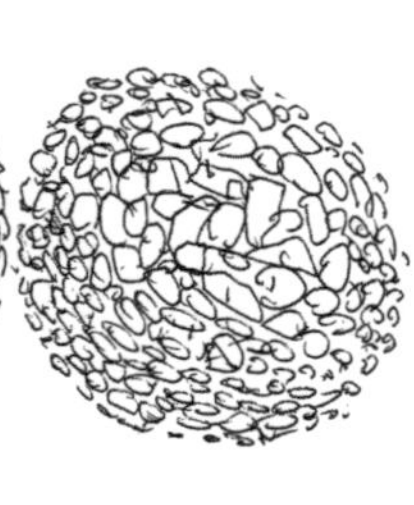
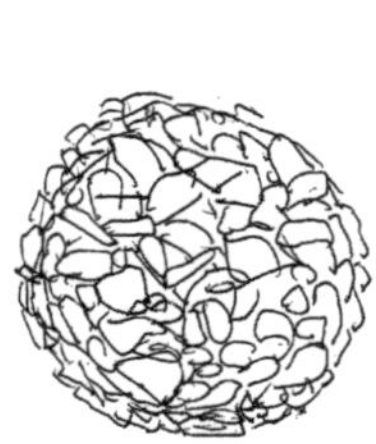

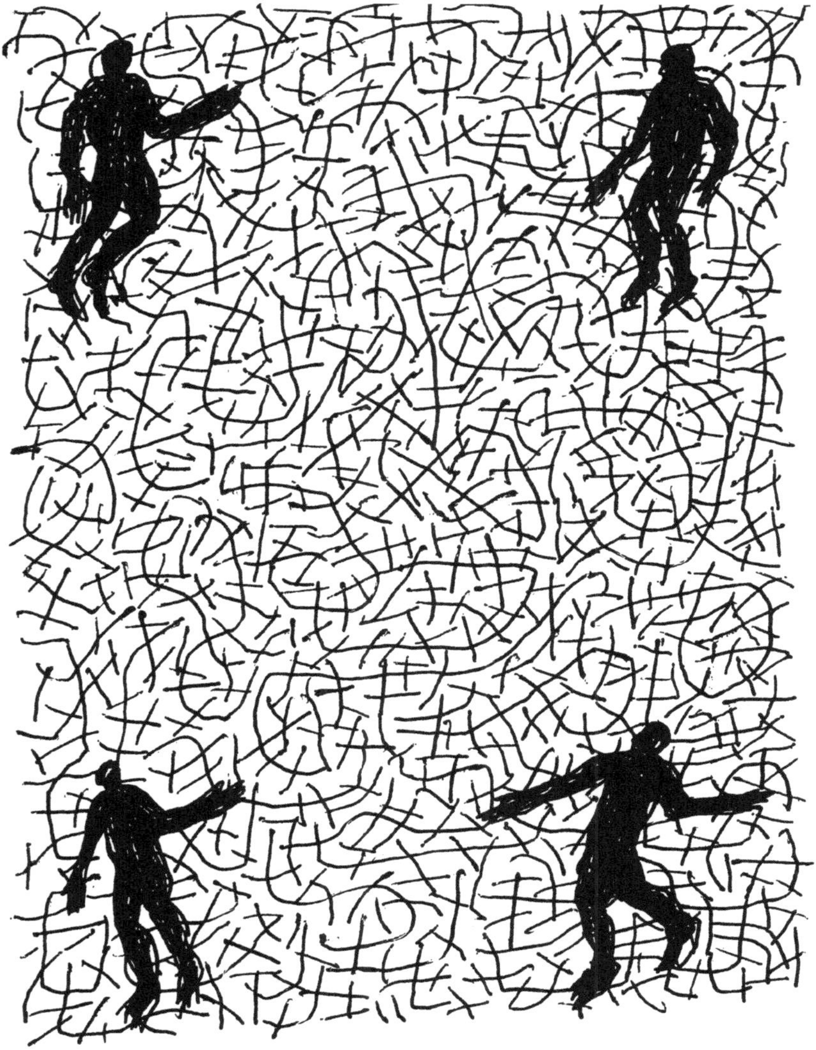

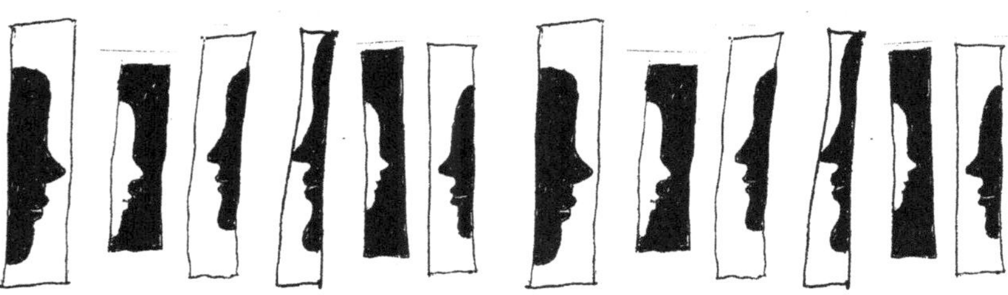

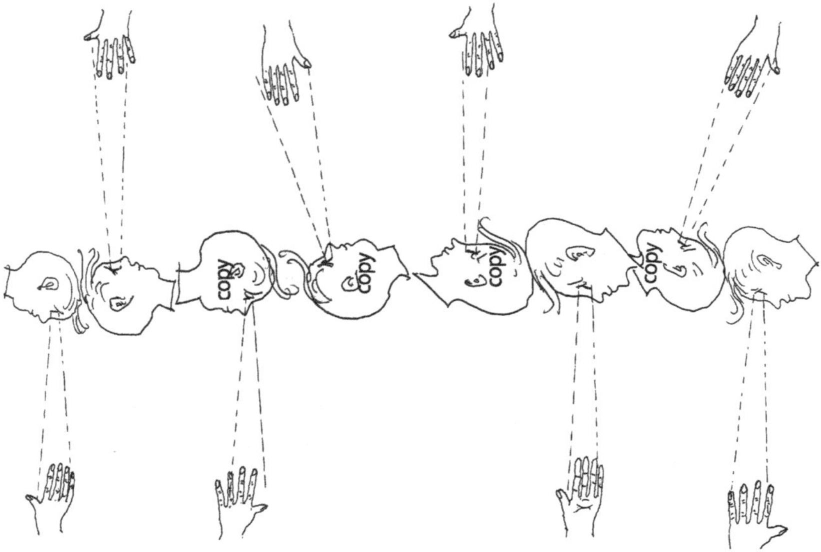
copy
copy
copy
copy

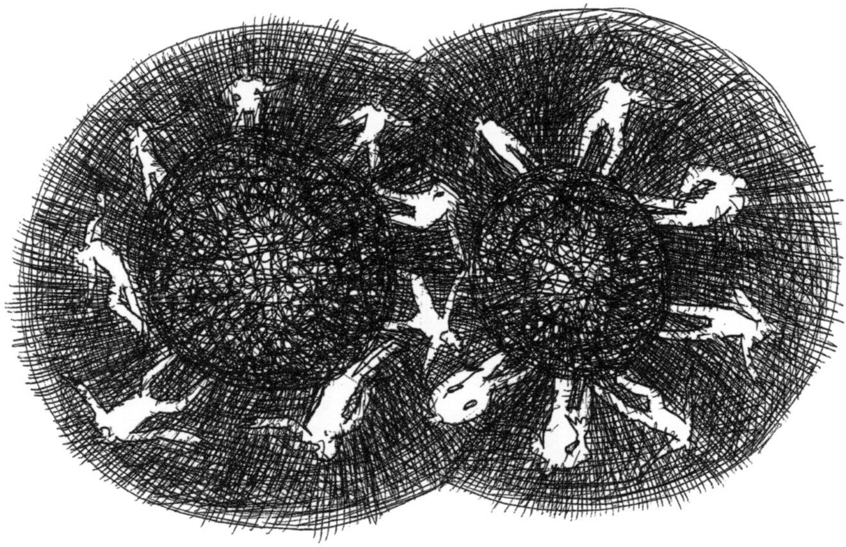

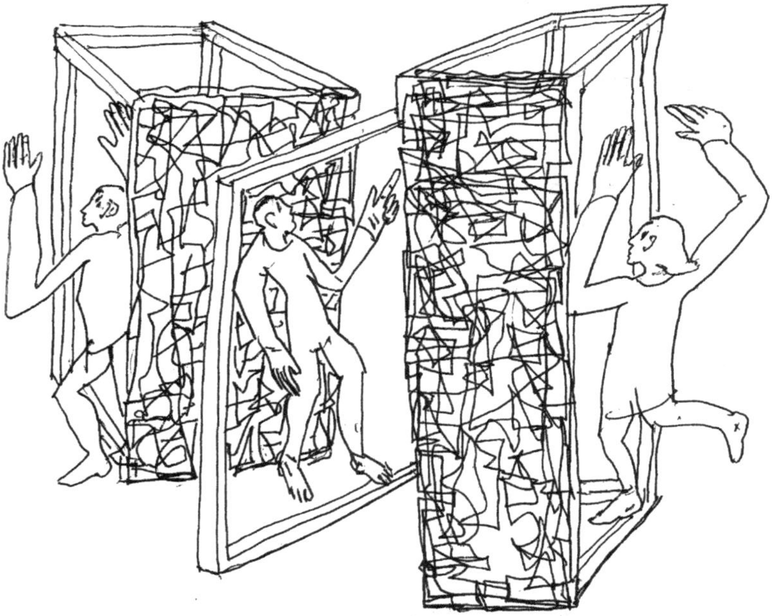

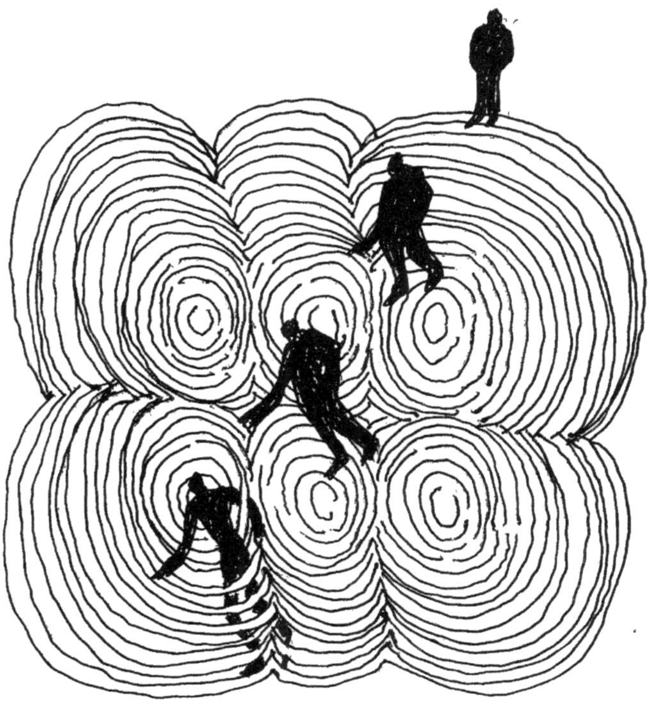

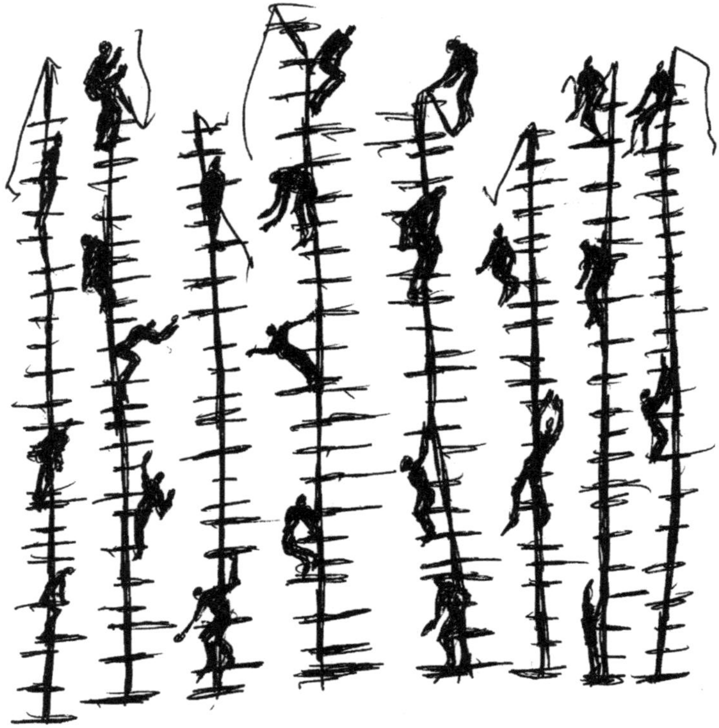

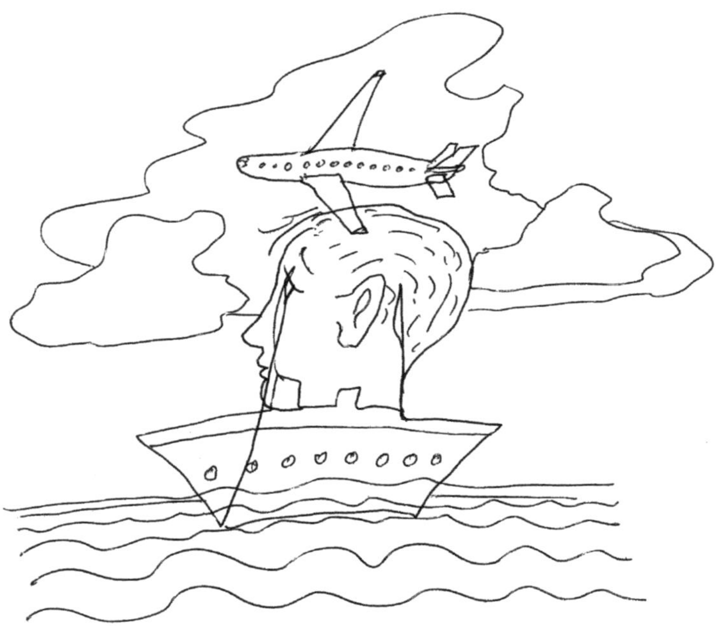

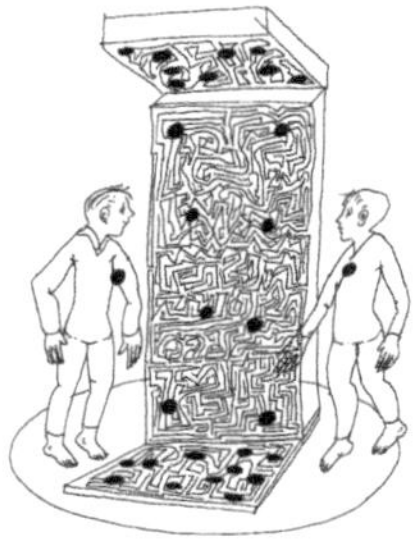
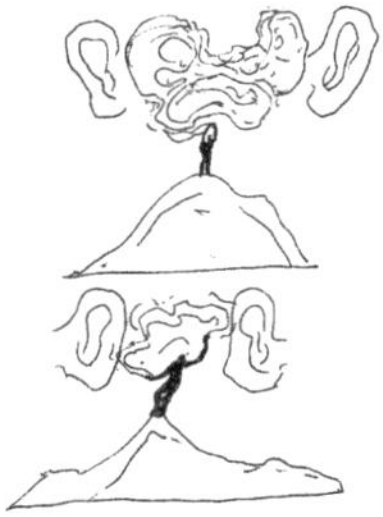
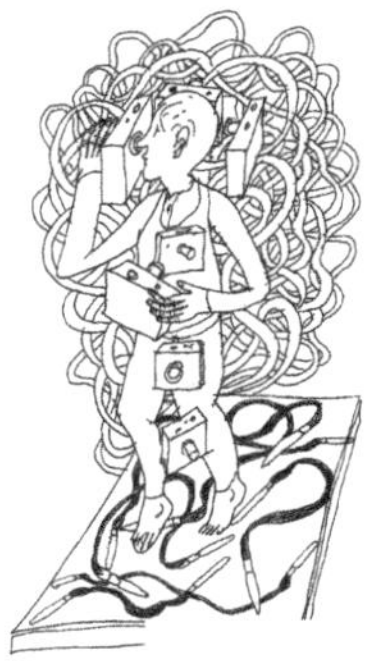
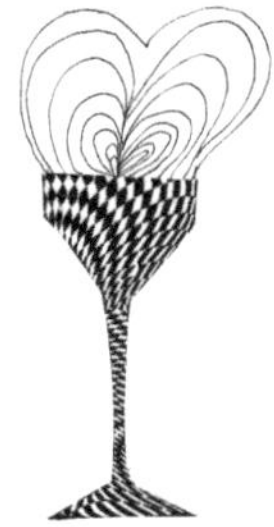
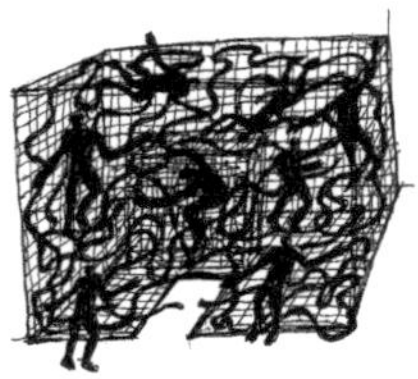
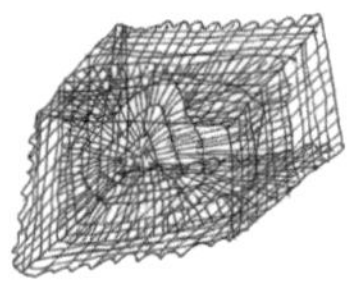
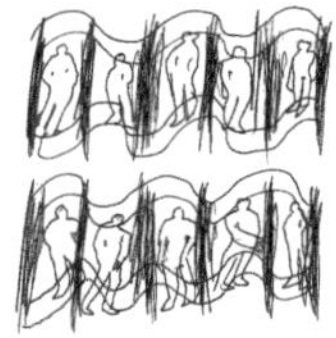
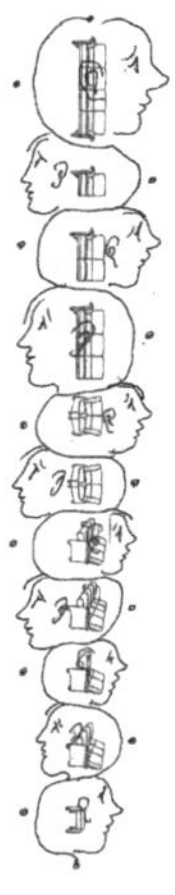
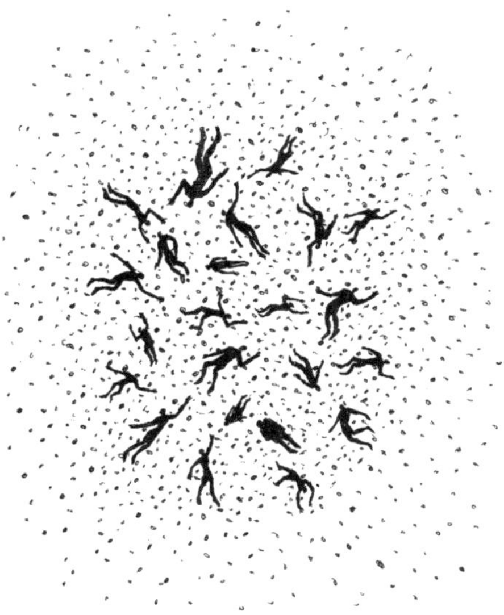
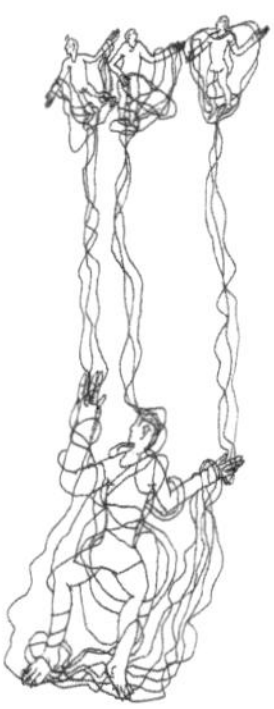
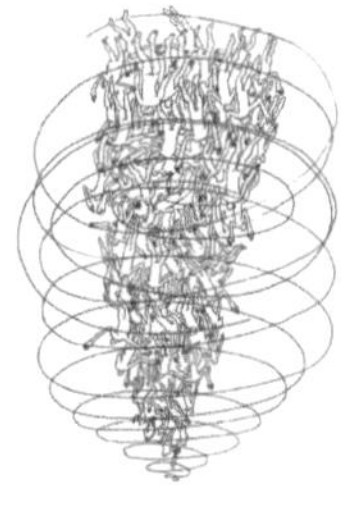
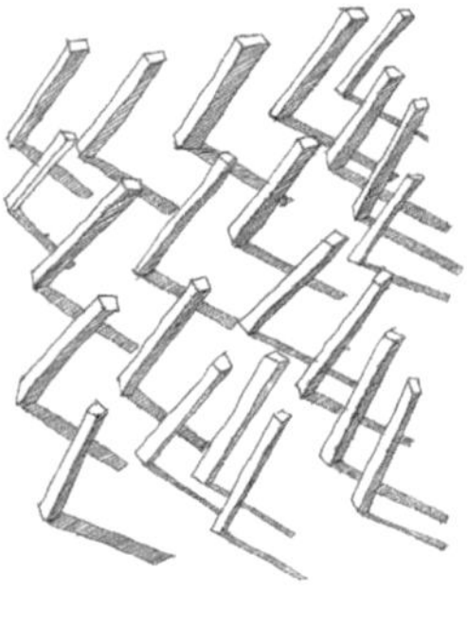
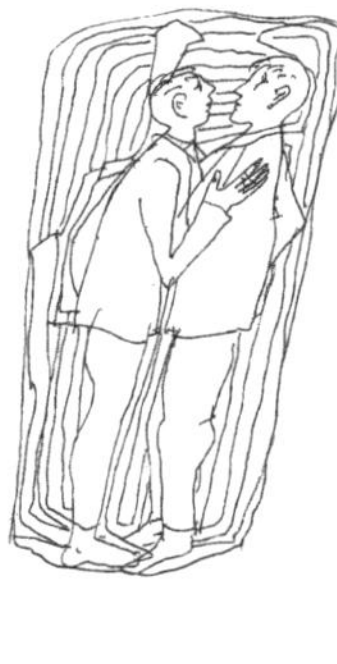
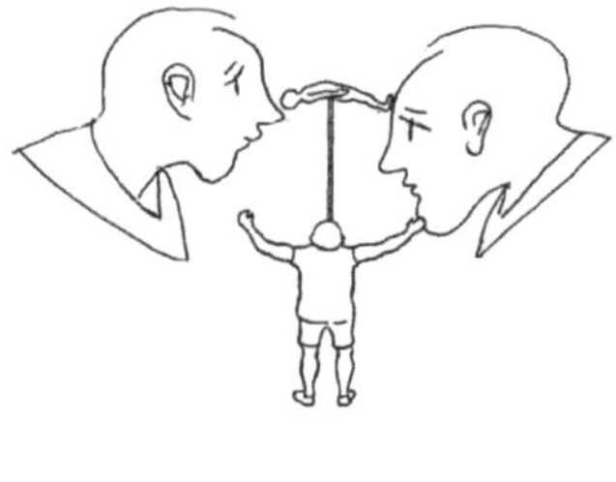

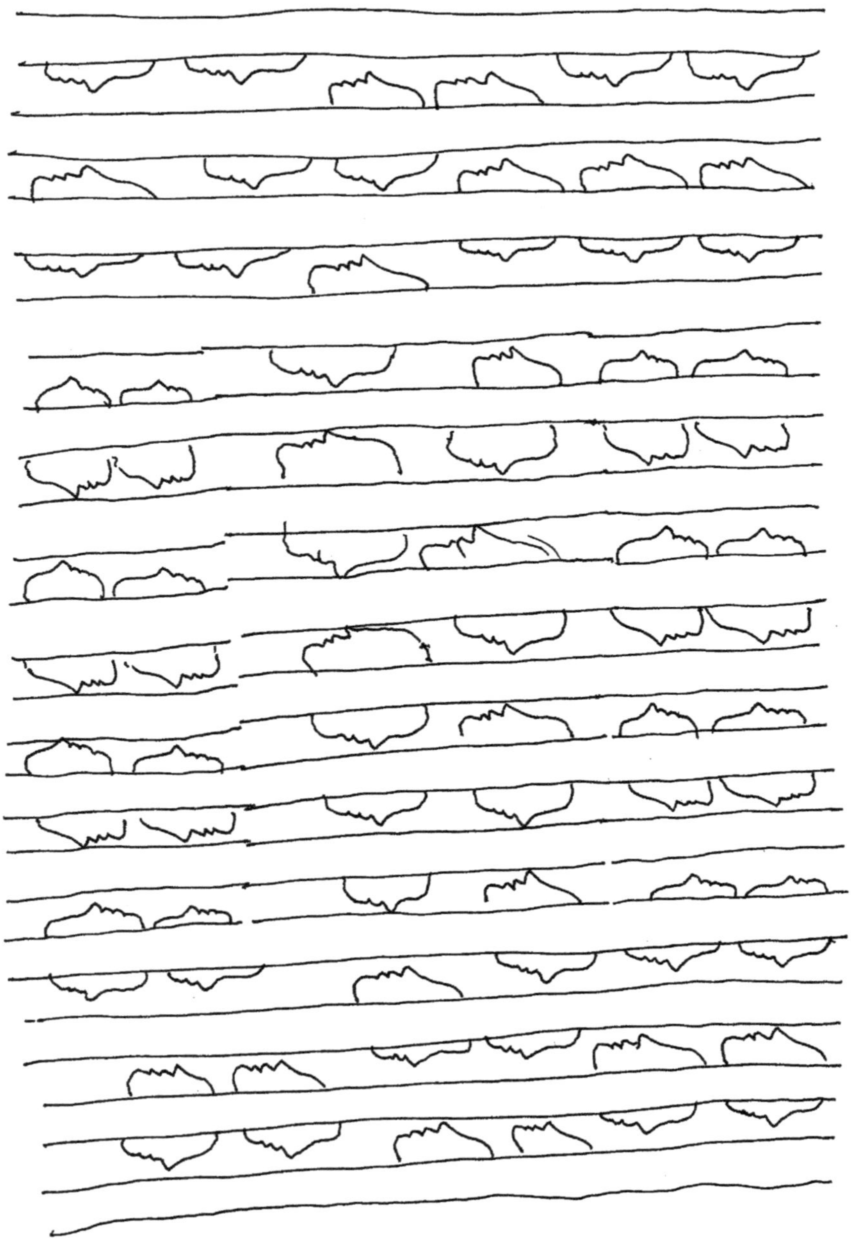

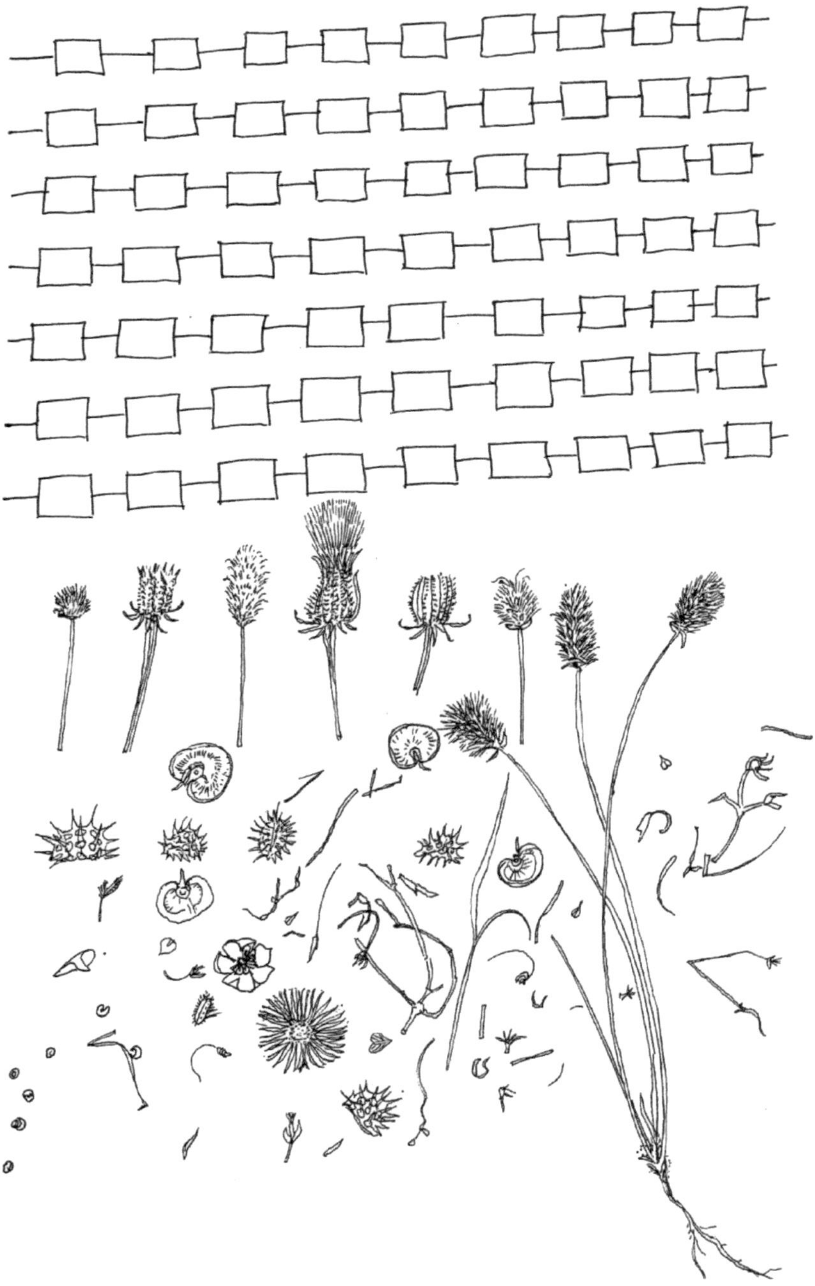

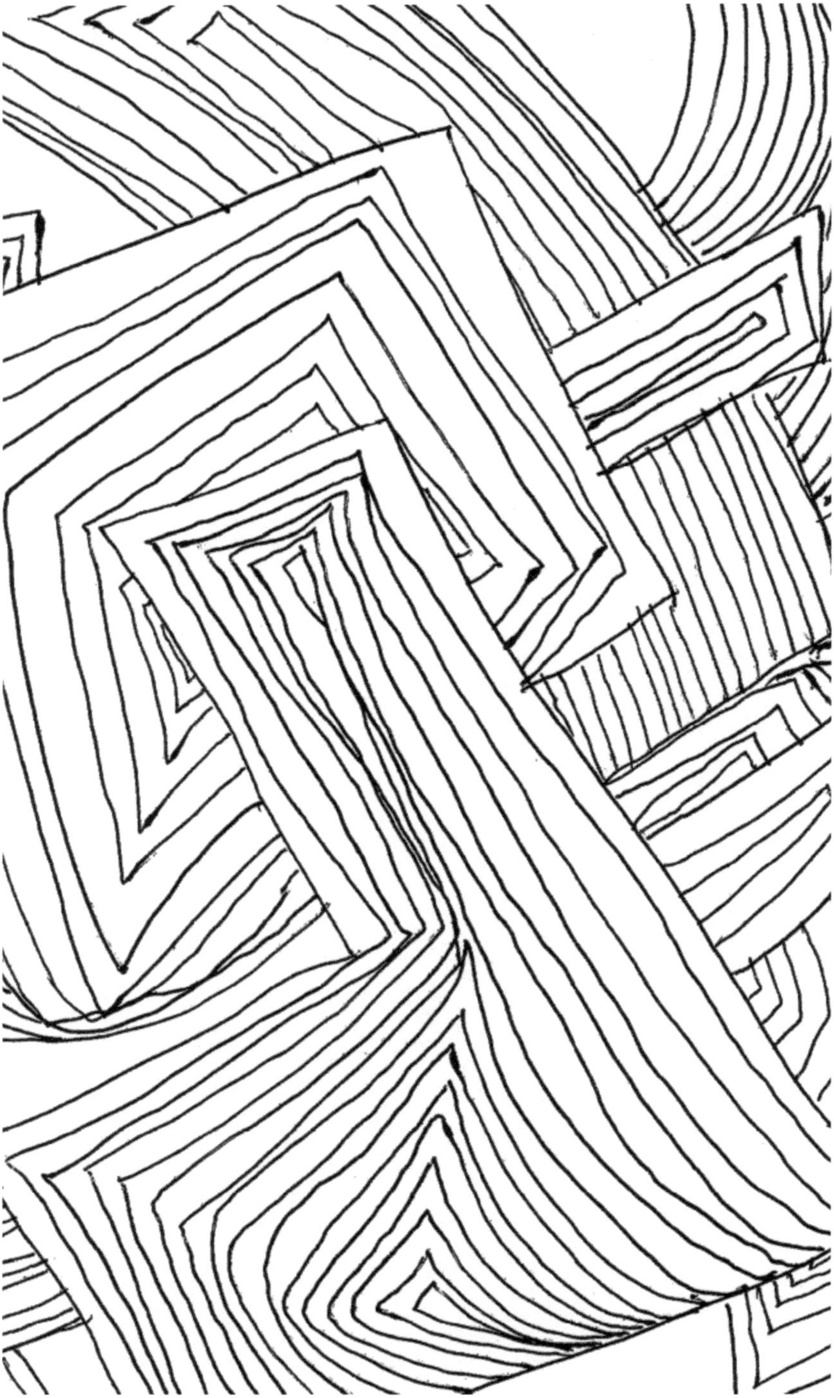

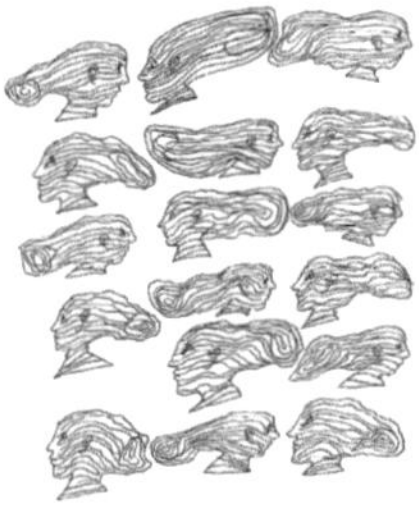
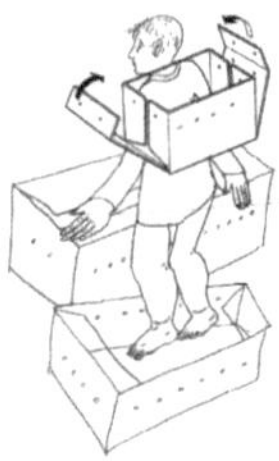
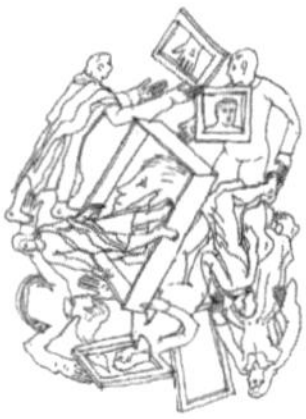
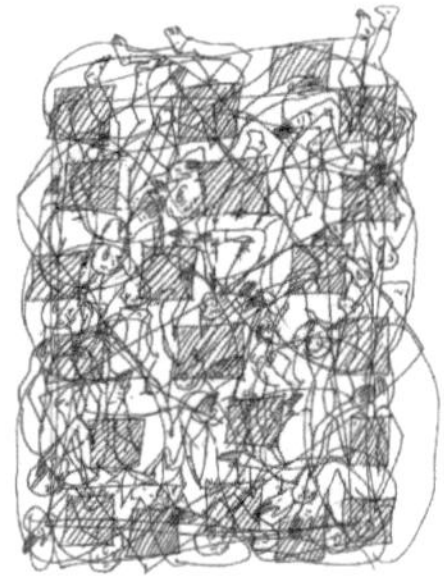
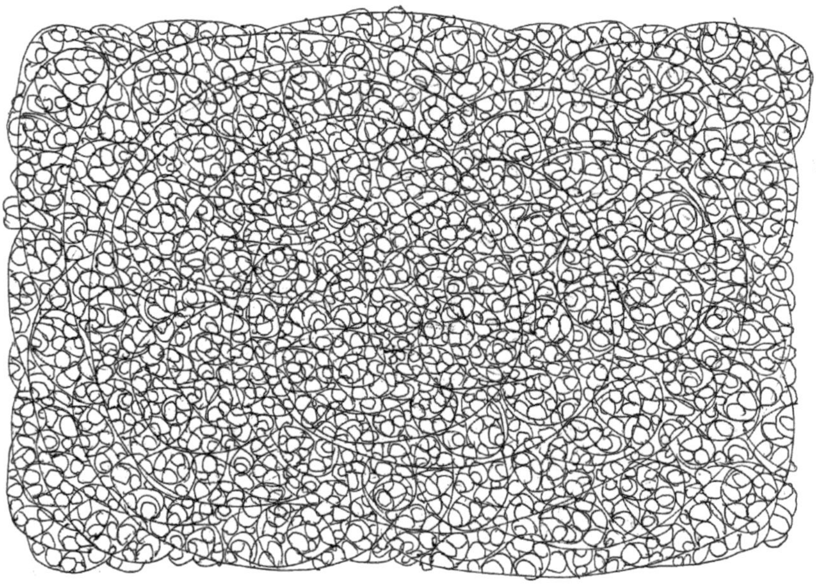
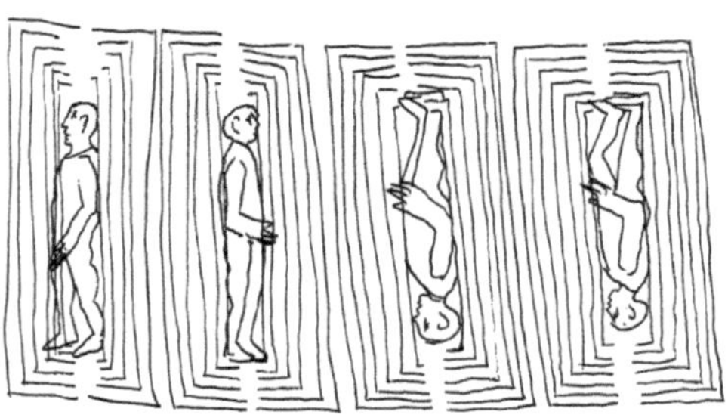
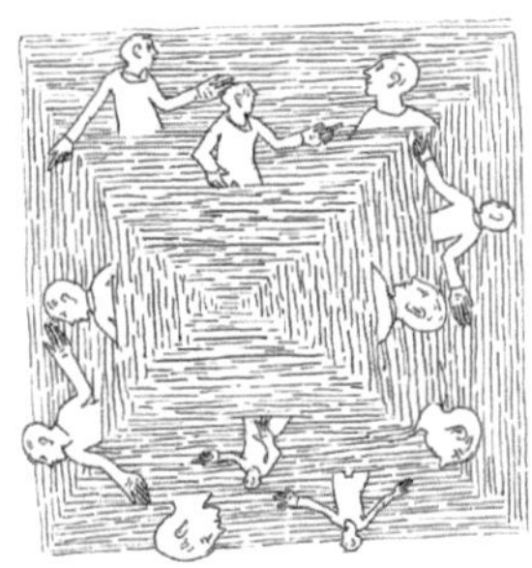

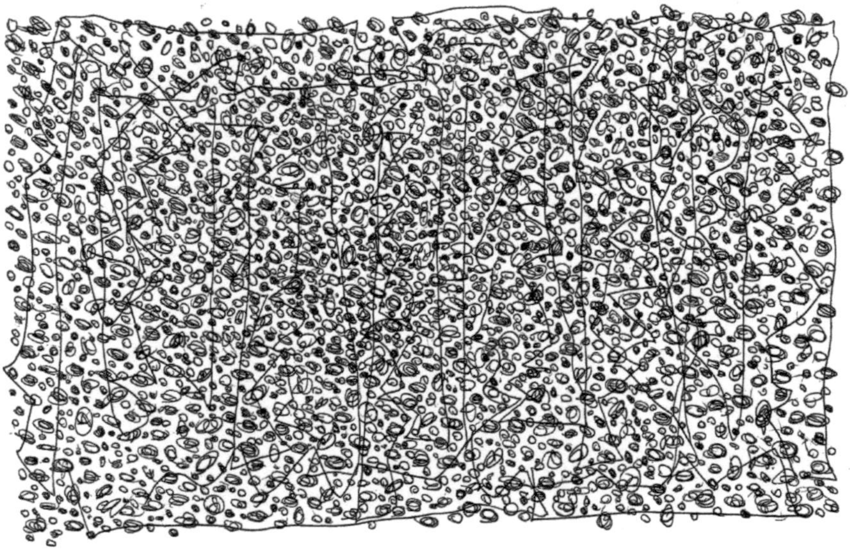

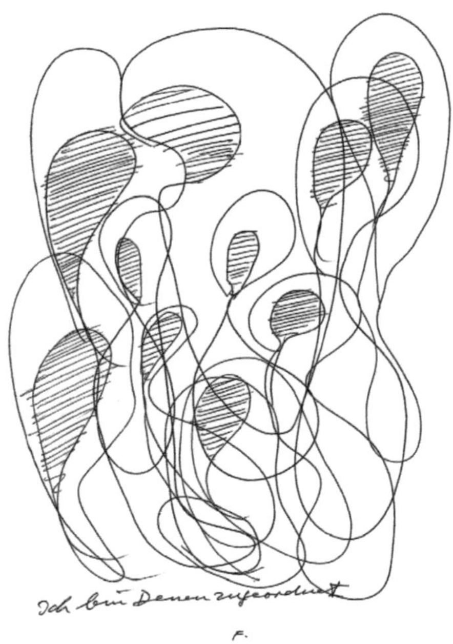
Ich bin Denen zugeordnet
F.

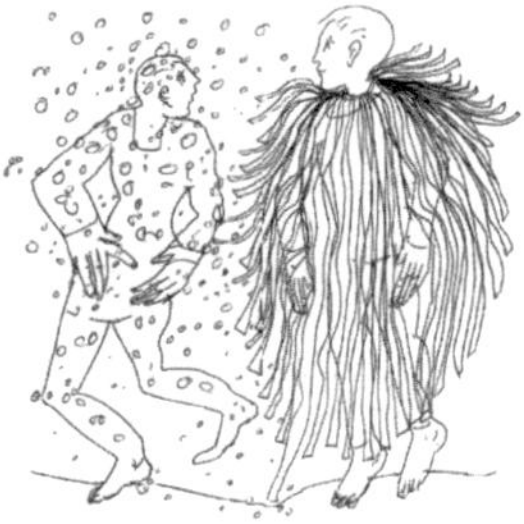

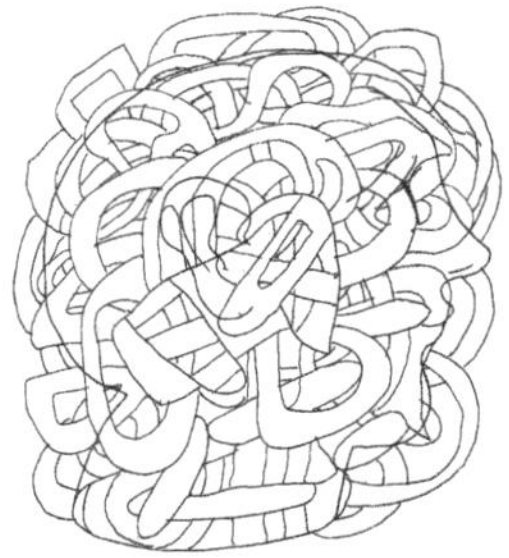

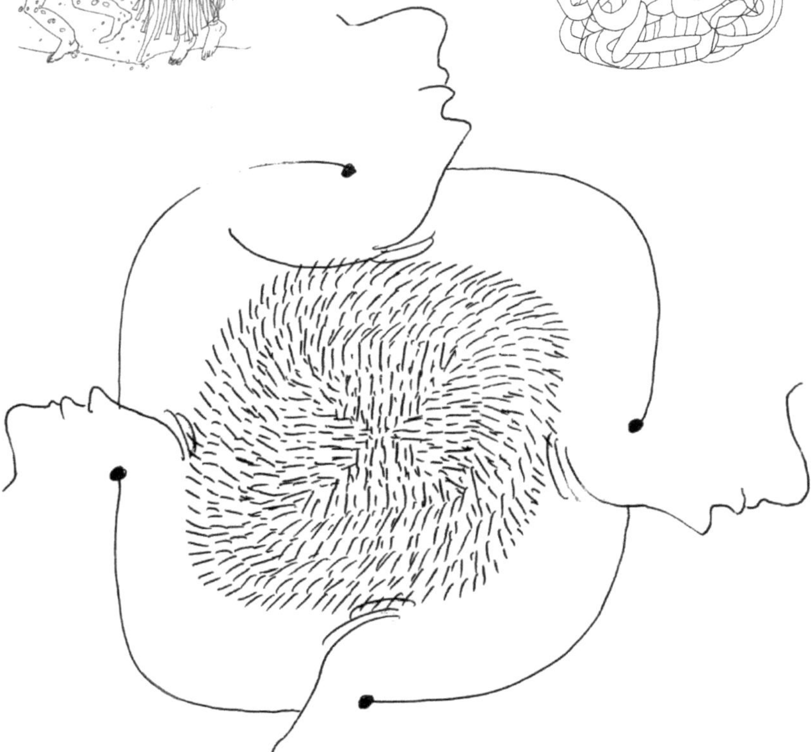

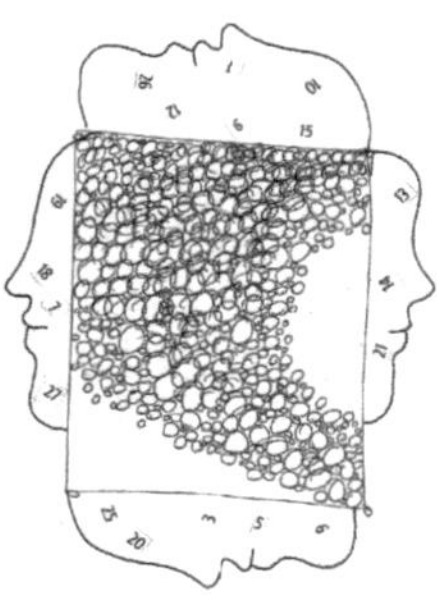

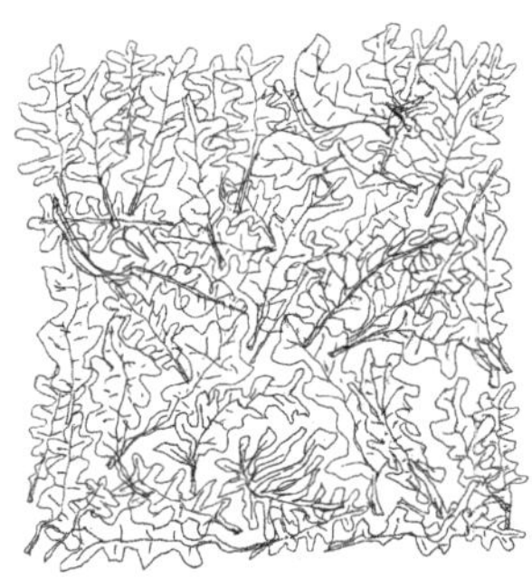

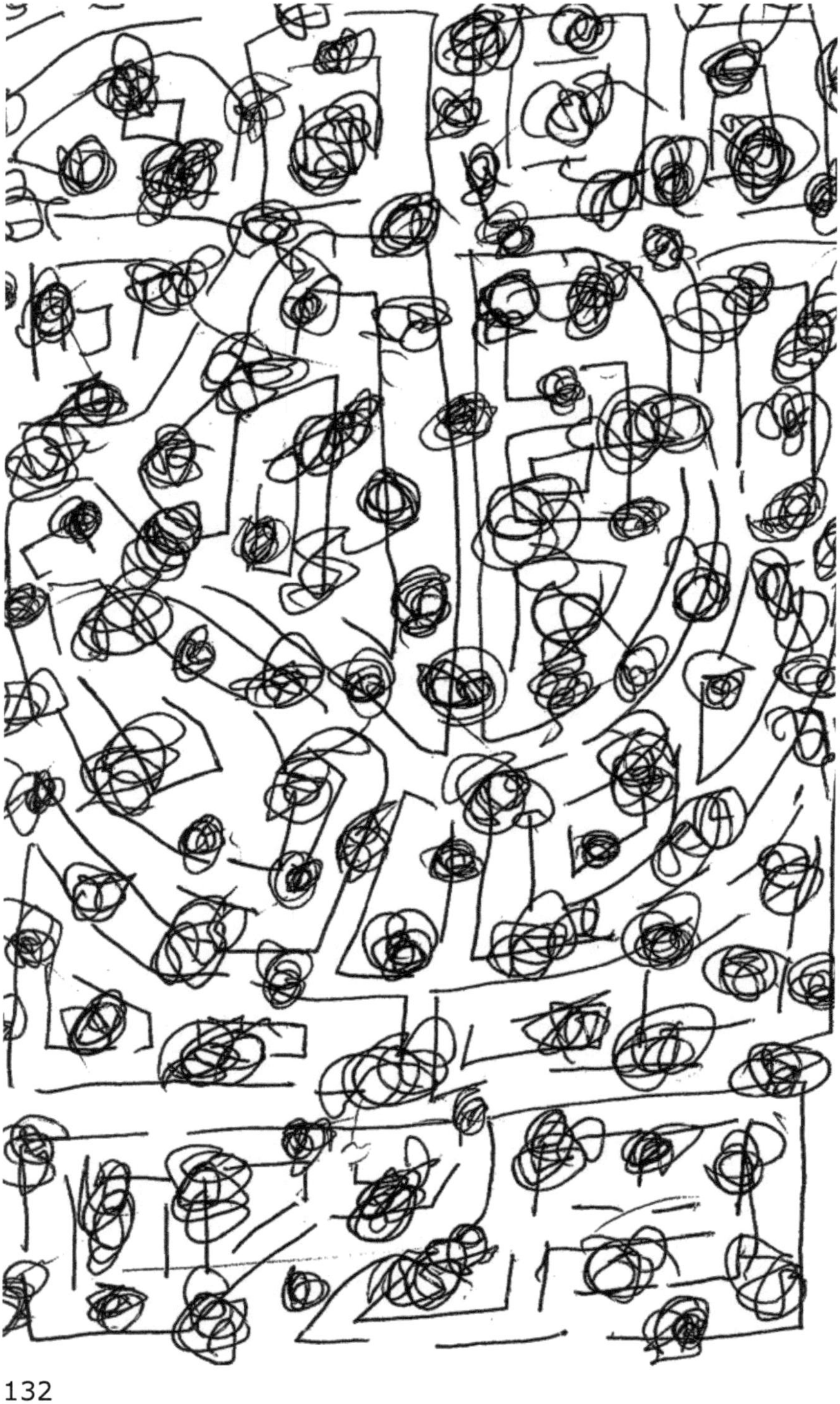

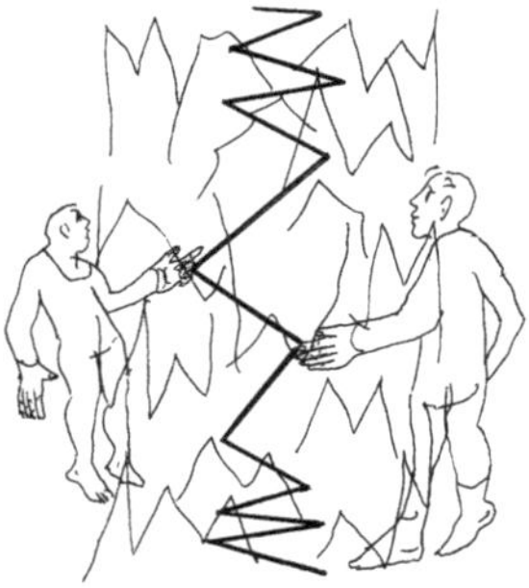
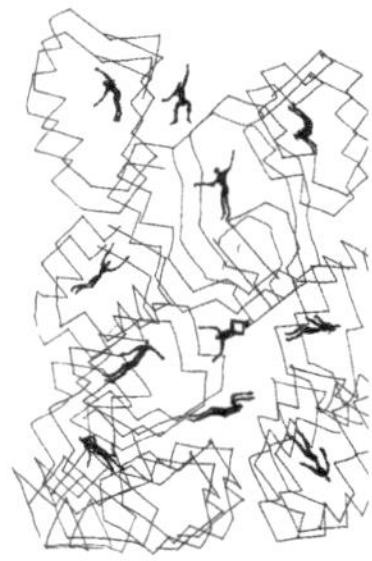
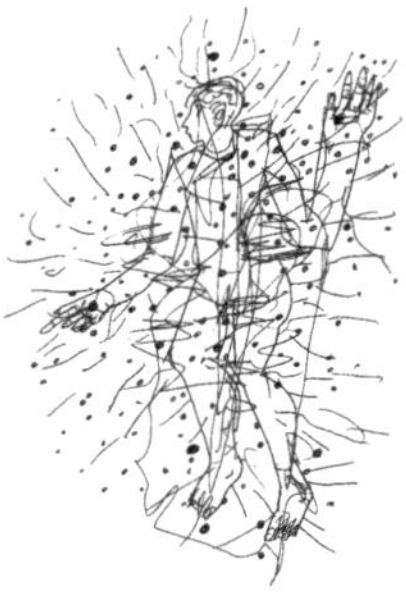
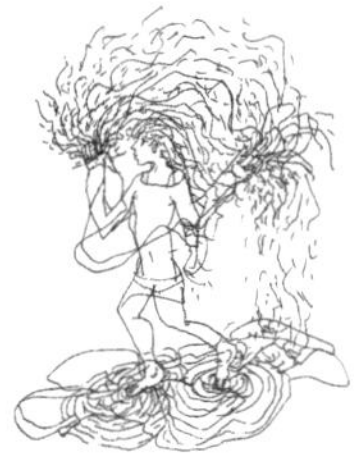
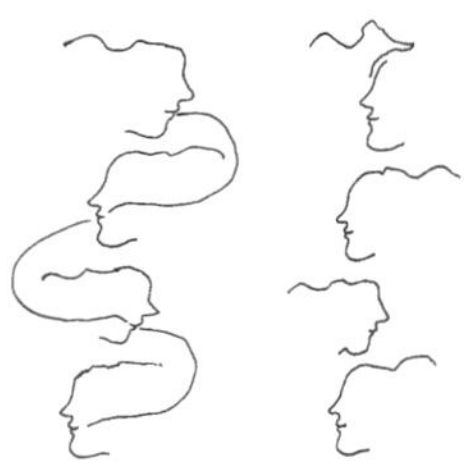
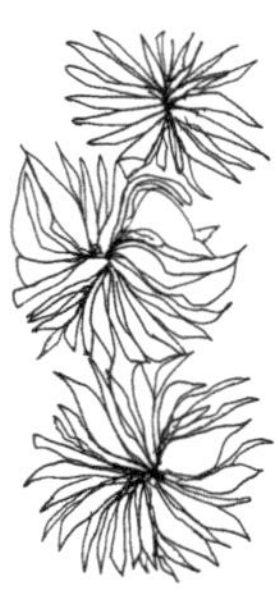
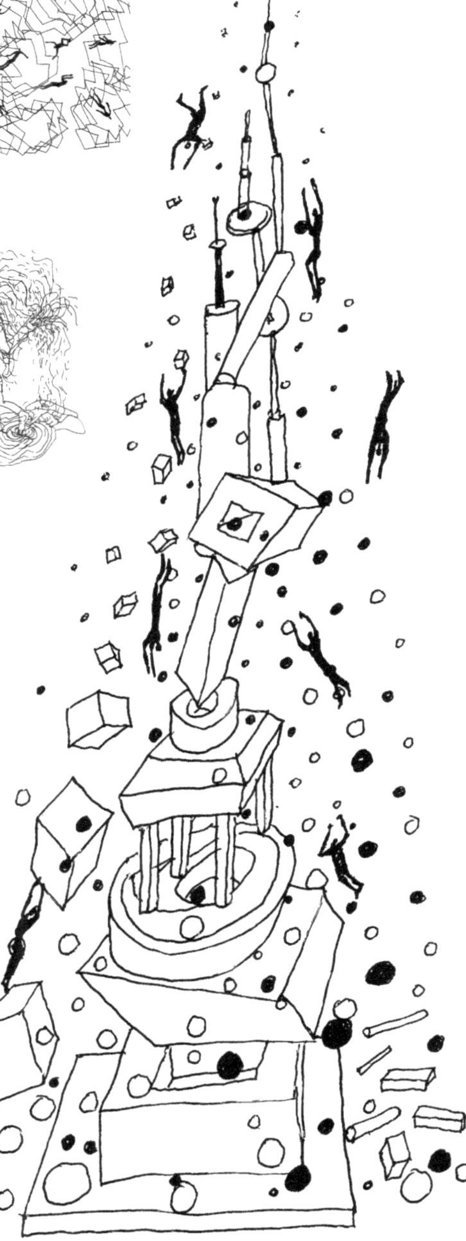

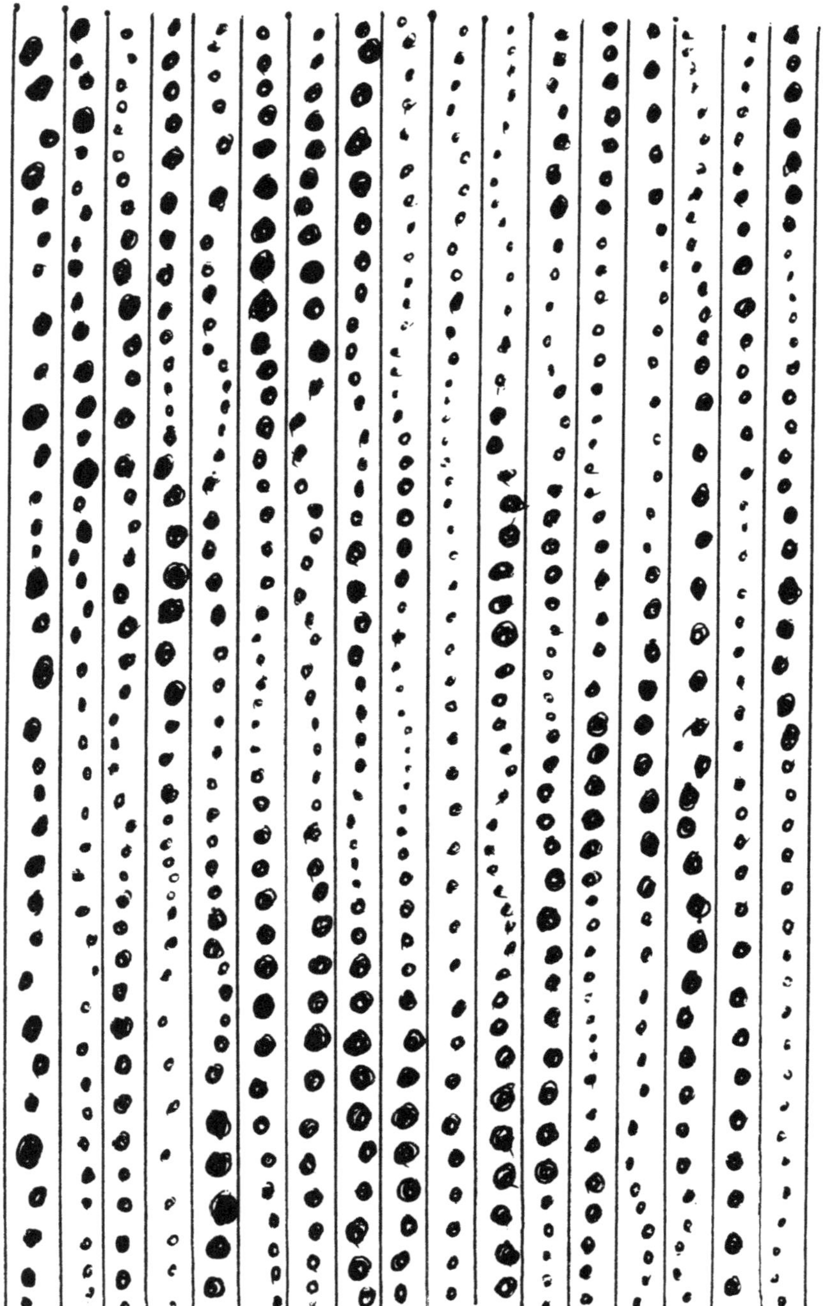

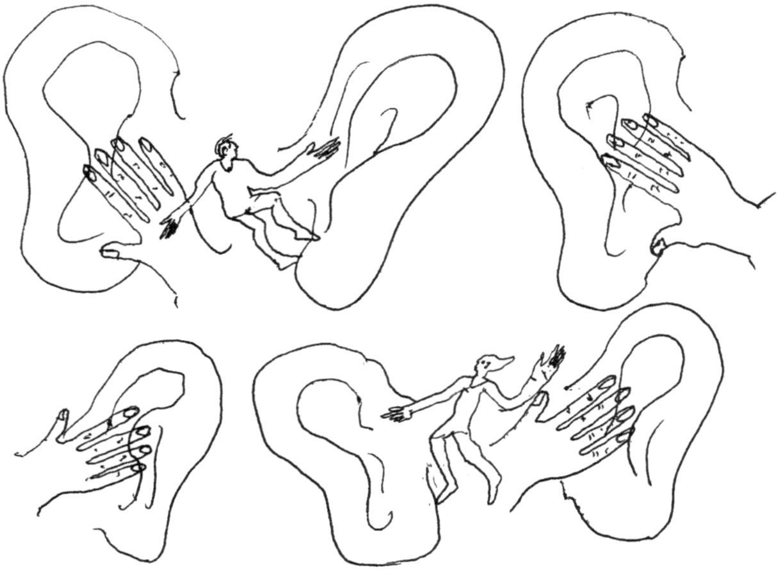

"Also für mich ist mehr und mehr der Bewegungsimpuls das eigentlich schöpferische Element gewesen. Also: Was will meine Hand? Die Hand ist doch nicht außerhalb von mir! Das bin ich doch immer, wenn meine Hand was will." (Friedemann 1992, S. 14)

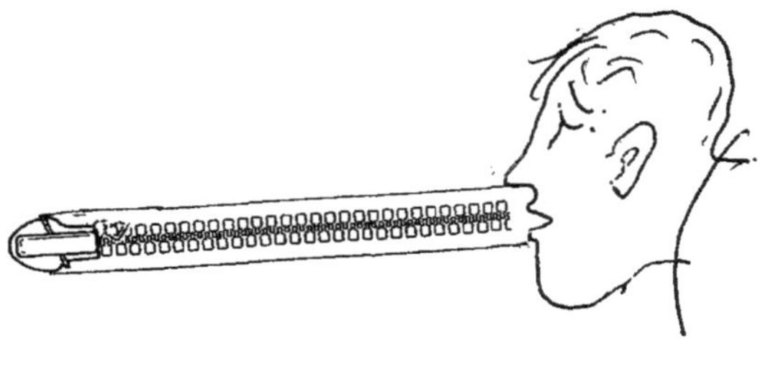

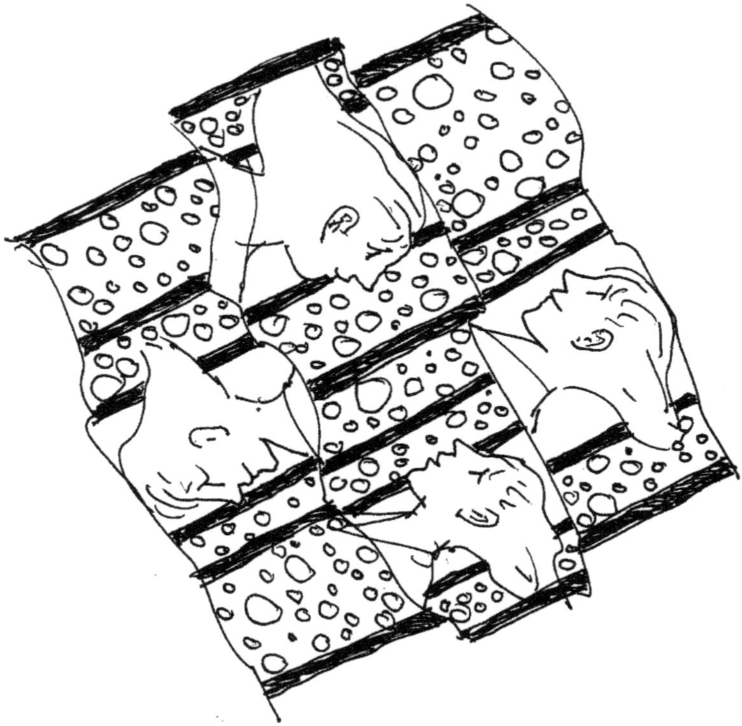

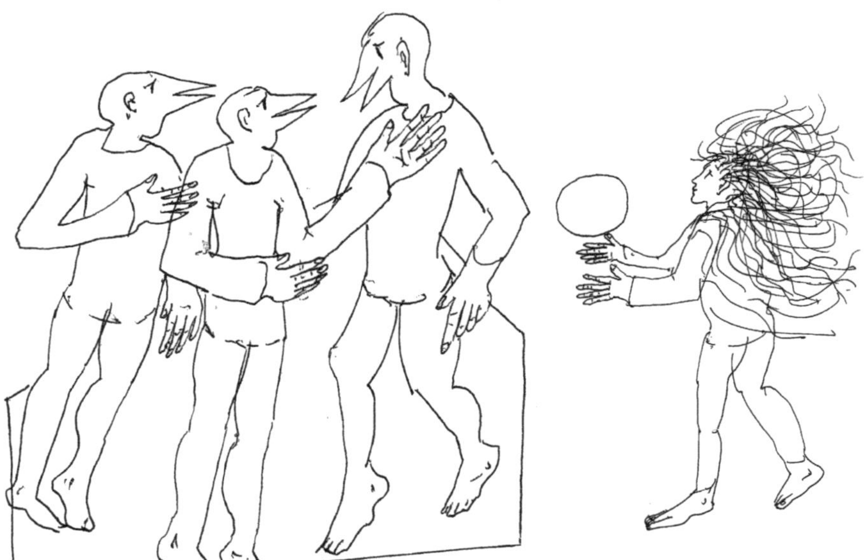

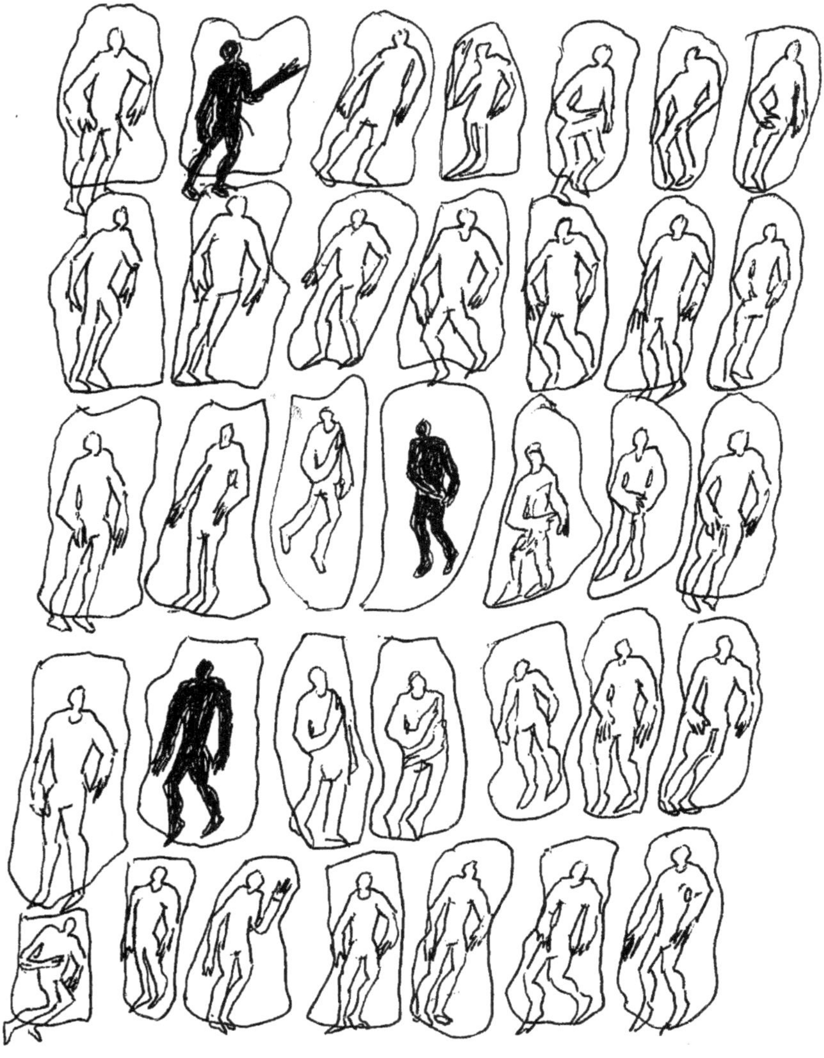

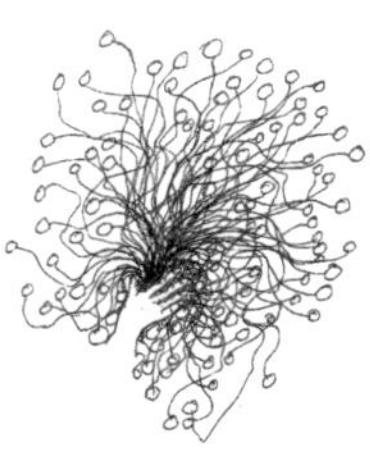

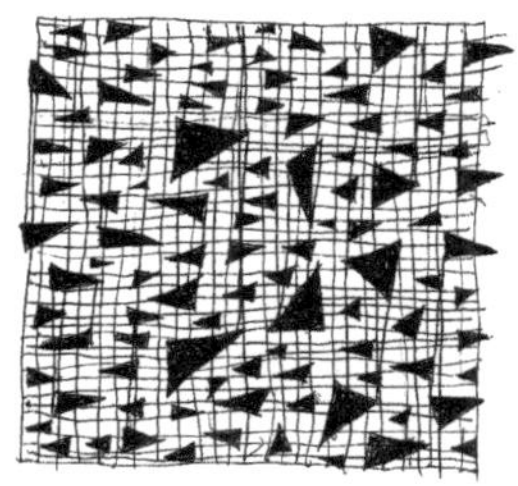

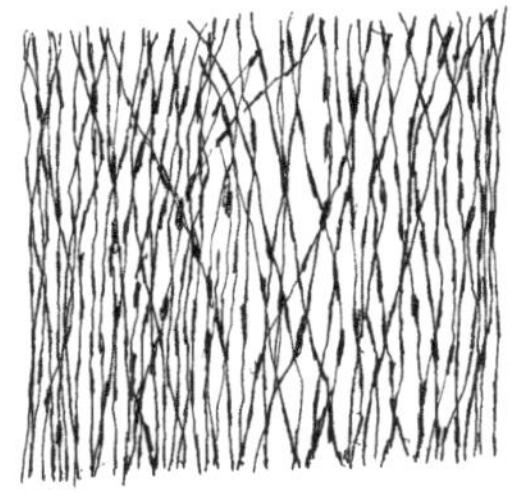

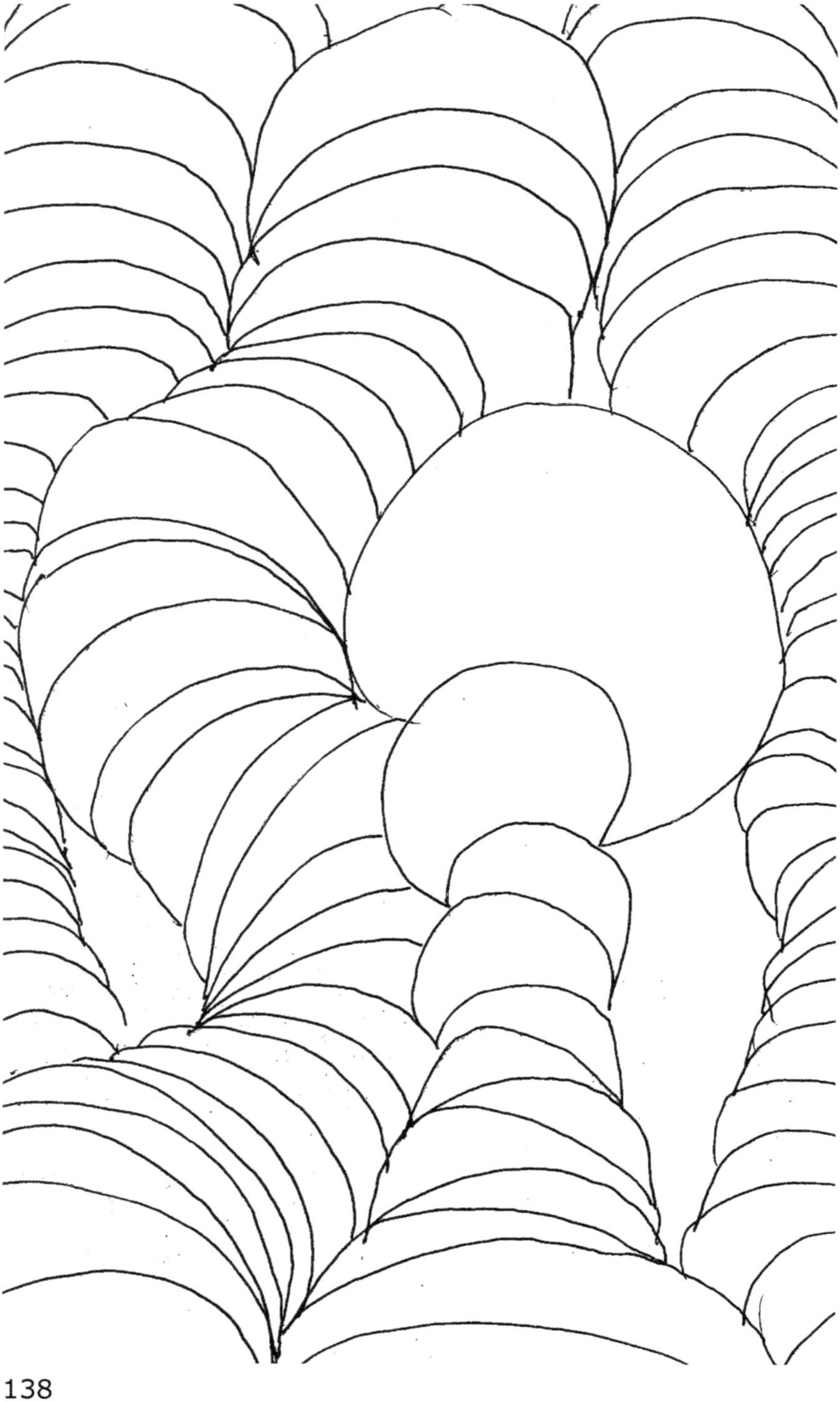

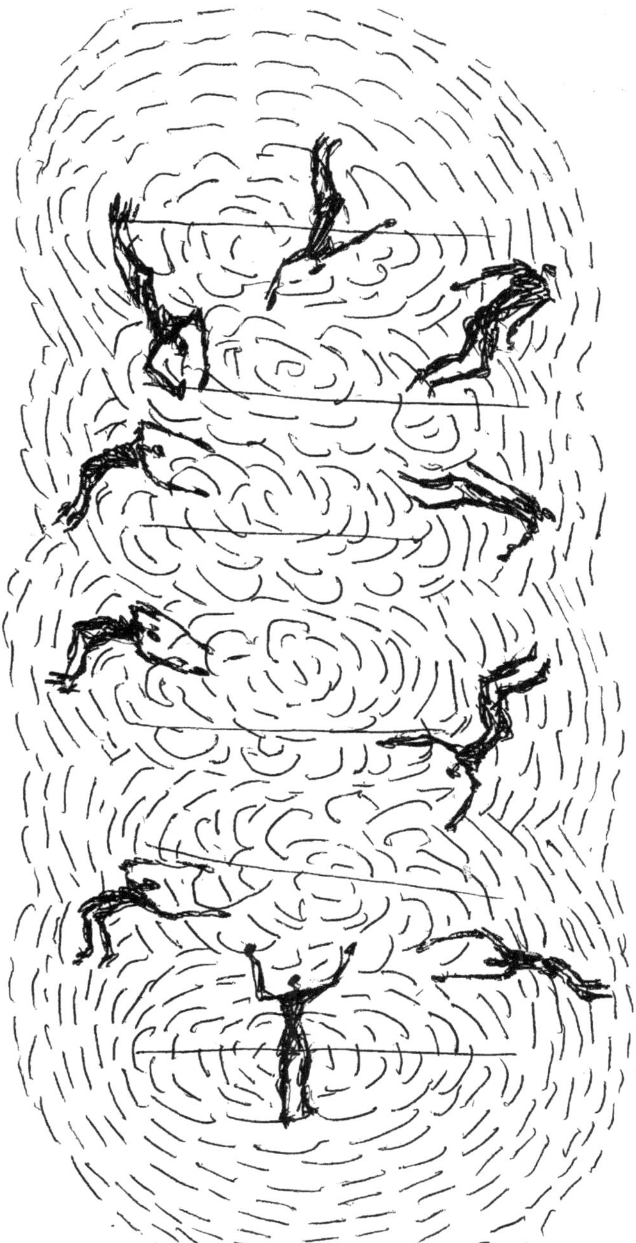

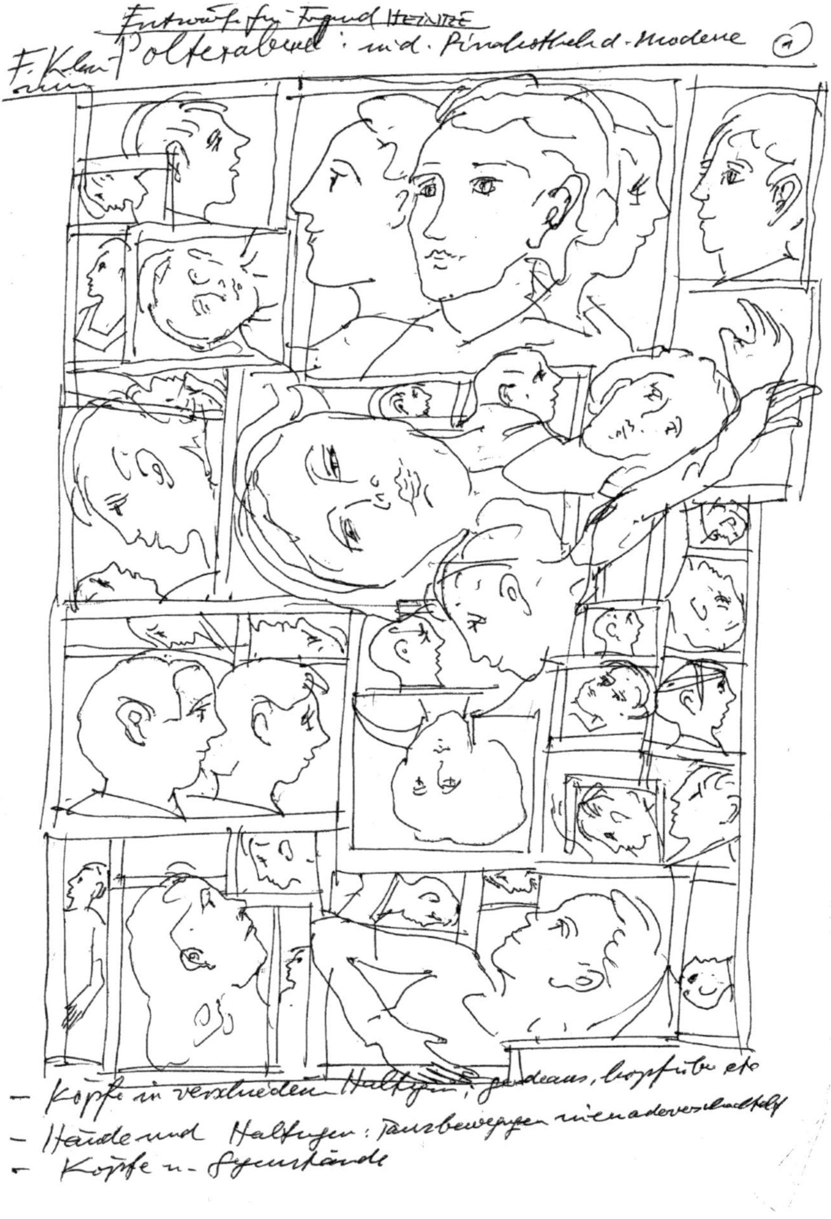
HEINTZE
Polterabend
Köpfe in verschiedenen Haltungen
Hände und Haltungen
Köpfe u. Gegenstände

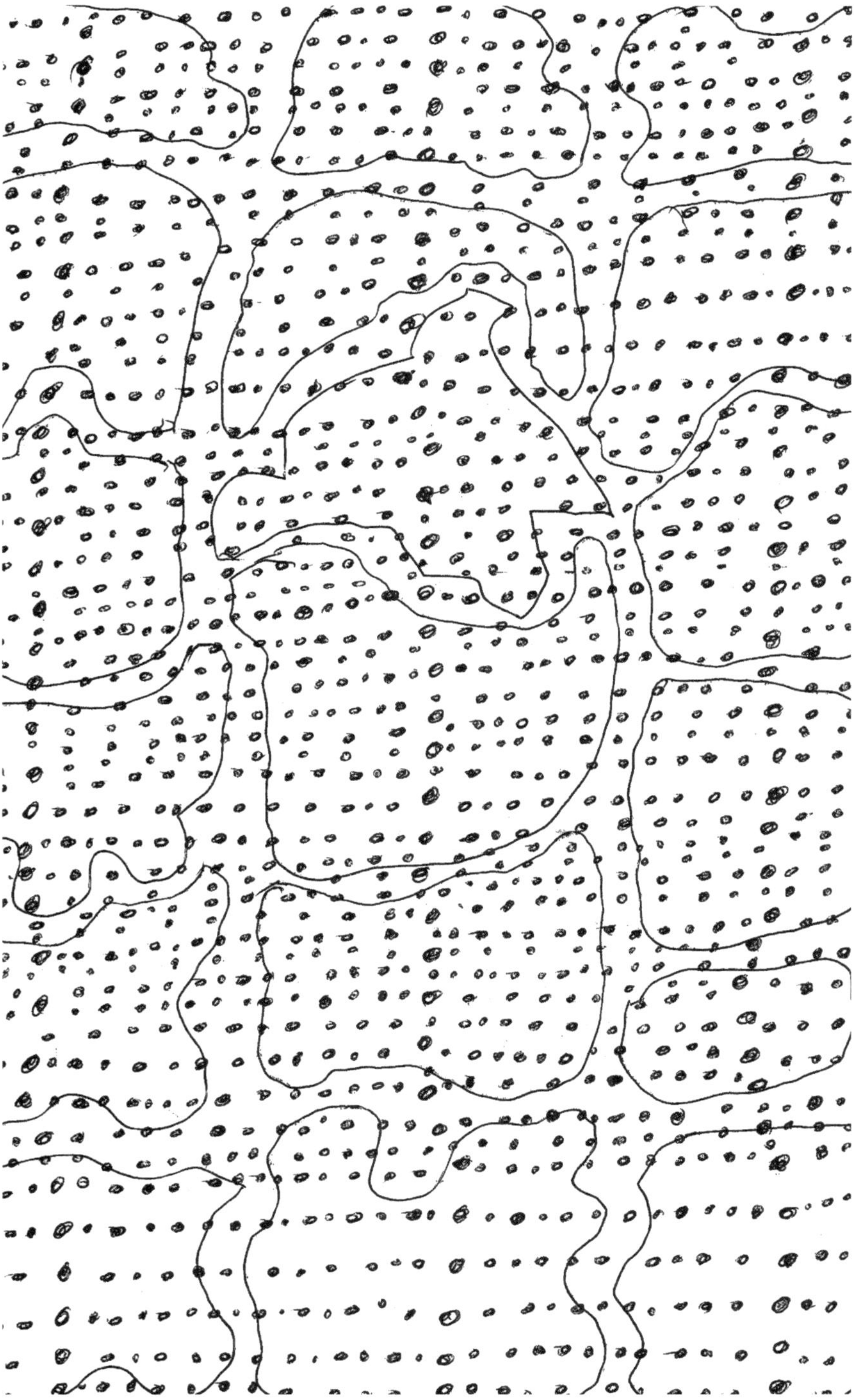

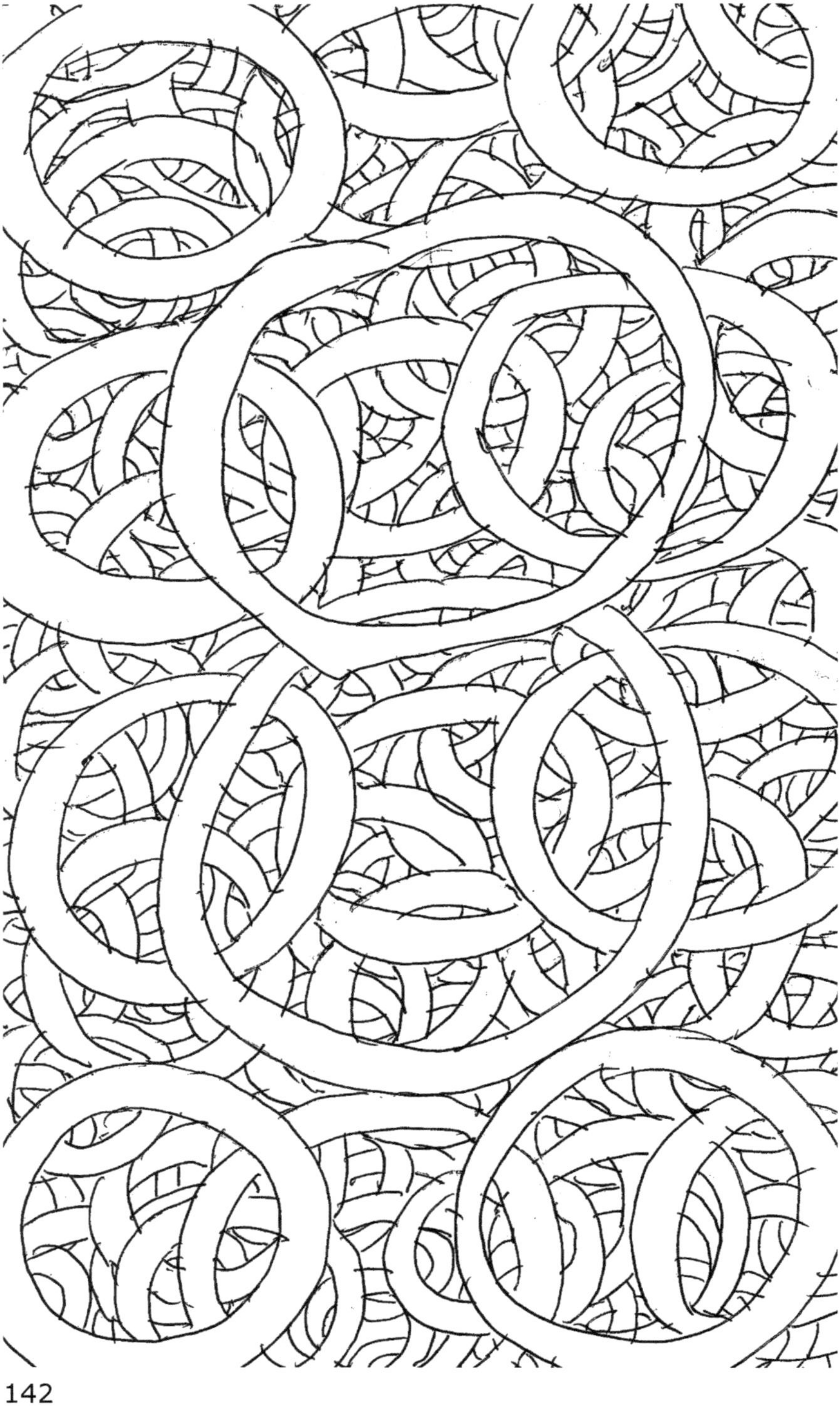

Es ist ein Dialog
mit der

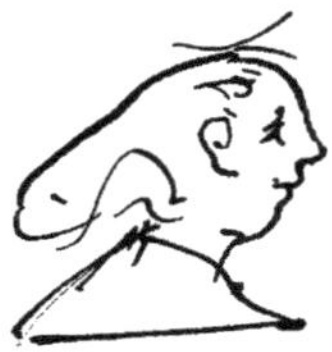

Zeit

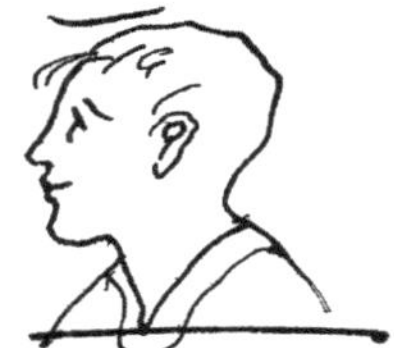

–

Von hier aus jeder Tag
eine so gewollte Zeit,
ein Weniger,
ein Mehr

–

Jeder Tag eine
Annäherung,
ein
Entfernen
ein
Dazwischen

IV

---

5. 6. 2010

F. K.

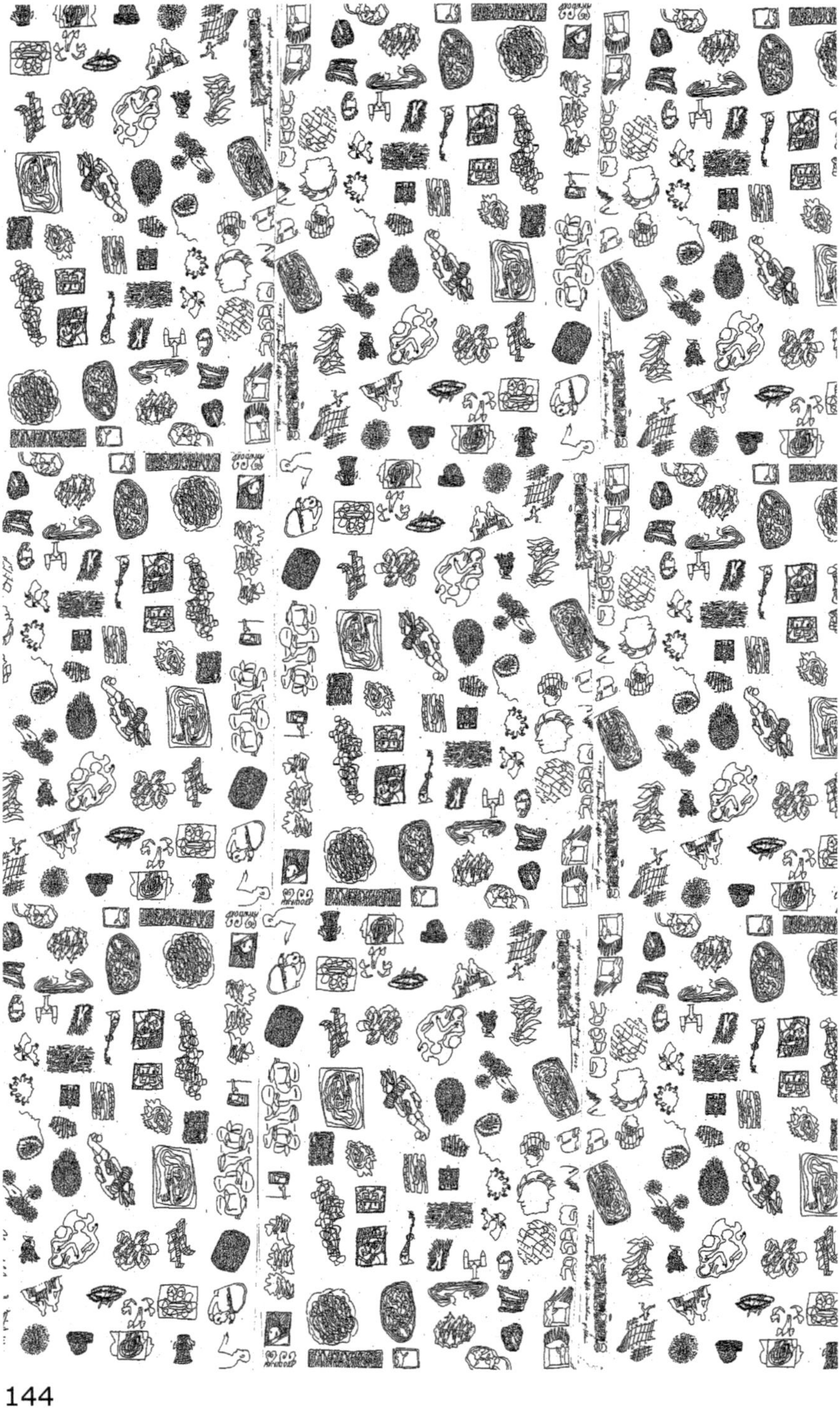

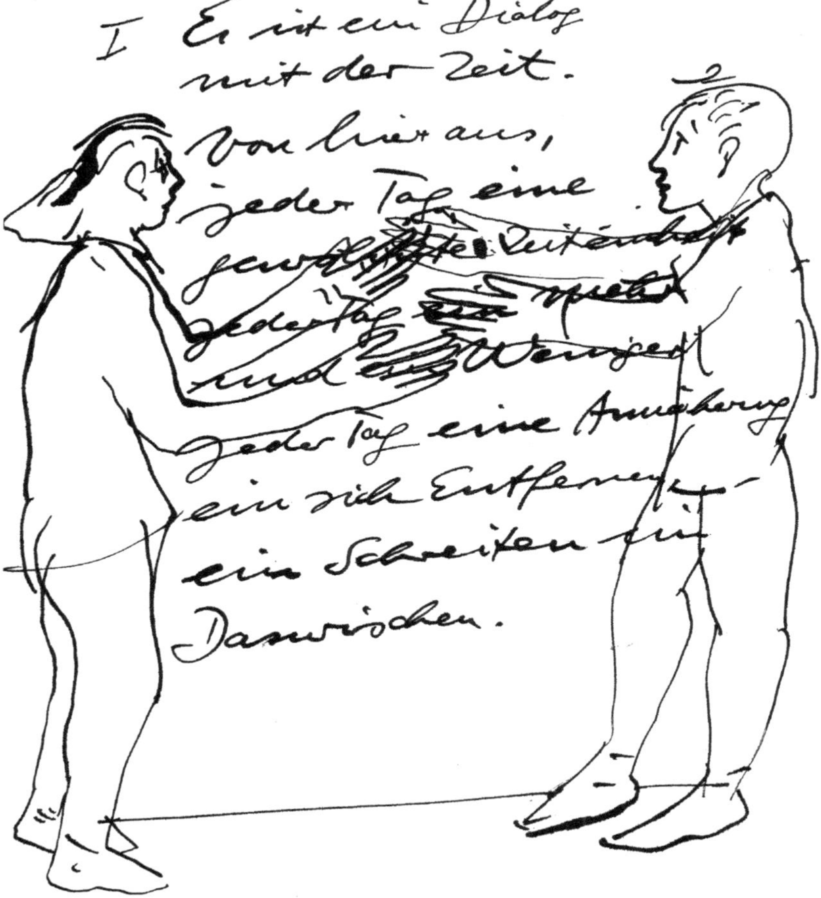
I Es ist ein Dialog
mit der Zeit.
Von hier aus,
jeder Tag eine
jeder Tag eine Annäherung
ein sich Entfernen
ein Schreiten ein
Dazwischen.

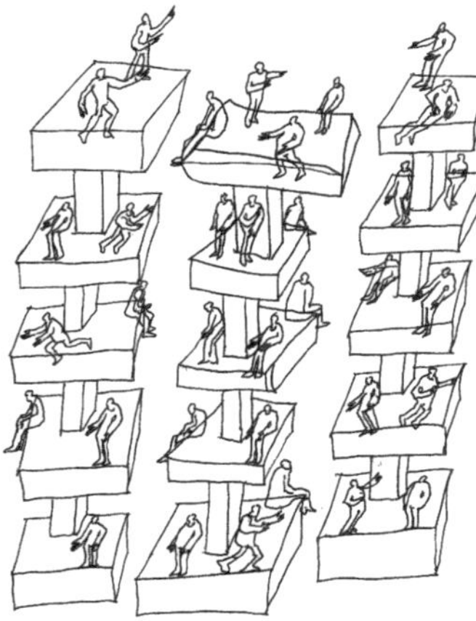

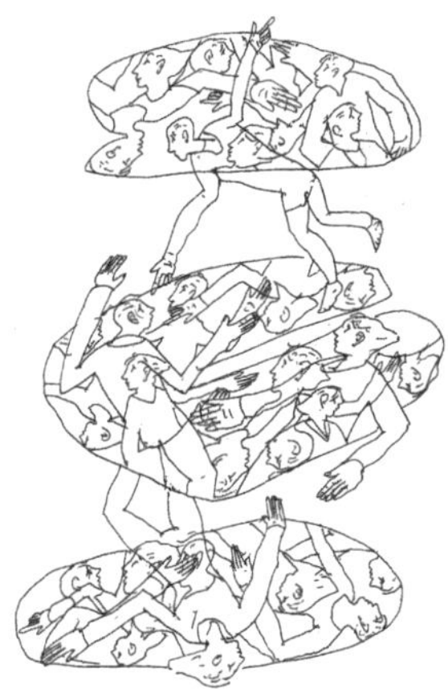

IV

~~Mit dem Gespräch~~
~~geht lautloses~~
~~einher.~~
~~Mit dem~~
Du hörst, da
vernimmst
du zeigst, ~~zu~~
du antwortest.
~~einfach.~~
Du bist, im
Gespräch mit
allen Sinnen.

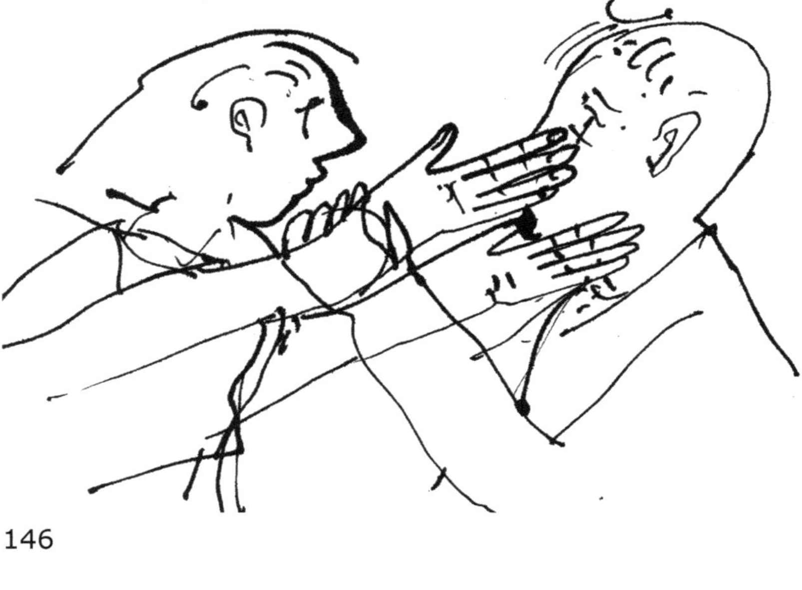

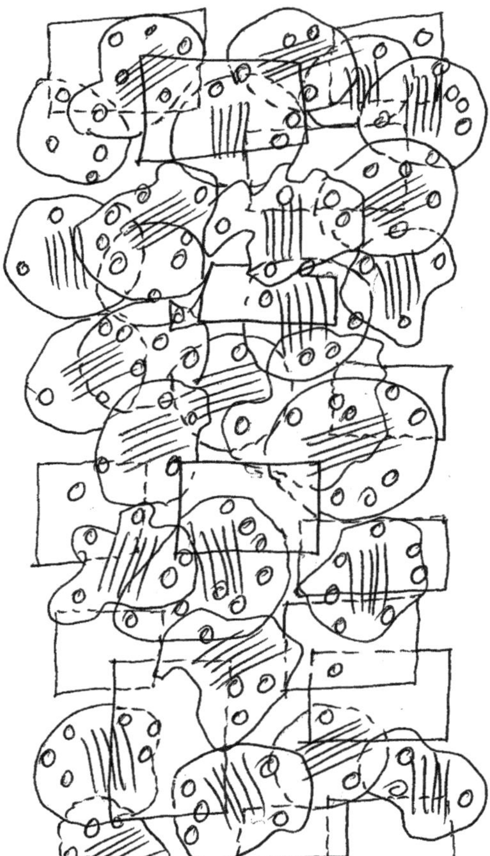

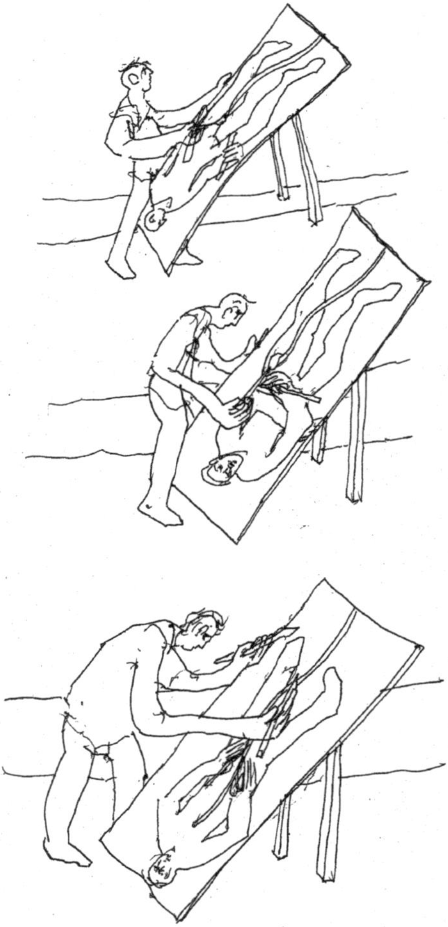

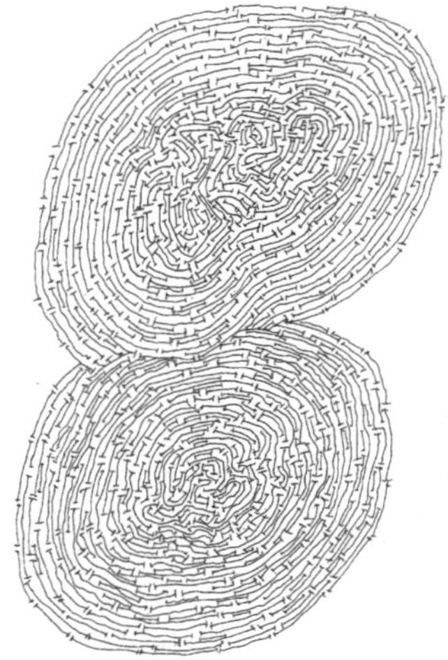

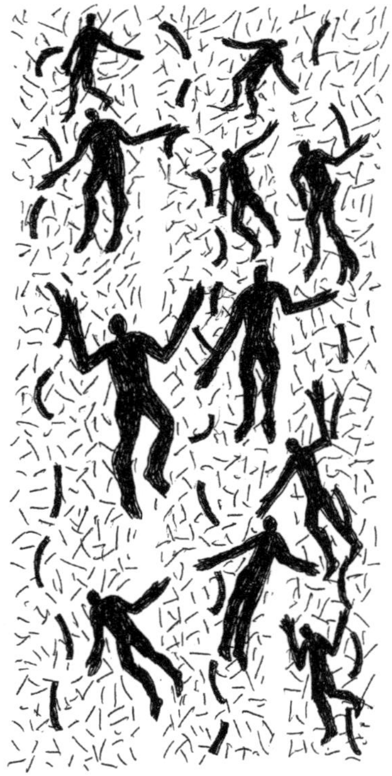

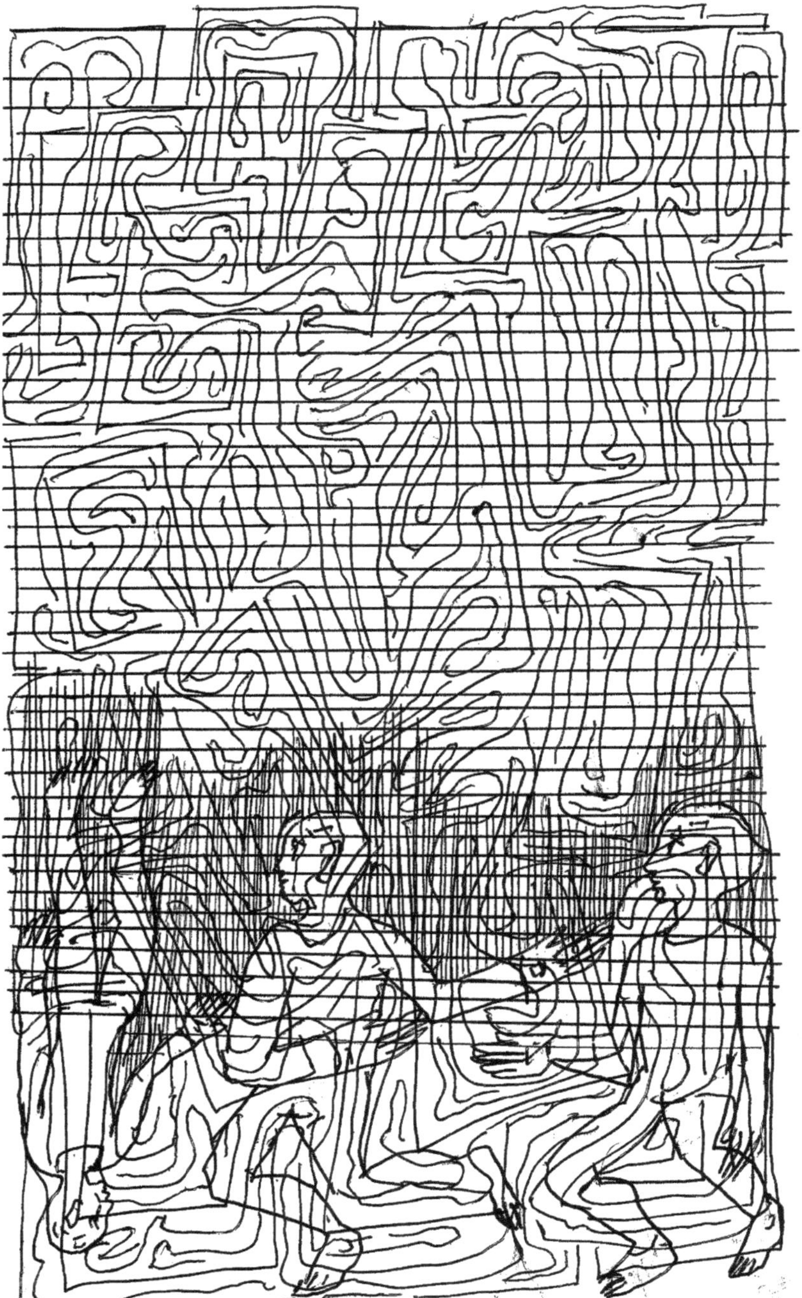

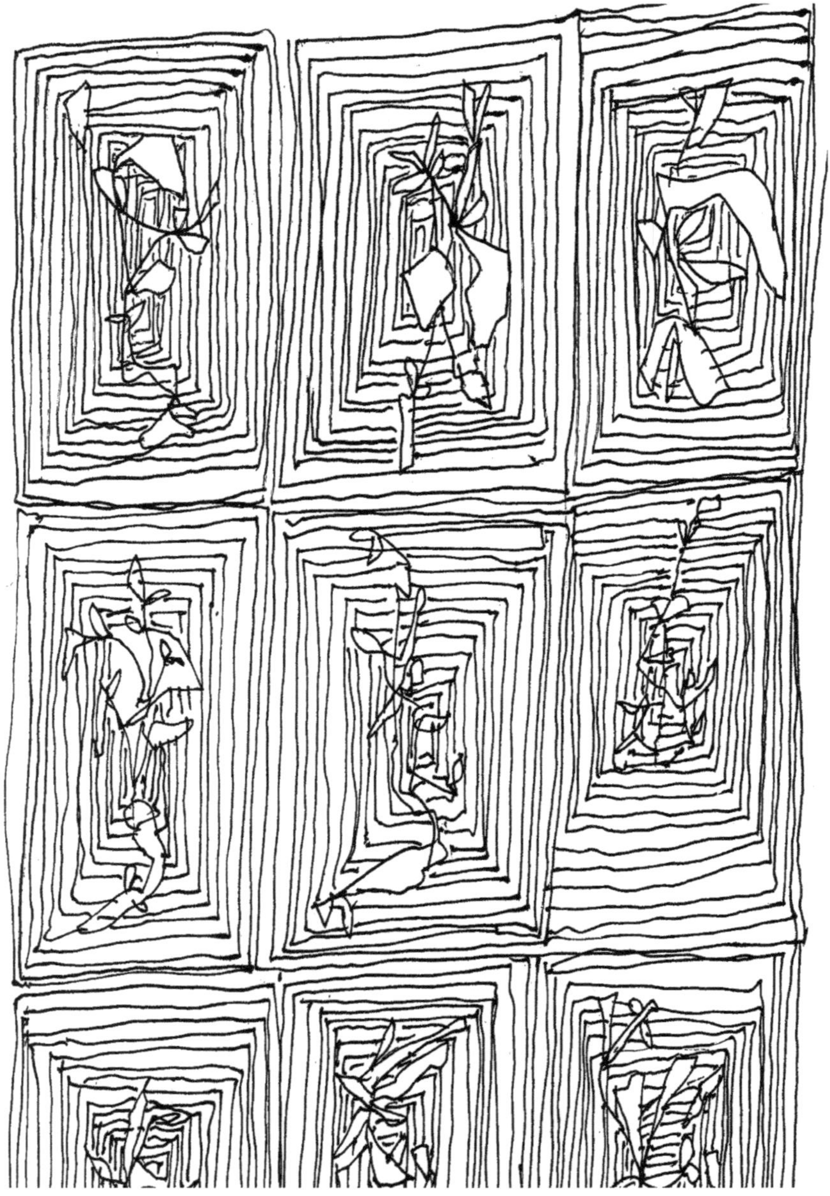

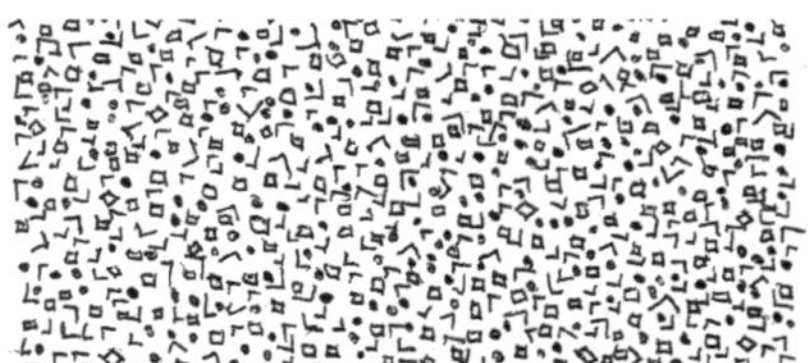

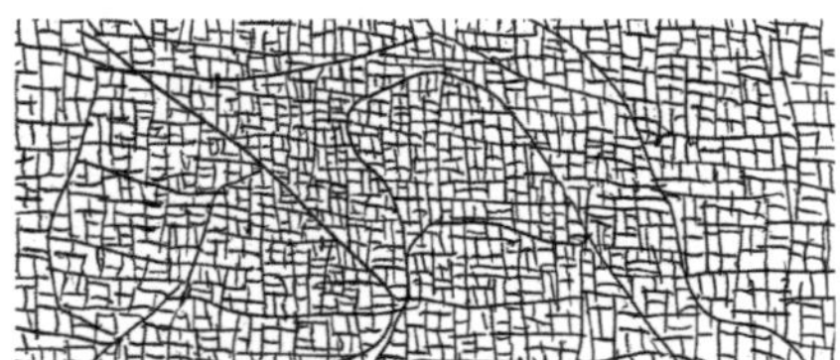

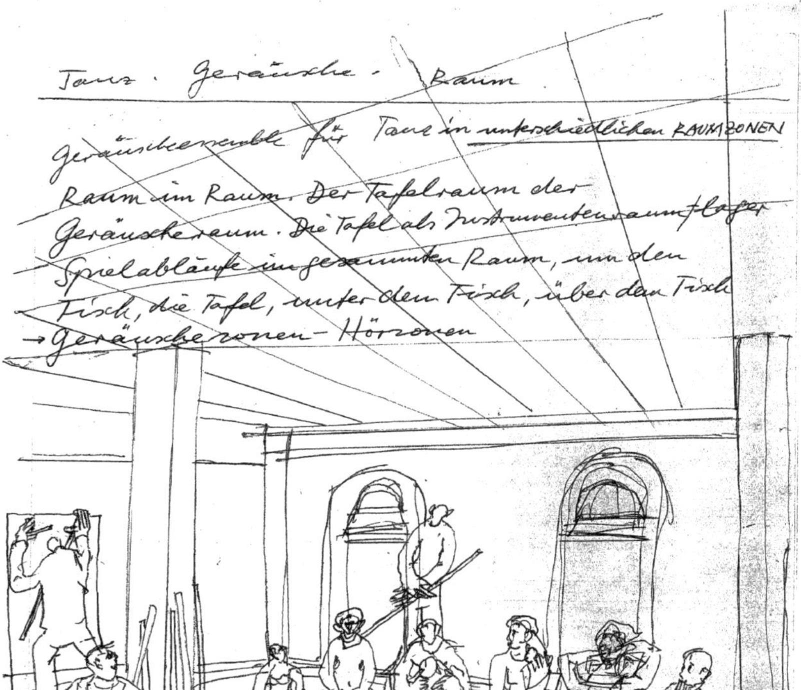
Tanz · Geräusche · Raum
Geräuschensemble für Tanz in unterschiedlichen RAUMZONEN
Raum im Raum. Der Tafelraum der
Geräuscheraum. Die Tafel als Instrumentenraum/lager
Spielabläufe im gesammten Raum, um den
Tisch, die Tafel, unter den Tisch, über den Tisch
→ Geräuschezonen – Hörzonen

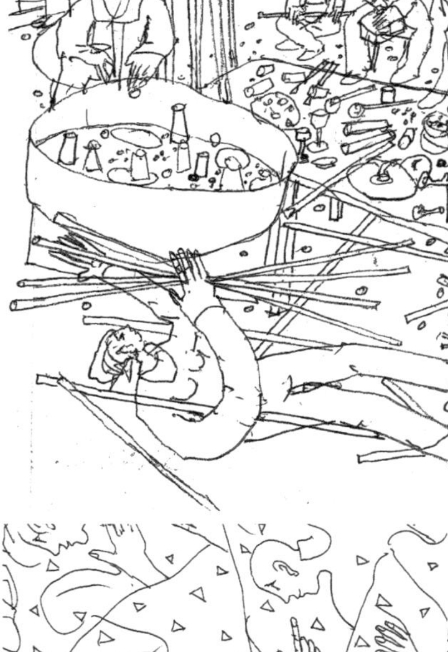

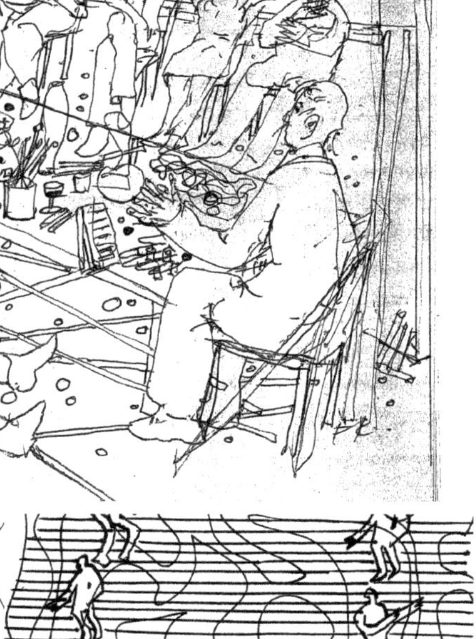

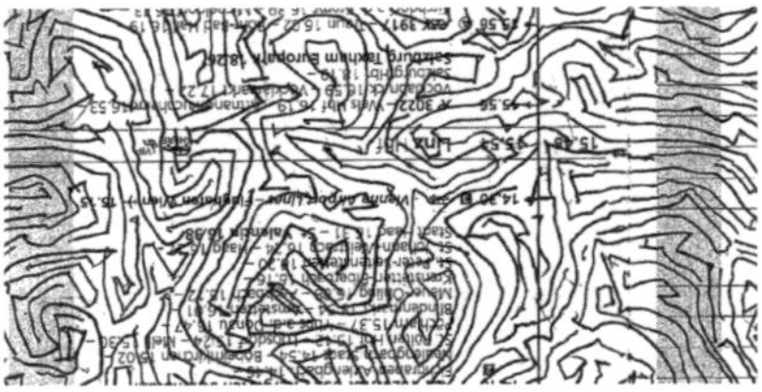
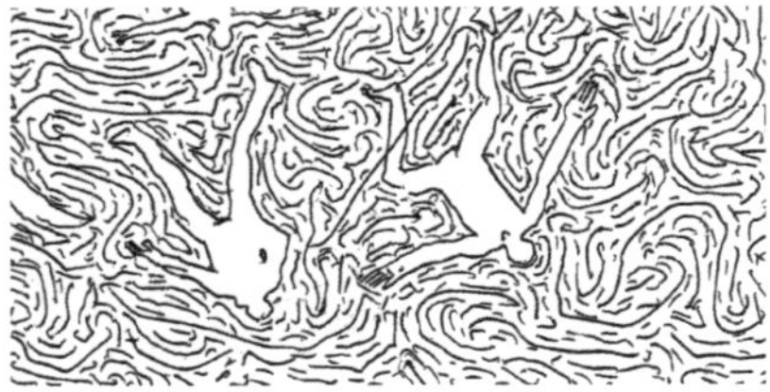
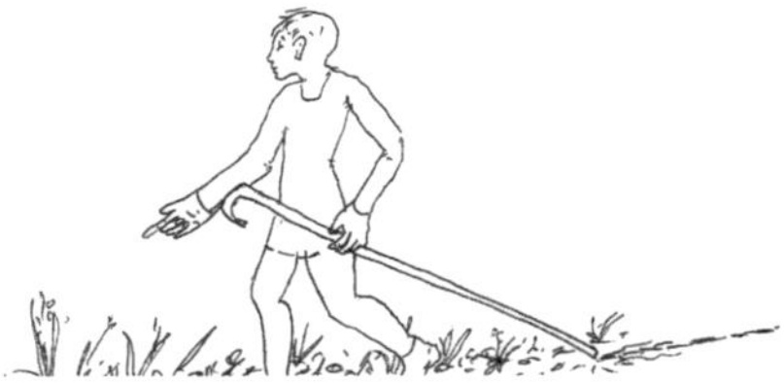
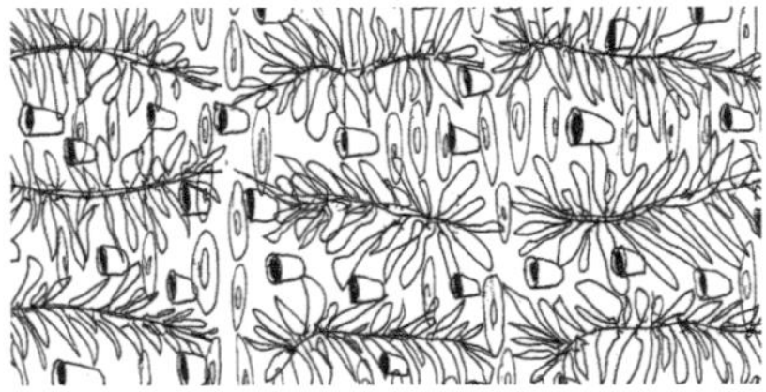
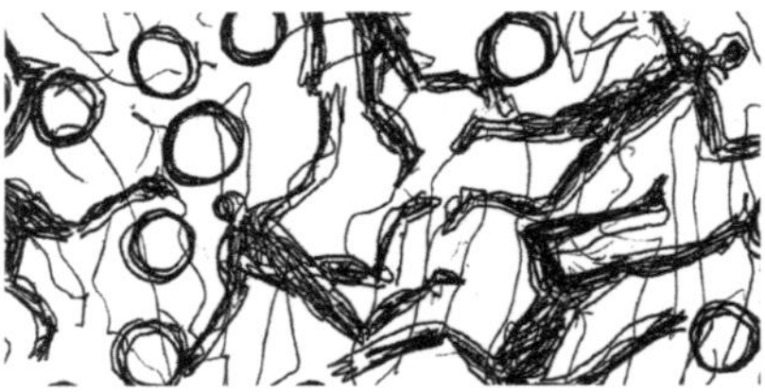
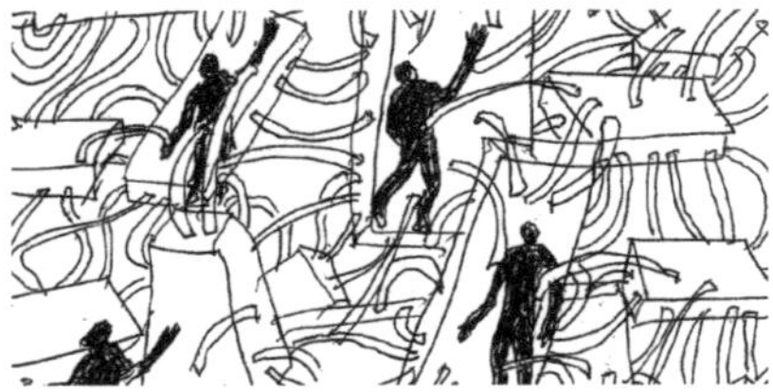
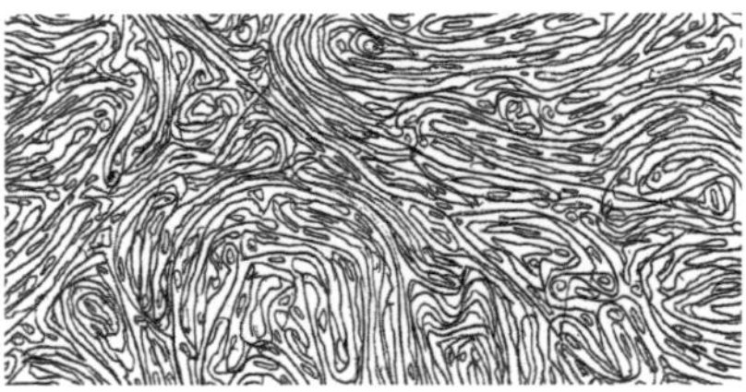
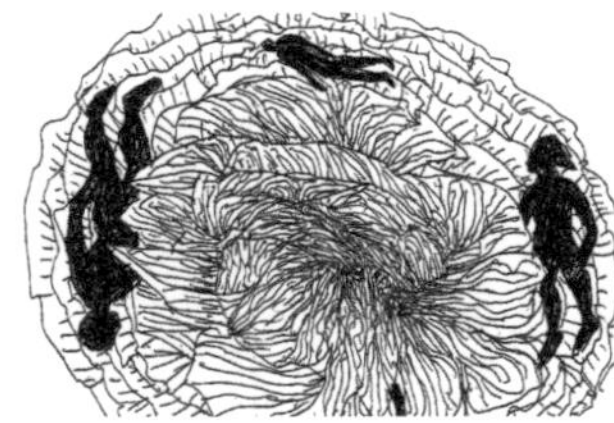
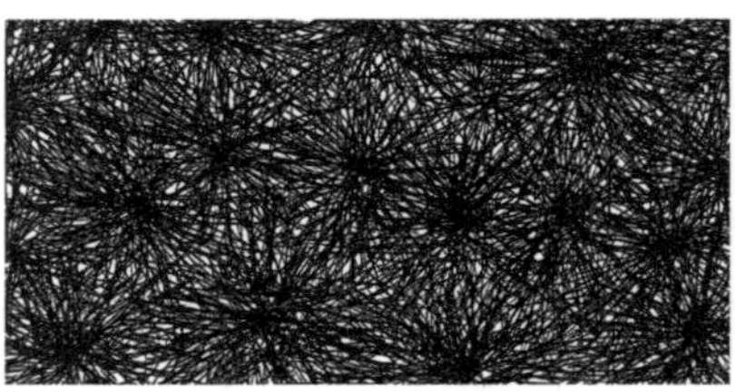
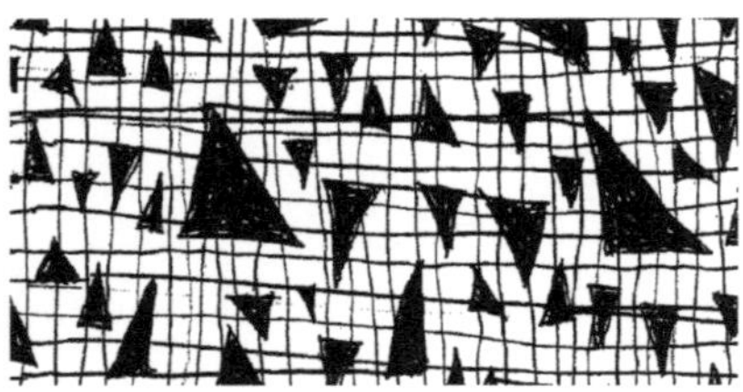
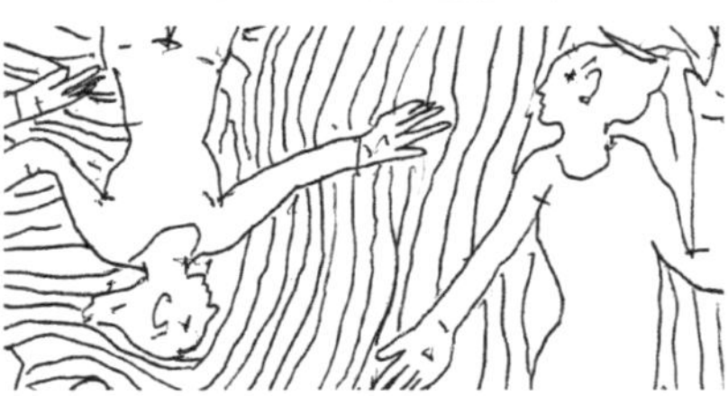
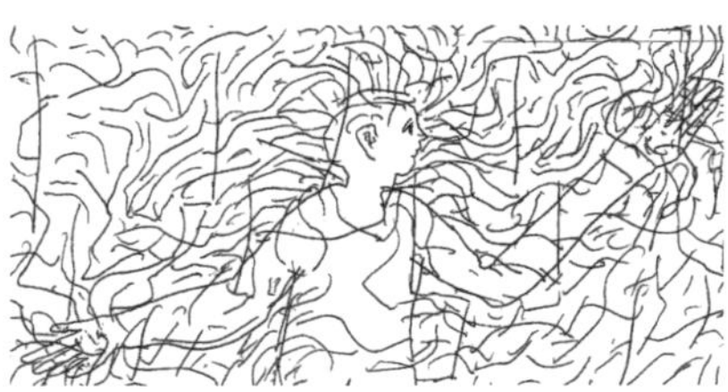
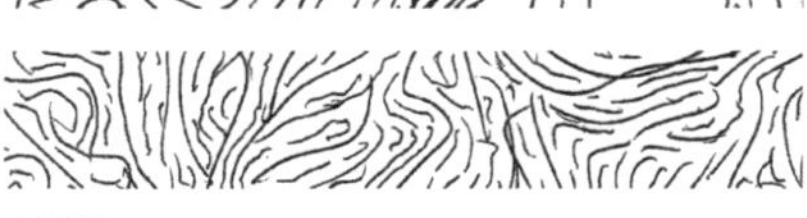
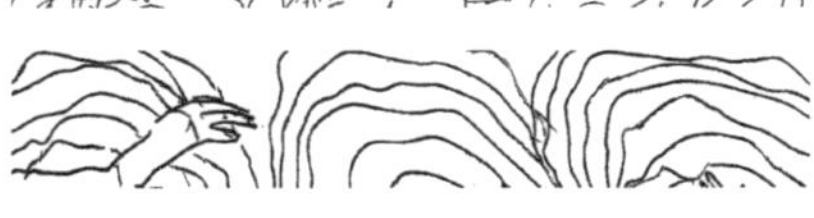

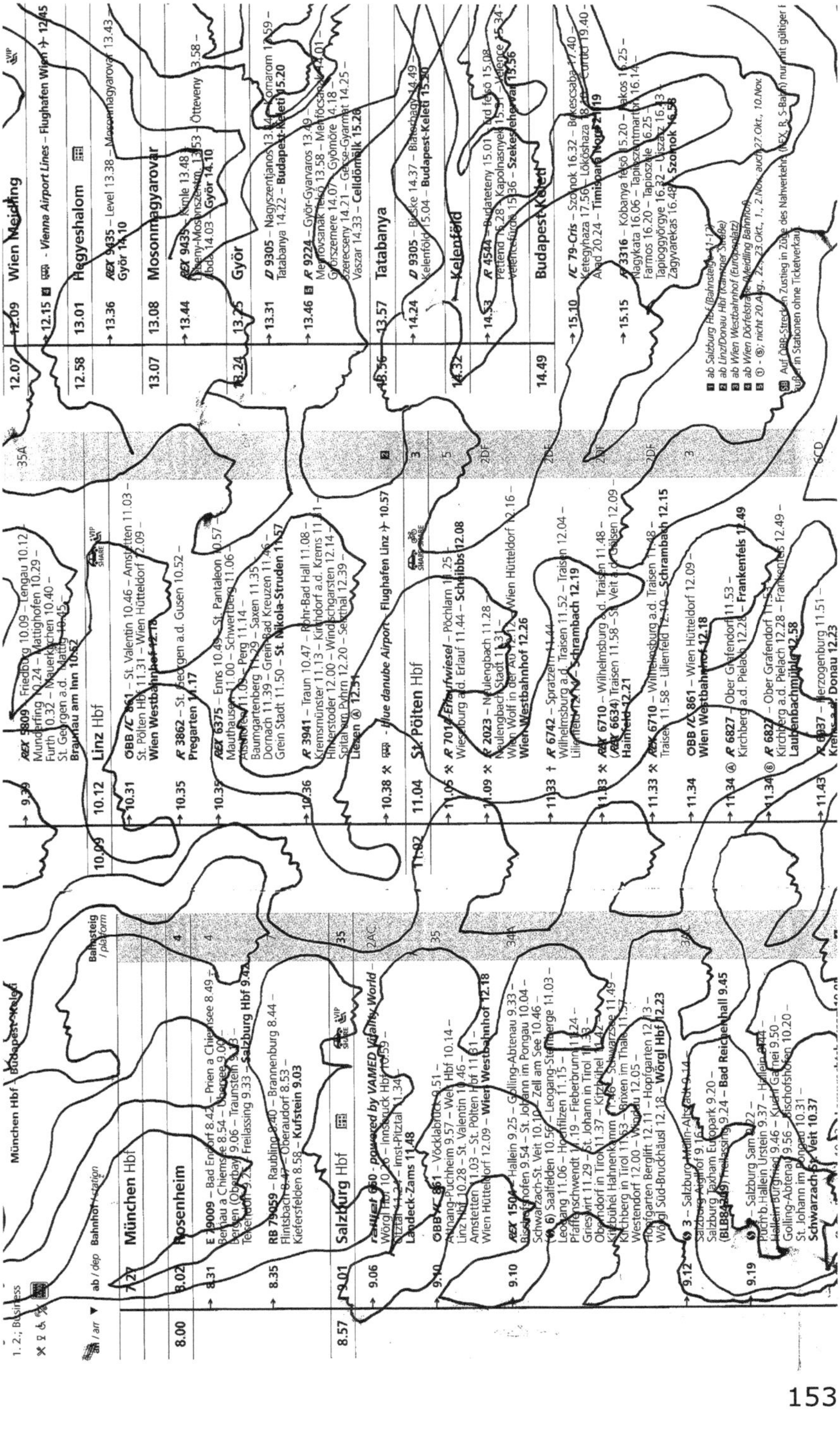
München Hbf – Budapest-Keleti
München Hbf
Rosenheim
Salzburg Hbf
Linz Hbf
St. Pölten Hbf
Wien Meidling
Hegyeshalom
Mosonmagyaróvár
Győr
Tatabánya
Kelenföld
Budapest-Keleti

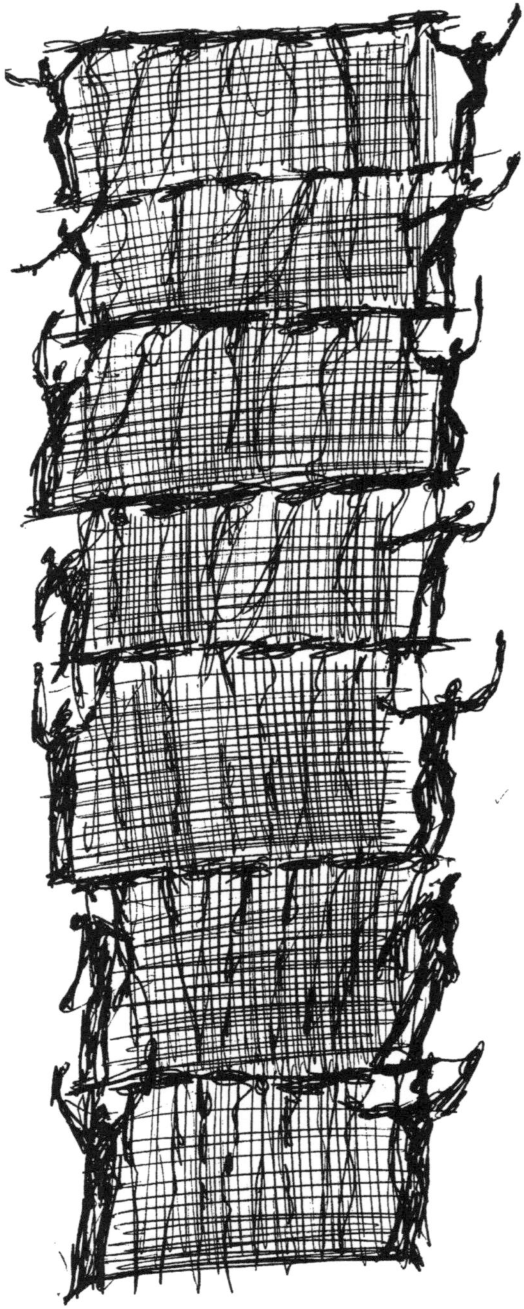

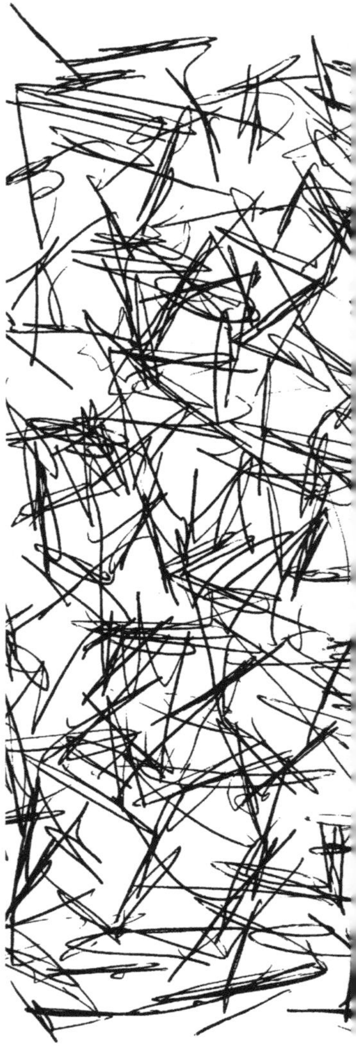

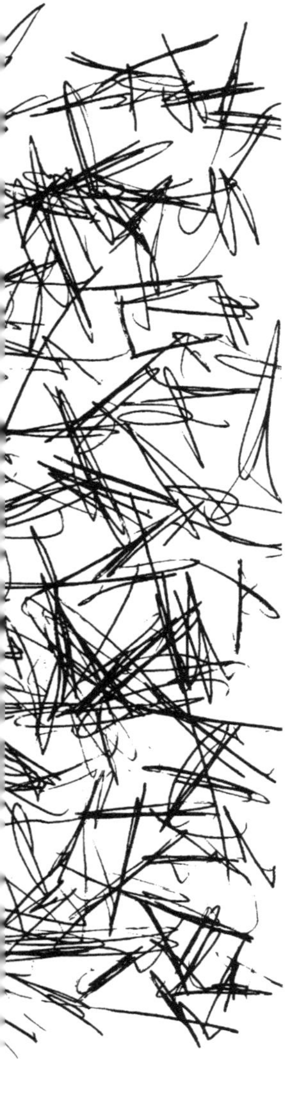

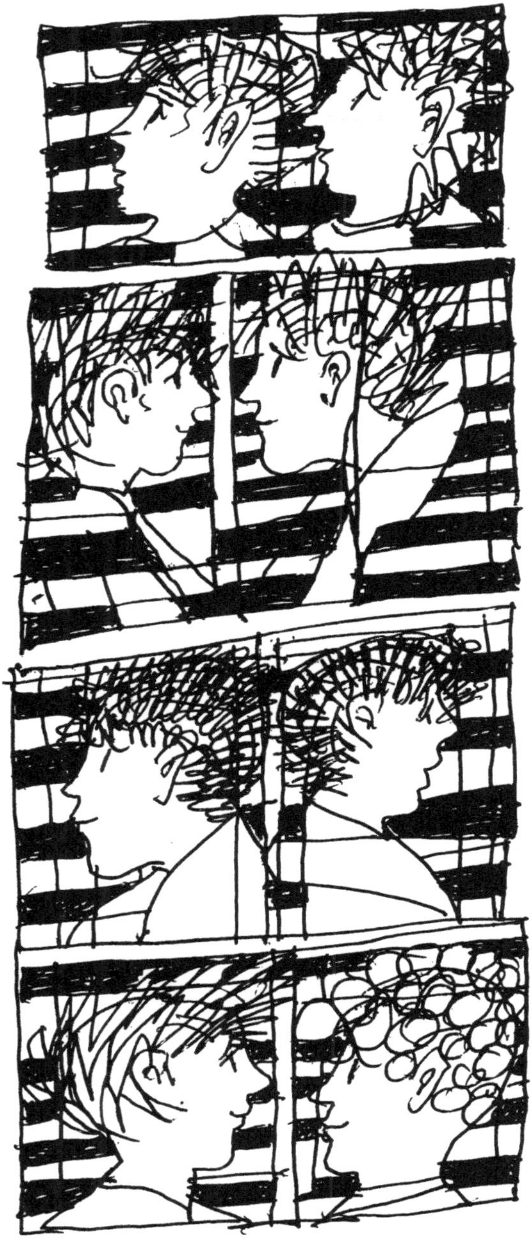

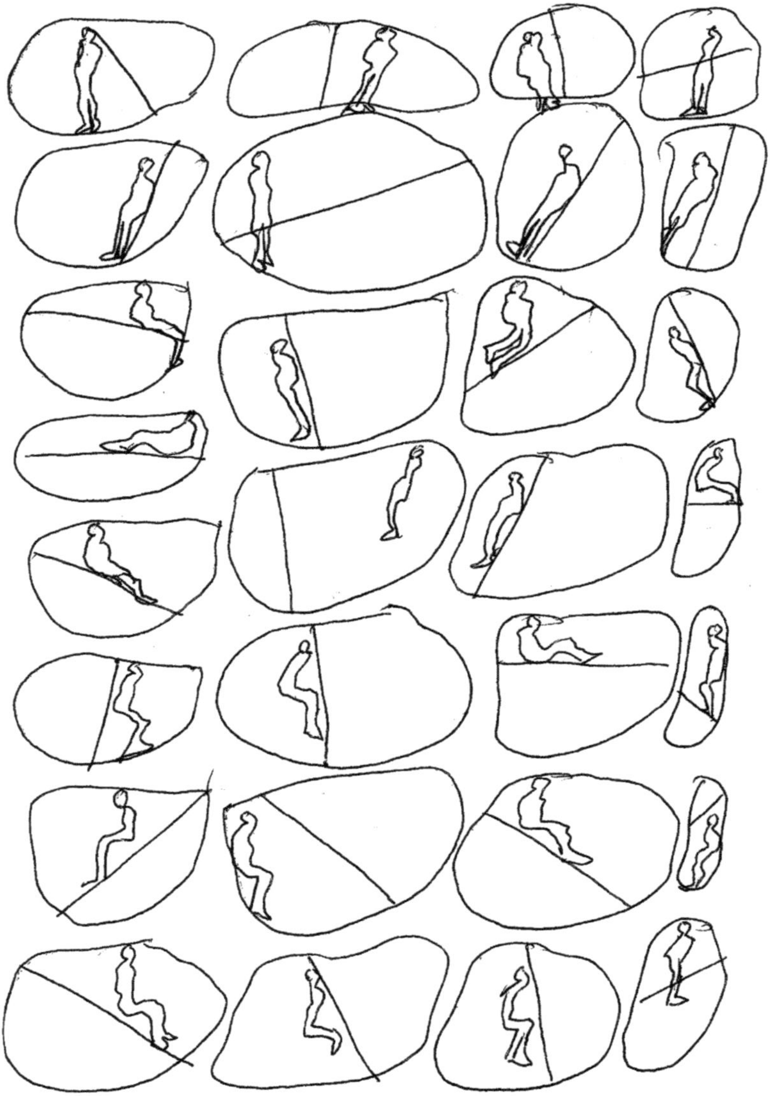

Du bist
im Gespräch
mit
allen Sinnen.
Du hörst,
Du zeigst,
Du vernimmst
Du antwortest

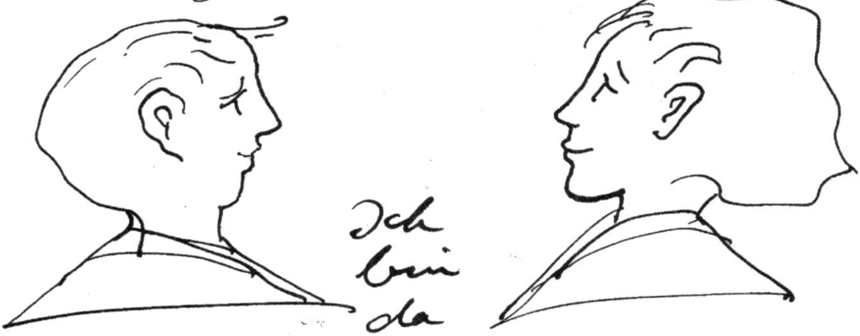

Ich
bin
da

wir sind da

–

II

5. 6. 2010
F.K.

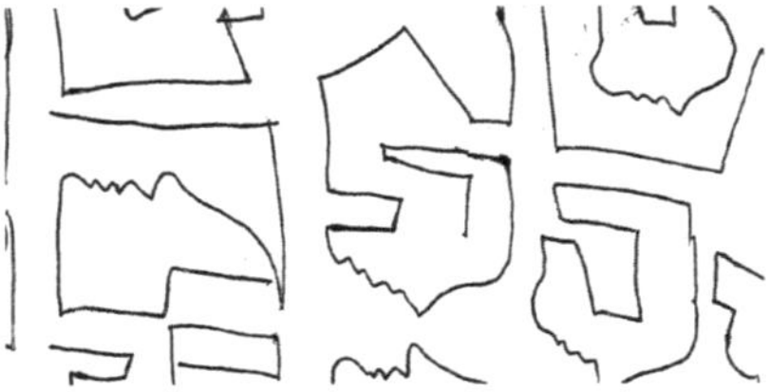
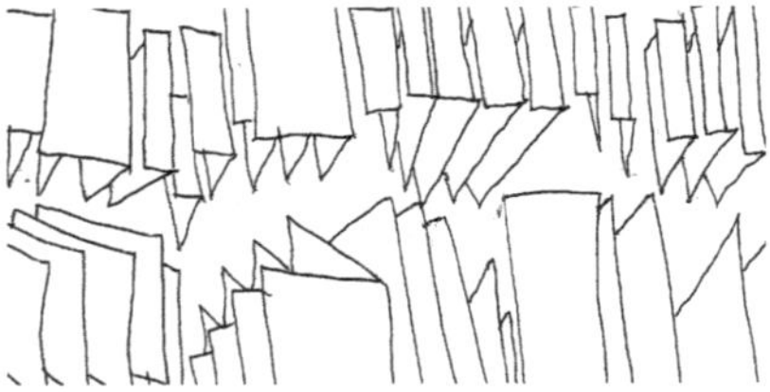
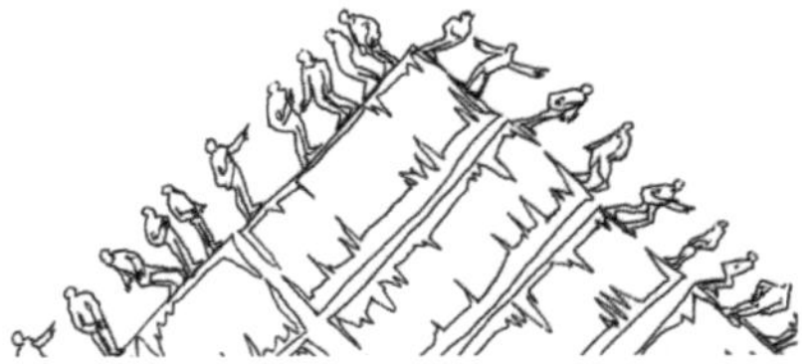
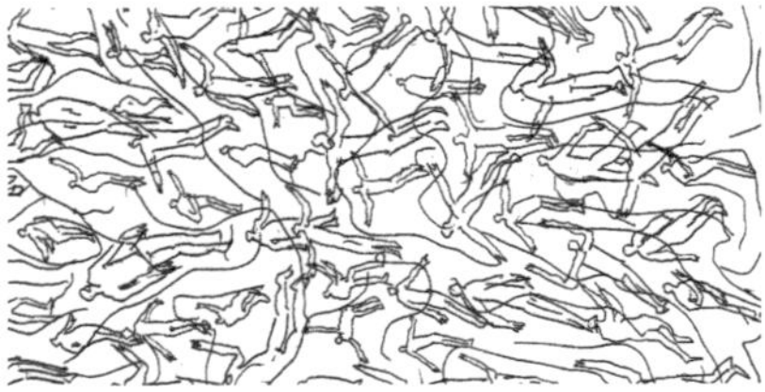
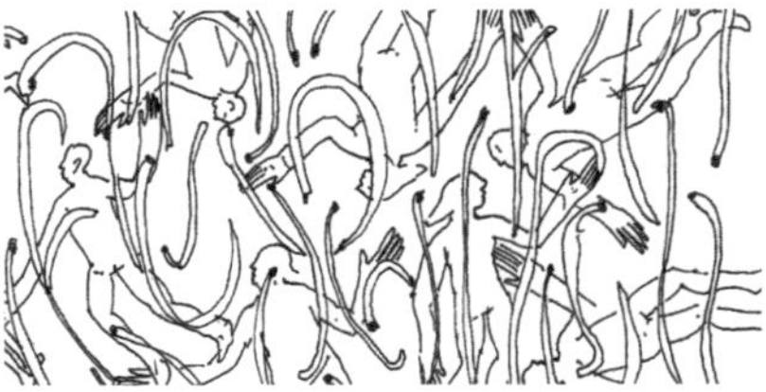
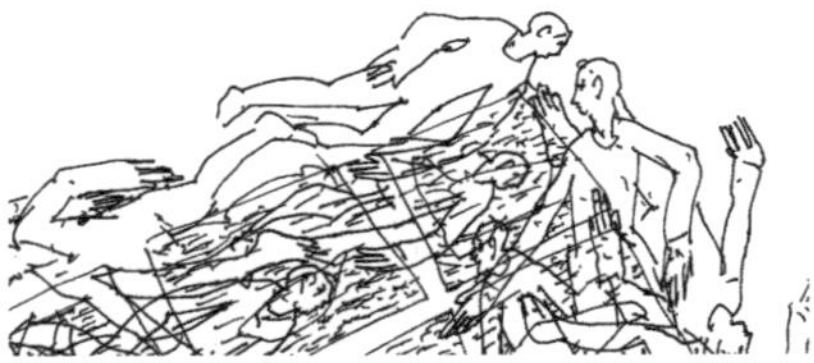
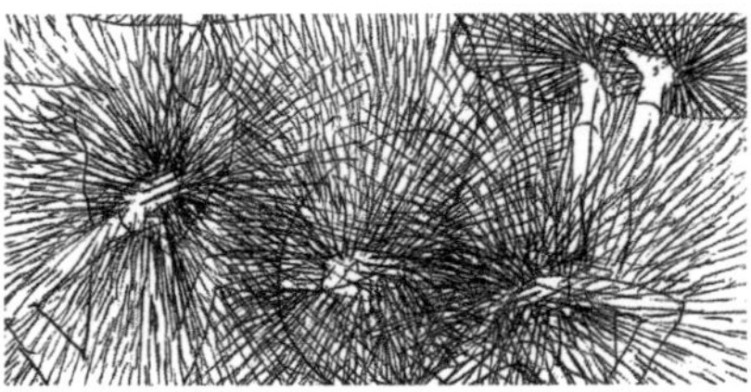
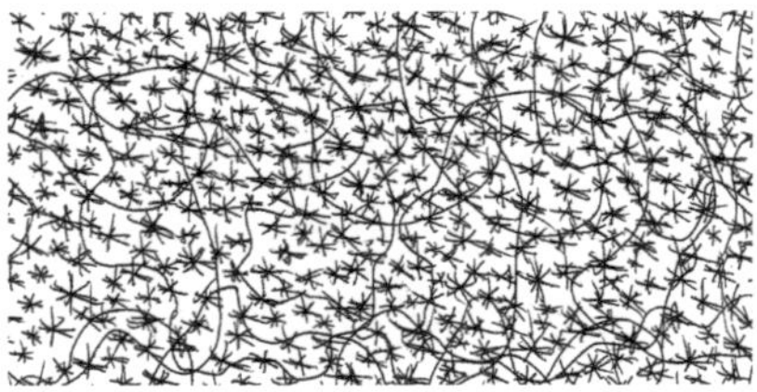
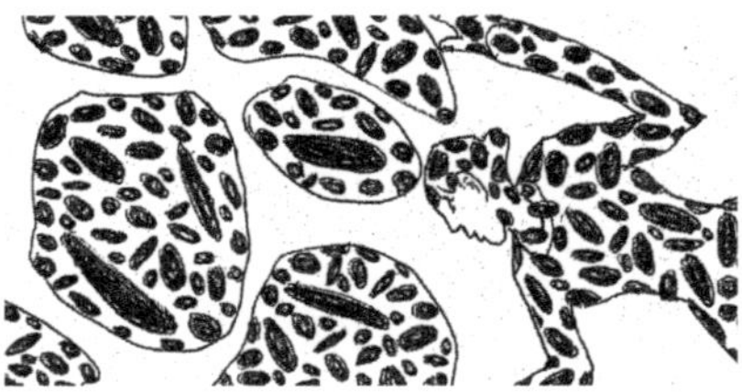
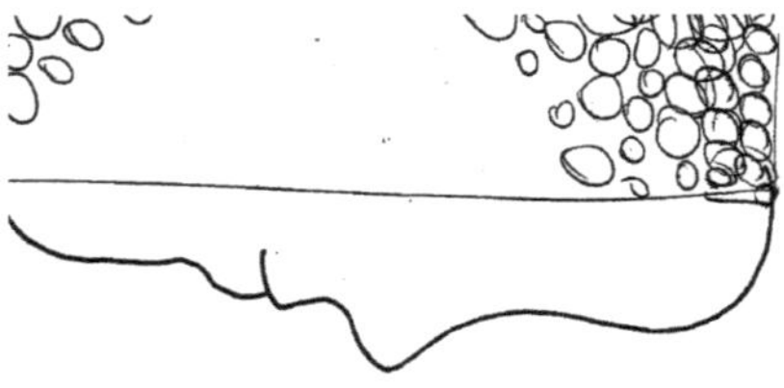
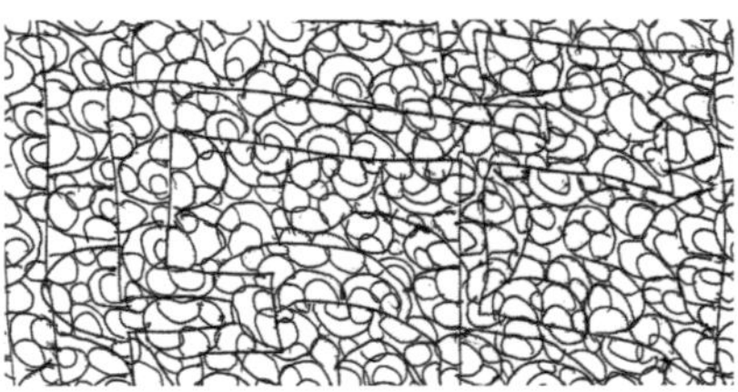
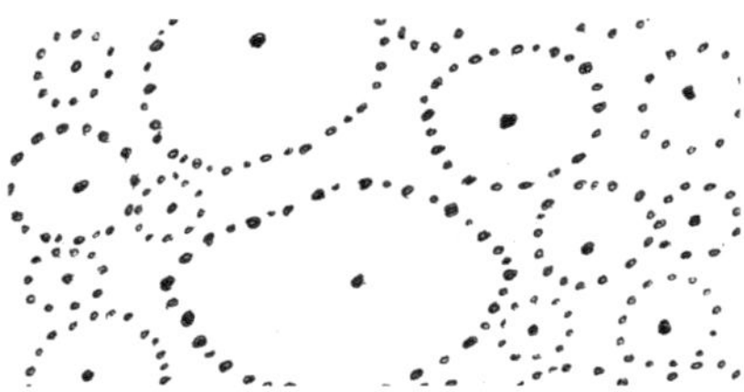
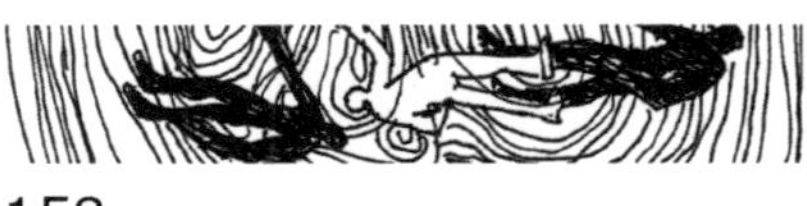
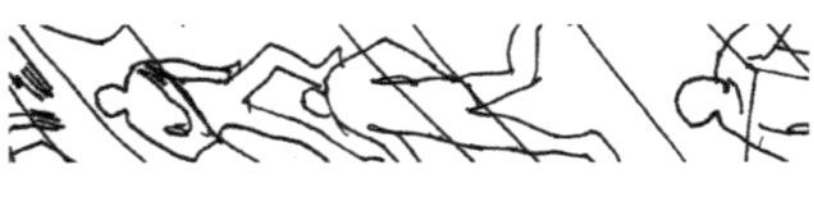

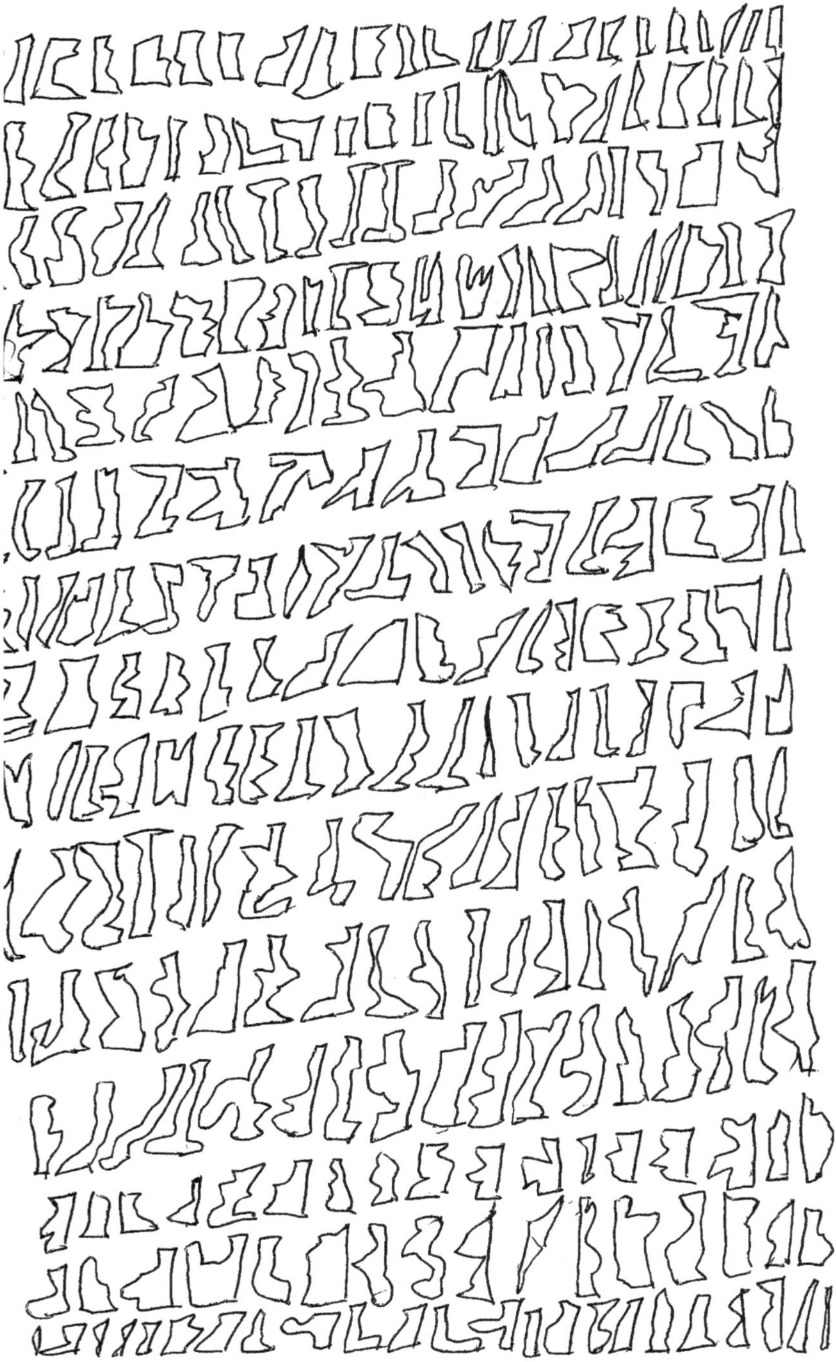

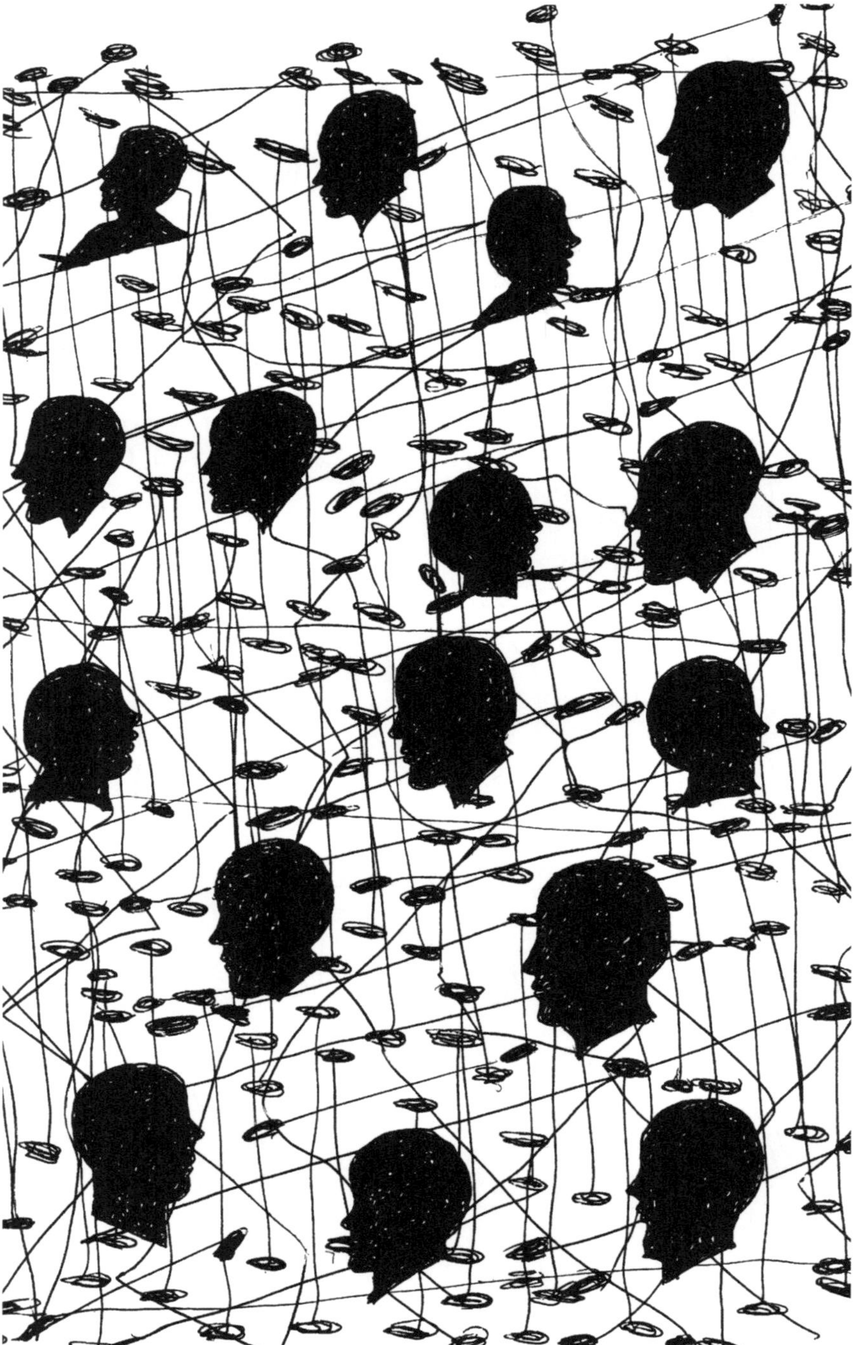

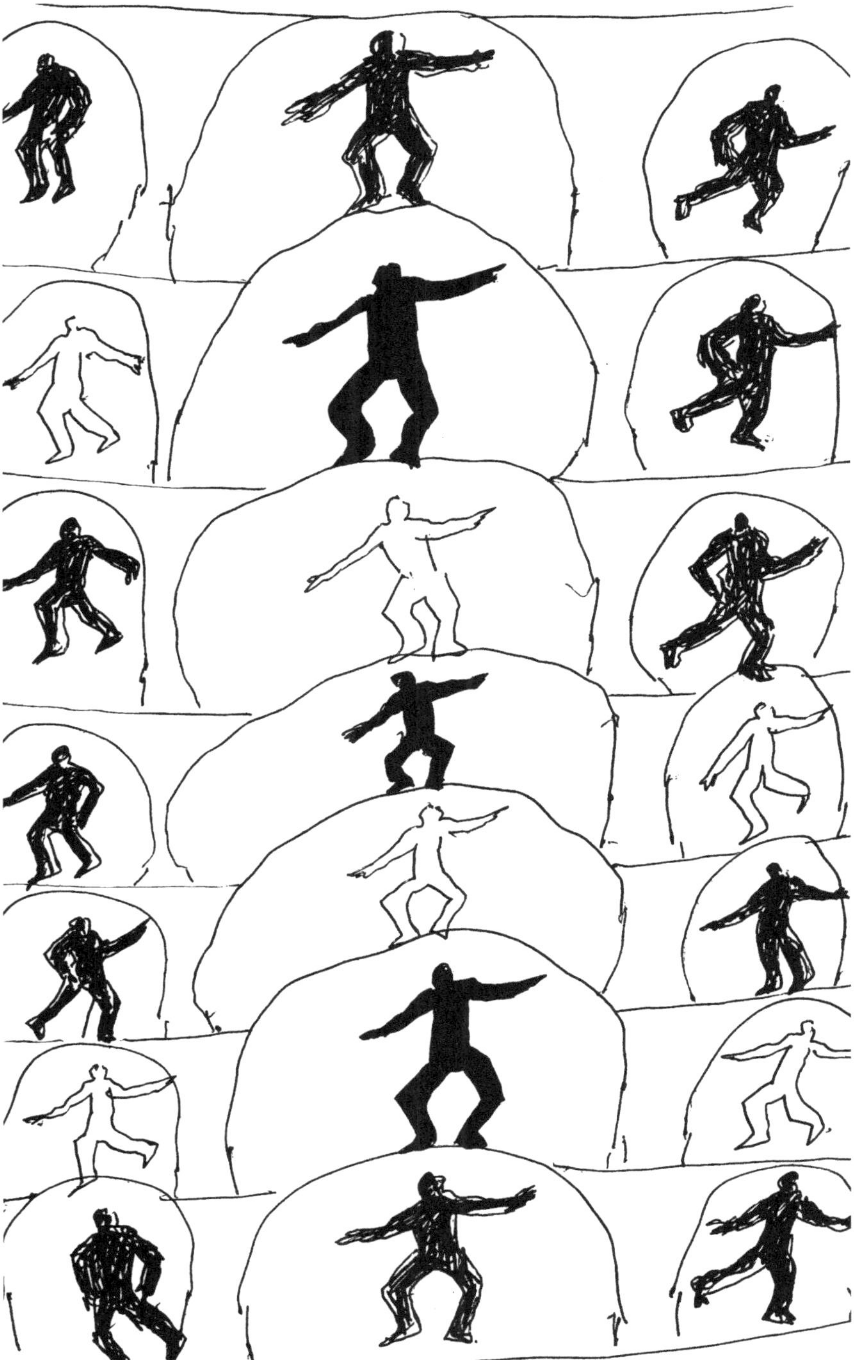

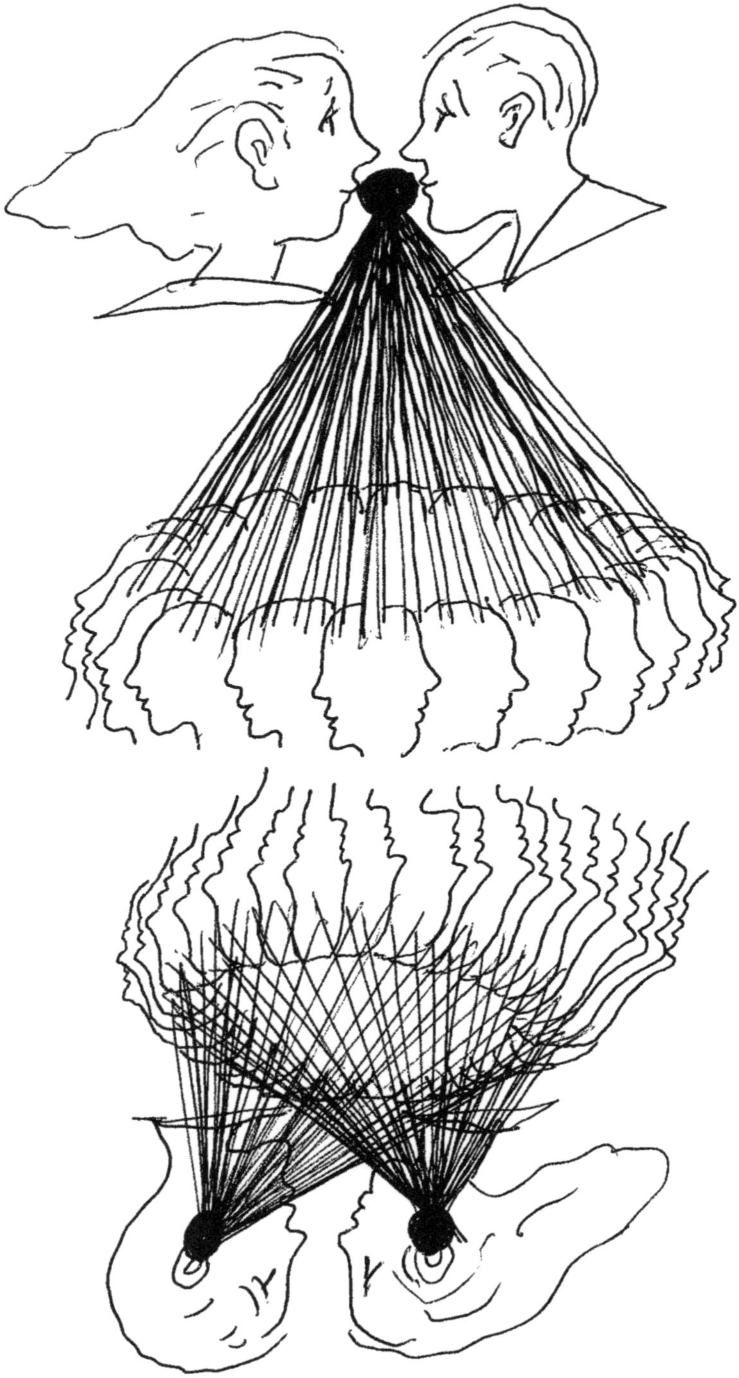

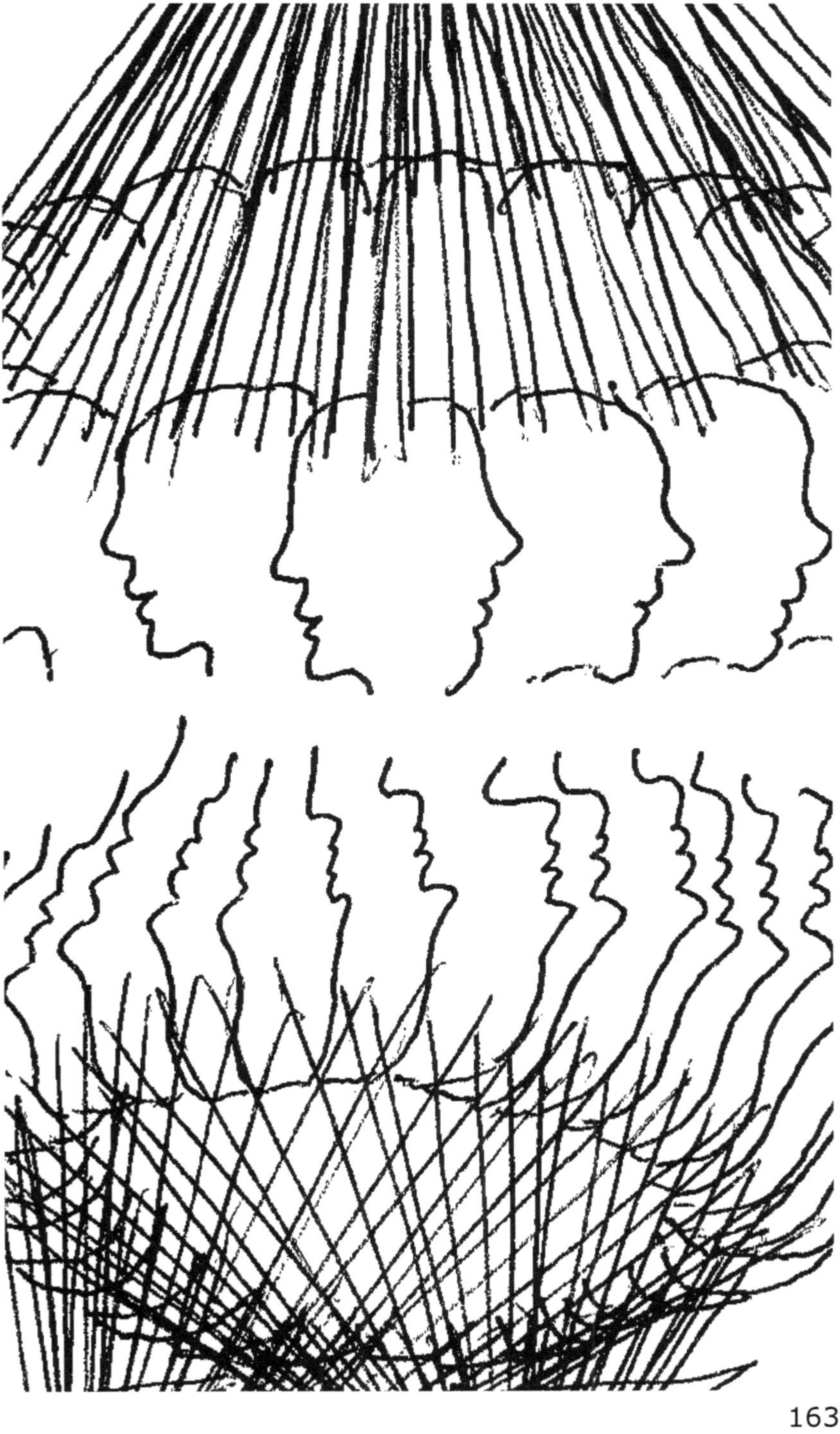

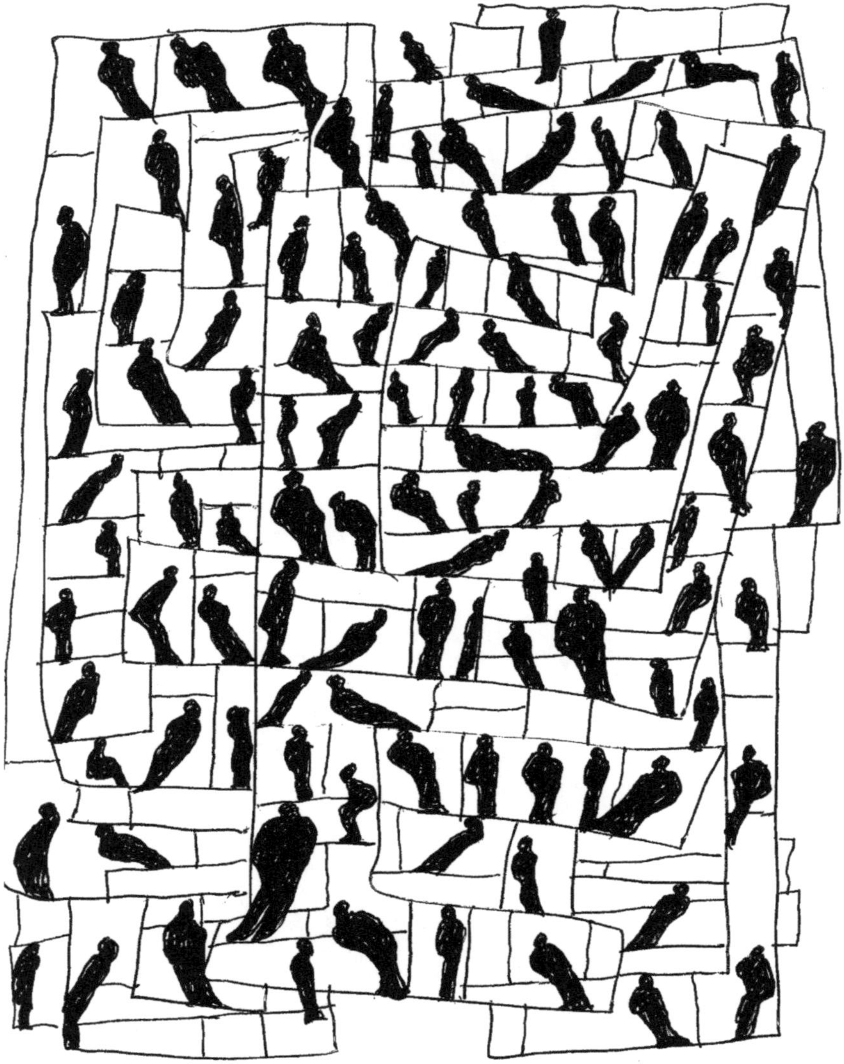

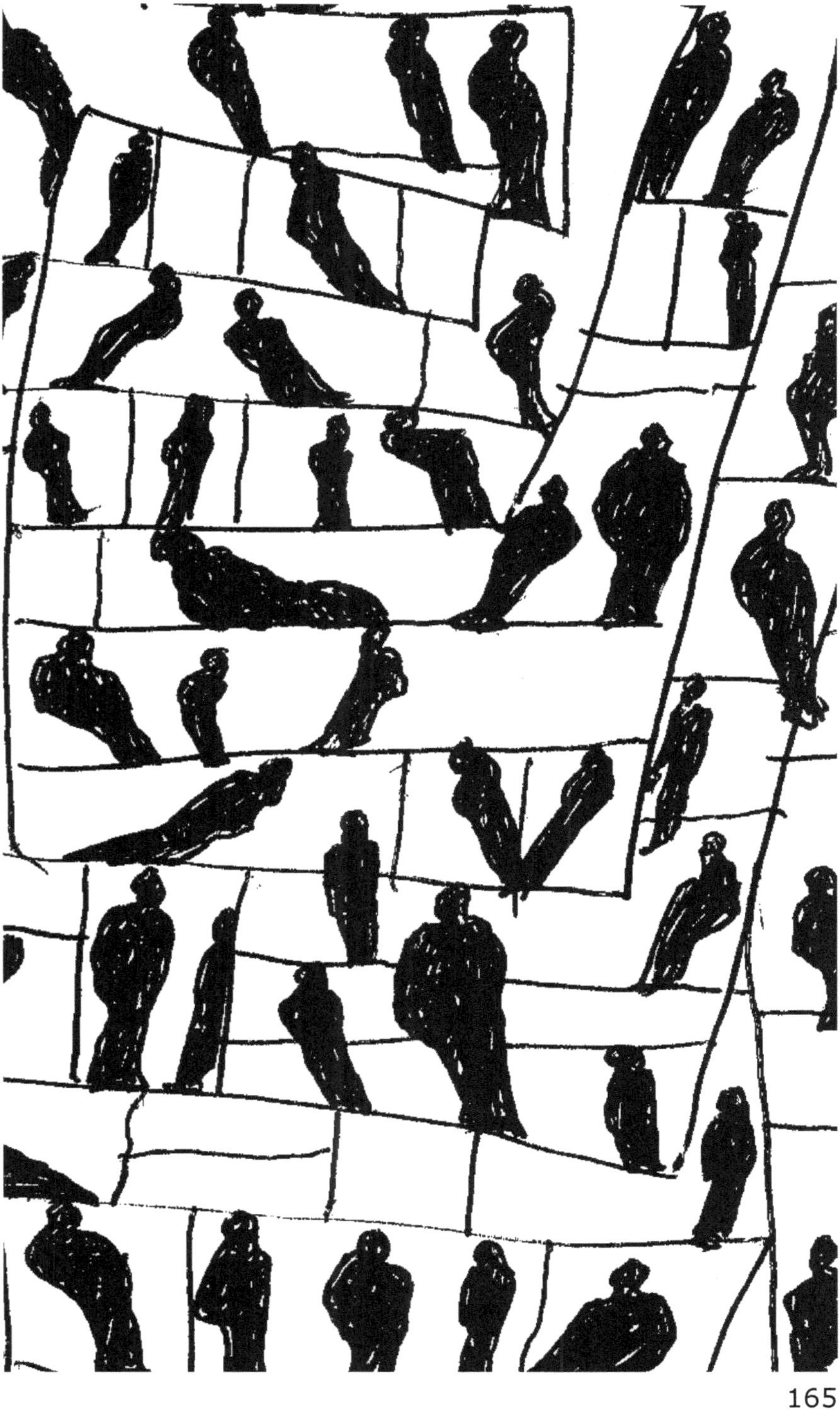

Fridhelm Klein (geb. 1938 in Berlin)

Von 1969 bis 2004 Professor für Experimentelles Spiel und Medien an der Akademie der Bildenden Künste München.

Ausstellungen im In- und Ausland.

Gastdozent an verschiedenen Hochschulen.

Workshops, Seminare, Vorträge im In- und Ausland.

Von 1989 bis 1999 Arbeit in der „Besucherschule" der ART Frankfurt: „Der Abenteuerer vor Bildern".

Schwerpunkt der eigenen künstlerischen Arbeit: Umgang mit Natur, Kunst und Kommunikation.

Lebt und arbeitet in München und auf Kreta.

Betreut die Hallertauer Akademie seit 2007.

Bildnerische Workshops an Schulen und anderen Institutionen.

Fridhelm Klein zu seinen Nürnberger Aktivitäten

Nach dem Abitur an der Löbleinoberrealschule 1968 - 1981 (jetzt Hans-Sachs Gymnasium), Studium der Kunsterziehung am Hochschulinstitut für Kunst- und Werkerziehung in Mainz und an der Akademie der Bildenden Künste in München.

1968/69 Kunsterzieher am Wirtschaftsgymnasium / Scharrergymnasium in Nürnberg. Konzeption und Aufbau des SPIEL-AKTIONSRAUMES zur 1. Bienale Konstruktive Kunst an der Kunsthalle Nürnberg. Mitarbeit an der Planung des Bereichs Kunsterziehung an der Gesamtschule Langwasser, Nürnberg.

Zusammenarbeit mit der Gruppe KEKS (Kunst-Erziehung-Kybernetik-Soziologie) in München und Nürnberg mit Konzepten für eine neue Art der Kunstpädagogik an allgemeinbildenden Schulen und einer Veränderung der Museumspädagogik.

1969 Ruf an die Akademie der Bildenden Künste in München als Lehrer für EXPERIMENTELLES SPIEL und MEDIEN.

Zusammenarbeit mit der Stadt Nürnberg im KYBERNETIKON, mit der Einrichtung eines Lern- und Spielbereiches zum Thema Video und Fernsehen.

Im Dürerjahr Mitarbeit und Autor zum DÜRER-SPIELBUCH, Parabel Verlag München, dann Mitherausgeber und Autor der FERNSEH- und ZEITUNGSFIBEL im Beltz Verlag, Weinheim.

Ausgangspunkt für die erweiterten pädagogischen bildnerischen Aktivitäten war die Bereitschaft der Stadt Nürnberg und ihres Kulturreferenten Herrn Glaser und seiner Mitarbeiterinnen. Ich wurde zusammen mit dem Nürnberger Kollegen Michael Popp und Peter Buchholz von der Stadt Nürnberg so unterstützt, dass wir später in unterschiedlichen Positionen unsere pädagogischen Ideen weitervermitteln konnten.

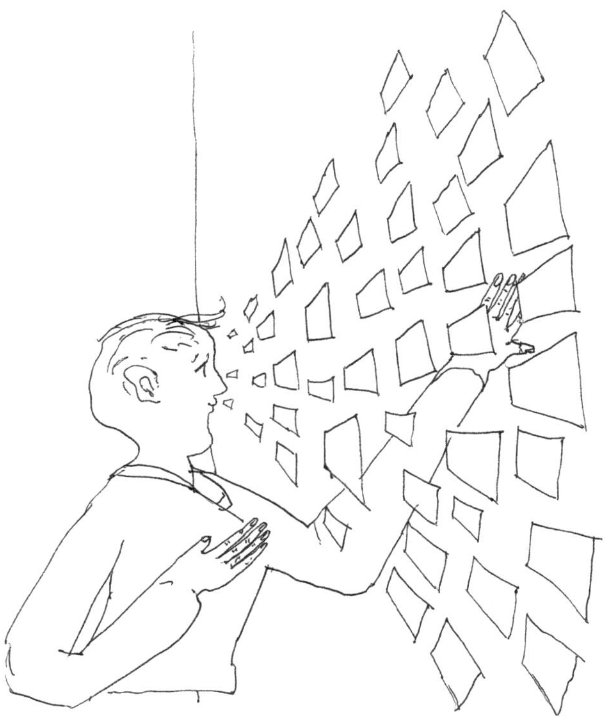

Nachwort

Es ist die Bereitschaft gefordert, jeden Tag ein wenig anzuzeichnen, dem Tag Mitteilung zu machen, von etwas, was sich dauernd fortzuschleichen versucht: kleine und große Ereignisse, die drohen wegzufließen.

Von Wiederkehr ist da die Zeichnung geprägt und von Wiederholung.

Jeder Tag ist ein Eingriff ins eigene Depot der Figuren: Tageszeichnungen, jede einzelne mit besonderer Wendung, ausgerichtet zu allererst auf sich selbst. Die Zeichnungen beschäftigen sich mit der Abgrenzung nach außen, wie nach innen und tauchen neugierig aus dem Weiß einer Papieroberfläche auf. Jeder Tag fordert eine Konstruktion aus Gittern, Gängen, Umzäunungen, Einlässen, Figuren, Gerüsten und Sperren. Diese Gebilde und Gehäuse aus Zeichensplittern verlassen die Träume und fallen als Linienstaub herab. Die Tageszeichnungen sind eine Art Staubfänger auf dem Weg durch die Jahre.

In diesem Buch wird eine kleine Auswahl aus Tageszeichnungen gezeigt, die in den Jahren von 2009 bis 2017 entstanden sind. Es sind Kugelschreiberzeichnungen mit wenigen Einschüben von gefundenen linearen Zeichnungen.[1]

Vielleicht können sie Impulse geben zur Orientierung im Chaos heutiger Bilderwelten durch ihre Beschränkung auf die Linie. Das tägliche Zeichensetzen in kontinuierlicher Abfolge könnte den Betrachter zu zeichnerischen Antworten aus den eigenen Tagesabläufen motivieren.

Die Übertragung der meditativ, auch oft expressiv angelegten Zeichnungen auf Papier kann auf Öffnungen in noch unbekannte eigene Lebensbereiche, auf Gedanken und Tätigkeiten im Alltag hinweisen.

Das Zeichnen dient nicht als Selbstdarstellung. Das Zeichnen verschreibt sich im wahrsten Sinne des Wortes einem zeichengebenden Bedürfnis: Hier bin ich und stehe in einem Transformationsfluss, in der Fülle meines angesammelten Zeichen-

---

1 Die bisher in den sogenannten MIND MAPS Nr. 1, 2 und 3 (erschienen im Druck- und Medienhaus Kastner, Wolnzach) mit Tageszeichnungen der Jahre von 2008 bis 2012 veröffentlichten Zeichnungen sind als eine Art Aufforderung zu sehen, sich zeichnerischen Spurbewegungen hinzuwenden, und ganz persönliche Bilderfindung in bisher unentdeckten Ideengebieten zu erkunden.

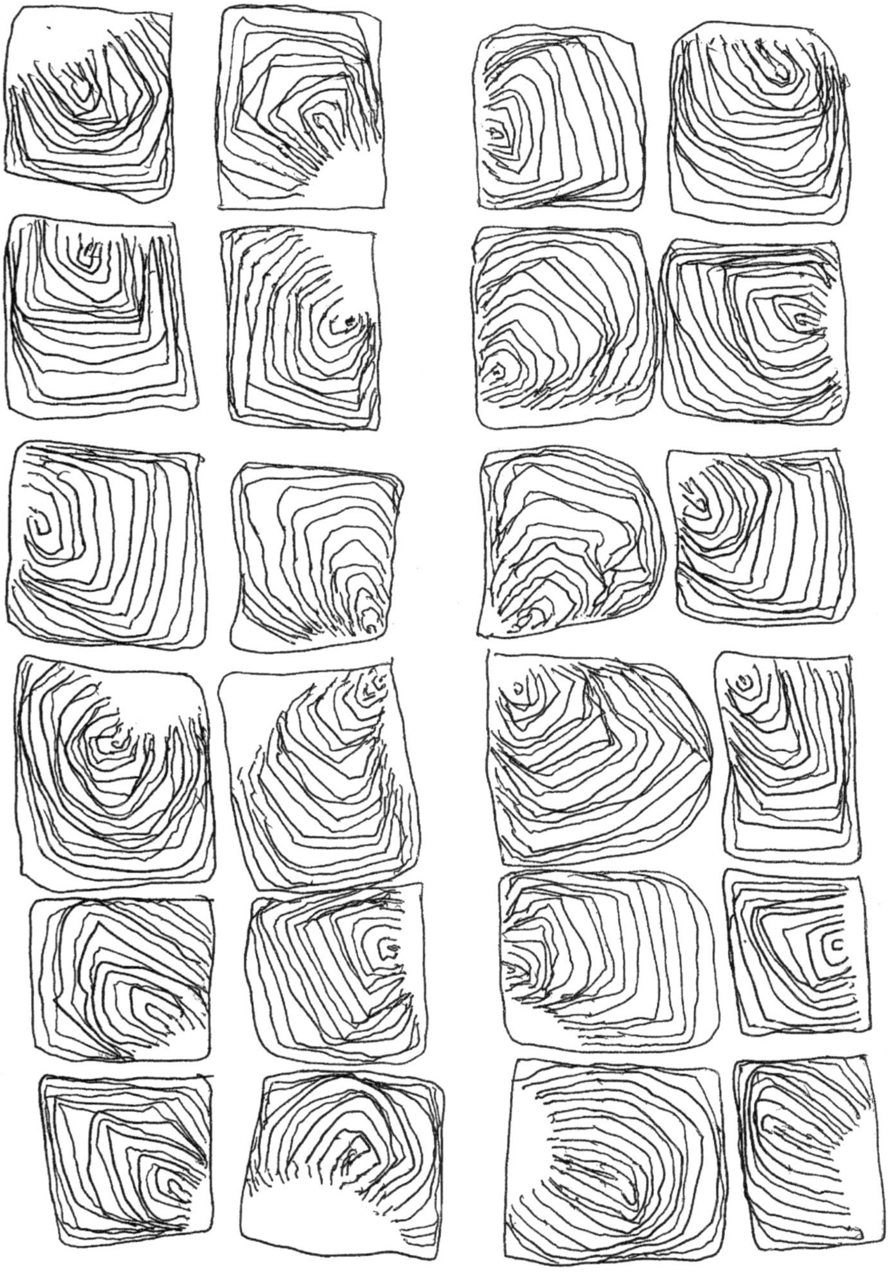

depots meines täglichen Lebens, über Jahre hinweg. Ich befinde mich also in einem anhaltenden Transformationsgeschehen, das Einfluss auf mein Denken, Handeln und Mitteilen nimmt.

So war das von Hermann Glaser geleitete Kultur- und Schulreferat der Stadt Nürnberg ein wesentlicher Impulsgeber für meine Tagesarbeit als Lehrer in der Bildnerei des Kunstunterrichtes. In schwieriger schulpolitischer Situation (ca. 600 Schüler pro Woche sind kaum zu unterrichten), gilt es mit neuen Ideen verkrustetes Lehrplanverhalten mit spielerischen Tagesideen aufzulockern und neue Wege z.B. durch Gruppenunterricht aufzutun.

Das tägliche Zeichensetzen im Kopf und auf dem Papier erlaubte spielerische Erkundungen im streng regulierten Schulalltag. So wurden z.B. aus dem Unterricht heraus Stadtexkursionen auch mit Schülern und Lehrern von anderen Schulen angeregt, in denen ausgesuchte städtische Orte bespielt wurden, z.B. der Sinnwellturm auf der Burg, der mit einem Umarmungskranz sich händereichender Schüler körpernah ausgemessen wurde. Ein Spiel um Proportionen und Größenverhältnisse. In Nürnbergs Innenstadt, in der belebten Fußgängerzone wurden leichte Hindernisse aus Papier, Fäden und Pappelementen aufgebaut, um einige, kurze Augenblicke auf Möglichkeiten der spielerischen Öffnung von Grenzen aufmerksam zu machen. Gesprächsbedarf, was für die Öffentlichkeit Arbeit an den Schulen bedeuten kann, war genügend vorhanden. Kreative Stolpersteine ergaben sich aus den täglich neu formulierten Tagesideen: Tagesideen als Dokumente bildnerischer Spurensetzungen aus niedergeschriebenen und gezeichneten Bildideen aus dem Unbewussten und den bewusst beobachteten zeichnerischen Formulierungen heraus. Ziel war es, dem Unbewussten eine Chance zum Ausdruck und Ideenfindung für Veränderungen verkrusteter Unterrichts- und Lebenssituation durch spielerisch erkundende Bildarbeit zu geben.

Tageszeichnungen bedeuten, Tageszeiten neu zu erleben. In diesem Buch wird eine Auswahl aus ca. 2900 DIN A4 Zeichnungen aus den Jahren von 2009 bis 2017 in unterschiedlicher Größe gezeigt.

Tageszeichnungen heißt, im Alltag zu jeder freien Minute und ohne Rücksicht auf Verluste anderer Zeitzirkel den Zeichenstift, hier Kugelschreiber, zur Hand zu nehmen, um unablässig Zeichenspuren aus der Hand fließen zu lassen.

Dank an meine Söhne Dietrich und Bernhard, die dem Zeichner Mut machen und ihn unterstützen, Ordnung in sein Chaos zu bringen. Besonders Bernhard legte letzte Hand an das Manuskript, das von Alexander Wilke und seiner Frau Kathrin in Text und Bild für den Schrenk-Verlag gestaltet wurde.

Dank an Beate Czerny und Diana Hoffmann von der Kopierfabrik in München, die für mich tausende von Zeichnungen in ein Depotsystem eingescannt haben. Besonderen Mut hat mir auch Tanja Wuzik gegeben, in dem sie Auszüge aus meinen Tagebüchern und Briefen mit ausgewählt und druckreif gemacht hat.

Dank an Prof. Dr. Hermann Glaser und seinen Verleger Dr. Johann Schrenk, die mit Geduld mein chaotisches Tun begleitet haben.

Den Autoren sei gedankt für ihre differenzierten Texte, die wie bei Susann Kretschmer und Andreas Geyer aus langjähriger Begleitung und Beobachtung meiner bildnerischen und pädagogischen Beobachtung meiner Arbeit entstanden sind.

Dank an Bazon Brock und die Gespräche über das Tageszeichnen und dessen Unterstützung meines Tageszeichnungsprojektes mit Ausstellung im Rahmen der Veranstaltungen zu 100 Jahre Bauhaus in seiner Denkfabrik in Berlin-Kreuzberg. Für die Koordination dieser Projekte vielen Dank an Marina Sawall.

Zuletzt gilt auch unserm Freund Eduard Kastner und seiner Familie vom Druck- und Medienhaus Kastner in Wolnzach, Holledau, eine besondere Hinwendung für die Unterstützung bei der Veröffentlichung und der Ausstellung der bisher erschienenen MIND MAPS Nr. 1, 2 und 3 mit den Tageszeichnungen von 2005 bis 2015.

Dank auch an Matthias Schwabe, Dr. Reinhard Gagel, Iris Broderius und die Mitarbeiterinnen vom „Exploratorium“ in Berlin. Die dort jährlich erscheinende Publikation ‚improfil - Theorie und Praxis improviserter Musik‘ wird in jeder Ausgabe mit Tageszeichungen begleitet.

In diesem Kontext auch Dank an meine Kollegen der Kunsterziehung, die in Nürnberg und München mit mir versuchten, den Kunstunterricht um innovative Ideen zu erweitern. Dies waren insbesondere Wolfgang Zacharias, als besonderer Motor der Gruppe „KEKS“ (Kunst, Erziehung, Kybernetik und Soziologie), zusammen mit Michael Popp und Peter Buchholz.

Dank an alle Menschen um mich herum, die den alten Zeichner sein tägliches Handwerk tun lassen und ihm helfen weiterzumachen, ohne zu erfahren, wohin die gemeinsame Bilderreise geht. Ich danke meiner Frau Helga, die geduldig still hält und Tag für Tag dem Zeichner freien Lauf lässt.

„1000 Tageszeichnungen – 50 Jahre Heimfahrt der Kunstpädagogik zur Kunst“:

Dieser Titel von Bazon Brock zu meinem Buch beinhaltet den Rückblick auf die Jahre 1968/69 intensiver kunstpädagogischer Tätigkeit im Kontext von Schule, Kunsthalle und Hochschule. 1969 ergab sich der Abschied vom Nürnberger Engagement für die Kunst und Kunstpädagogik. Die Aktivitäten reichten von Nürnberg ausgehend zum Museum für Moderne Kunst in Belgrad und der Biennale von Venedig mit der Idee und Konzeption des SPIEL-AKTIONSRAUMES zur 1. Biennale 1969: Konstruktive Kunst-Elemente und Prinzipien in der Kunsthalle Nürnberg unter den Fittichen von Hermann Glaser und Dietrich Mahlow.

Mit meiner schnellen Rückkunft an meine Studienstätte Akademie der Bildenden Künste München - jetzt als Lehrer - erweiterte sich das Spielfeld der Bildenden Kunst für mich. Mit meiner schnellen Rückkunft durch den Ruf von Thomas Zacharias, der meine performativen Arbeiten unterstützte, konnte ich jetzt als Lehrer der Akademie das Spielfeld der bildenden Kunst für uns erweitern, insbesondere durch meinen Auftrag: Experimentelles Spiel und Medien. Performance und Medienarbeit, die es an der Akademie noch nicht gab, erscheinen jetzt dort im Lehrangebot. Es war eine lang andauernde Heimfahrt zur Studienstätte: Kunstakademie. Das Zeichnen in unterschiedlichen Kontexten, war mein stetiger Begleiter, bis heute zu den „1000 Tageszeichnungen“.

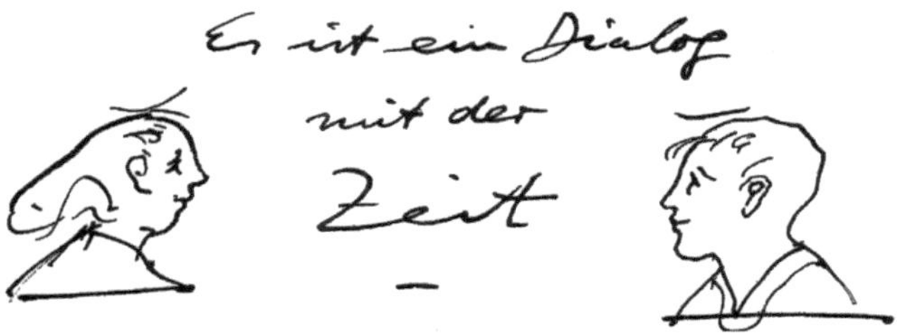
Es ist ein Dialog
mit der
Zeit
–

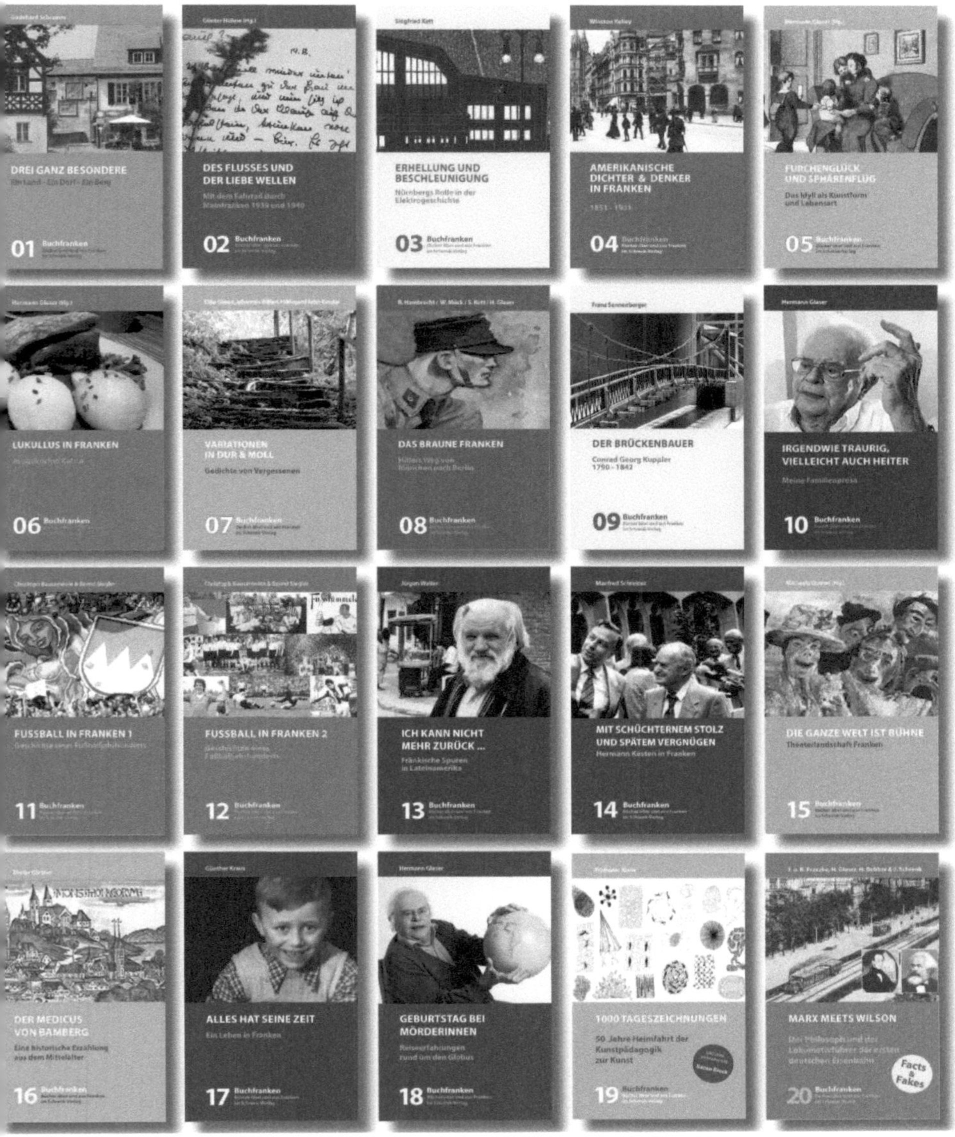

DREI GANZ BESONDERE
01 Buchfranken
DES FLUSSES UND DER LIEBE WELLEN
02 Buchfranken
ERHELLUNG UND BESCHLEUNIGUNG
03 Buchfranken
AMERIKANISCHE DICHTER & DENKER IN FRANKEN
04
05
LUKULLUS IN FRANKEN
06 Buchfranken
VARIATIONEN IN DUR & MOLL
07 Buchfranken
DAS BRAUNE FRANKEN
08 Buchfranken
DER BRÜCKENBAUER
Conrad Georg Kuppler 1790 - 1842
09 Buchfranken
IRGENDWIE TRAURIG, VIELLEICHT AUCH HEITER
10 Buchfranken
FUSSBALL IN FRANKEN 1
11 Buchfranken
FUSSBALL IN FRANKEN 2
12 Buchfranken
ICH KANN NICHT MEHR ZURÜCK ...
13 Buchfranken
MIT SCHÜCHTERNEM STOLZ UND SPÄTEM VERGNÜGEN
Hermann Kesten in Franken
14 Buchfranken
DIE GANZE WELT IST BÜHNE
15 Buchfranken
DER MEDICUS VON BAMBERG
16 Buchfranken
ALLES HAT SEINE ZEIT
17 Buchfranken
GEBURTSTAG BEI MÖRDERINNEN
18 Buchfranken
1000 TAGESZEICHNUNGEN
19 Buchfranken
MARX MEETS WILSON
Facts & Fakes
20 Buchfranken

Bibliografische Informationen der Deutschen Nationalbibliothek
Die Deutsche Nationalbibliothek verzeichnet diese Publikation
in der Deutschen Nationalbibliografie;
detaillierte bibliografische Daten sind im Internet über
http://www.dnb.de abrufbar